现代教育技术

钟建平 著

清华大学出版社
北京

内 容 简 介

现代教育技术是当代教师必须具备的能力,是师范院校学生学习和在职教师培训的重要内容。本书结合当代信息技术的最新发展,全面介绍现代教育技术的核心内容,尤其是教育技术的应用、信息技术与教学融合。

全书共分 8 章,主要包括教育技术概论、现代教育技术的理论基础、现代视听媒体辅助教学、现代教育技术环境与系统、数字化教学资源、多媒体课件的设计与制作、信息化教学设计及信息技术与教育教学融合。

本书体系结构完整、内容新颖,与现代教育实用技术紧密关联,既可以作为师范院校各专业的公共课教材,也可以作为提高在职教师或培训讲师现代教育技术能力的培训教材。

本书封面贴有清华大学出版社防伪标签,无标签者不得销售。
版权所有,侵权必究。举报: 010-62782989, beiqinquan@tup.tsinghua.edu.cn。

图书在版编目(CIP)数据

现代教育技术/钟建平著.—北京:清华大学出版社,2022.9
ISBN 978-7-302-61420-3

Ⅰ.①现⋯ Ⅱ.①钟⋯ Ⅲ.①教育技术学 Ⅳ.①G40-057

中国版本图书馆 CIP 数据核字(2022)第 133658 号

责任编辑:桑任松
封面设计:李 坤
责任校对:李玉茹
责任印制:沈 露

出版发行:清华大学出版社
网　　址: http://www.tup.com.cn, http://www.wqbook.com
地　　址: 北京清华大学学研大厦 A 座　　邮　编: 100084
社 总 机: 010-83470000　　邮　购: 010-62786544
投稿与读者服务: 010-62776969, c-service@tup.tsinghua.edu.cn
质量反馈: 010-62772015, zhiliang@tup.tsinghua.edu.cn
课件下载: http://www.tup.com.cn, 010-62791865

印 装 者:三河市金元印装有限公司
经　　销:全国新华书店
开　　本:185mm×260mm　　印　张: 14.5　　字　数: 352 千字
版　　次:2022 年 9 月第 1 版　　印　次: 2022 年 9 月第 1 次印刷
定　　价:45.00 元

产品编号:097710-01

前　言

随着信息技术的快速发展，以及信息技术与教育的融合逐渐深入，信息技术使教学模式与教学手段产生的变革正逐步向前发展。教育技术已经成为教师必须具备的基本能力之一，教育部于 2018 年 4 月发布的《教育信息化 2.0 行动计划》对教育技术的发展提出了更高要求，因此对于现代师范类学生和在职教师来说，跟上最新教育技术的发展并掌握其相关的具体应用技能显得尤为重要。现代教育技术在教育中的应用是实现教育现代化的重要条件，当今的教育对教师的素质和知识结构提出了全面要求，现代教育技术应用于教学的关键在于教师，学习、掌握和运用好现代教育技术已经成为广大教师必须面对的一个重要课题。目前，现代教育技术是我国众多高等师范类院校的必修课。在该课程中，教师基于特定的教学环境，逐渐使用新的教育技术手段替代传统的教学方式，通过对新的教育技术的应用，不仅大大提高了教学质量，而且极大地丰富了课程呈现的内容。本书结合作者长期在本领域的学习研究，将本课程当下最新实用技术全面、系统地呈现在读者面前。

本书具体分为 8 章：第 1 章是教育技术概述，包括教育技术的含义、国内外教育技术的发展情况、师范类学生学习教育技术的必要性等；第 2 章主要介绍现代教育技术的理论基础，包括学习理论、传播理论的有关含义，行为主义、认知主义等的学习观，"经验之塔"理论等对教学的指导作用；第 3 章主要介绍现代视听媒体辅助教学技术，包括教学媒体的概念、教学媒体的教学功能特性，以及视觉、听觉、视听觉媒体的特点及其教学应用等；第 4 章主要介绍现代教育技术环境与系统，包括多媒体教学系统与多媒体教室、网络在教学中的应用、微格教学系统、校园计算机网络、多媒体网络录播系统、远程教育技术等；第 5 章主要介绍数字化教学资源，包括数字化教学资源的类型、特点与构建，数字化教学资源的获取，数字化教学资源的处理等；第 6 章主要介绍多媒体课件的设计与制作，包括多媒体课件的概念、类型、结构与设计原则，利用 PowerPoint 制作多媒体课件的具体方法；第 7 章主要介绍信息化教学设计，包括教学设计与信息化教学设计的含义、教学设计过程的模式、教学系统设计的要素分析、翻转课堂的信息化教学设计等；第 8 章主要介绍信息技术与教育教学的融合，包括信息技术与教育教学融合的含义与特点、信息技术促进教学模式的创新、人工智能在混合式教学中的应用、如何建设信息化课程(微课)等。

本书具有以下特点。

(1) 针对性强，应用广泛。本书是针对高等师范类院校学生和在职教师编写的，旨在培养他们的教育技术基本素养与基本技能。本书理论与对应的指导方法并行，融合现代教育技术最新、最实用的相关技能，适合师范类院校学生和在职教师学习。

(2) 突出技能，学以致用。结合教育现代化发展的要求和师范学生的特点，在媒体技术方面，突出操作技能的培养；在软件技术方面，突出通用性、便捷性和普适性，使学生易于学习且能够学以致用。

(3) 系统完整，内容全面。本书注重系统性、完整性、先进性统一的特点，既博采众家之长，又在维持现代教育技术的理论体系下，融合了现代教育技术的新技术与新成果，也融入了我们多年教学研究与学校教育技术应用的经验,形成了自身特色。

  本书由钟建平撰写,在撰写过程中,除了基于作者本人多年实践教学经验总结的基础,同时也参考和引用了一些相关的著作和资料等文献,文献的主要来源已在书末列出,如有遗漏,敬请谅解,本人对文献的作者表示衷心的感谢!

  由于作者水平有限,书中不足与疏漏之处在所难免,恳请广大读者批评、指正。

作 者

目录

第1章 教育技术概述 ... 1

1.1 教育技术与教育技术学 ... 2
    1.1.1 教育技术 ... 2
    1.1.2 教育技术学 ... 2

1.2 教育技术发展历史简介 ... 3
    1.2.1 国外教育技术的产生与发展 ... 4
    1.2.2 我国教育技术的发展 ... 7
    1.2.3 教育技术的发展趋势 ... 8

1.3 师范生学习教育技术的必要性 ... 9
    1.3.1 信息时代教育面临的挑战 ... 9
    1.3.2 现代教育技术在教育改革中的作用 ... 10
    1.3.3 师范生学习现代教育技术的基本内容 ... 11
    1.3.4 师范生学习现代教育技术的要求 ... 12

小结 ... 13

第2章 现代教育技术的理论基础 ... 15

2.1 学习理论 ... 16
    2.1.1 行为主义学习理论 ... 16
    2.1.2 认知主义学习理论 ... 17
    2.1.3 客观主义学习理论 ... 17
    2.1.4 建构主义学习理论 ... 18
    2.1.5 各种学习理论对教育技术领域的影响 ... 19

2.2 视听教育理论 ... 20
    2.2.1 "经验之塔"理论的基本思想 ... 20
    2.2.2 "经验之塔"理论的要点 ... 21

2.3 传播理论 ... 22
    2.3.1 传播的概念和类型 ... 23
    2.3.2 传播模式 ... 24
    2.3.3 教育传播过程 ... 28
    2.3.4 教育传播的基本原理 ... 31

小结 ... 33

第3章 现代视听媒体辅助教学 ... 35

3.1 现代教学媒体概述 ... 36
    3.1.1 教学媒体的概念 ... 36
    3.1.2 教学媒体的分类 ... 37
    3.1.3 教学媒体的教学功能特性 ... 38
    3.1.4 教学媒体的教育作用 ... 39

3.2 视觉媒体及其教学应用 ... 40
    3.2.1 视觉媒体的特性 ... 41
    3.2.2 投影仪 ... 41
    3.2.3 教学银幕 ... 43
    3.2.4 投影媒体的教学应用 ... 45

3.3 听觉媒体及教学 ... 46
    3.3.1 听觉媒体的特性 ... 47
    3.3.2 听觉媒体的功能及在教学中的应用 ... 47

3.4 视听觉媒体及教学 ... 48
    3.4.1 视听觉媒体的特点和教学功能 ... 48
    3.4.2 教育电视系统 ... 50
    3.4.3 电视教学应用 ... 52

小结 ... 54

第4章 现代教育技术环境与系统 ... 55

4.1 多媒体教学系统与多媒体教室 ... 56
    4.1.1 多媒体硬件系统的基本构成 ... 56
    4.1.2 多媒体的软件环境 ... 60
    4.1.3 多媒体教室 ... 61

4.2 网络在教学中的应用 ... 67
    4.2.1 网络课件 ... 68
    4.2.2 网上讨论 ... 68
    4.2.3 作业上交 ... 71
    4.2.4 流媒体教学 ... 71

4.3 网络教学机房 72
　　　　4.3.1 网络教学机房的基本功能 72
　　　　4.3.2 网络教学机房的组成 72
　　　　4.3.3 网络教学机房的维护和使用 ... 72
　　4.4 微格教学系统 75
　　　　4.4.1 微格教学概述 75
　　　　4.4.2 微格教学系统的构成 76
　　　　4.4.3 微格教学系统的功能 77
　　　　4.4.4 微格教学的实施 77
　　　　4.4.5 数字化微格教学系统 79
　　4.5 校园计算机网络 80
　　　　4.5.1 校园网概述 80
　　　　4.5.2 校园网的功能 81
　　4.6 多媒体网络录播系统 82
　　　　4.6.1 多媒体网络录播系统概述 82
　　　　4.6.2 多媒体网络录播系统的
　　　　　　　功能及特点 82
　　　　4.6.3 多媒体网络录播系统的
　　　　　　　组成及原理 85
　　　　4.6.4 多媒体网络录播系统的
　　　　　　　结构和使用方法 87
　　4.7 远程教育中的技术 89
　　　　4.7.1 网络课程开发平台 89
　　　　4.7.2 视频会议与实时教学 93
　　　　4.7.3 虚拟现实技术 96
　　　　4.7.4 其他常用技术及应用 99
　　小结 101

第 5 章　数字化教学资源 103

　　5.1 数字化教学资源概述 104
　　　　5.1.1 数字化教学资源的类型与
　　　　　　　特点 104
　　　　5.1.2 数字化教学资源的构建 105
　　5.2 数字化教学资源的获取 108
　　　　5.2.1 数字化教学资源检索工具 108
　　　　5.2.2 数字化教学资源搜索方法、
　　　　　　　策略与技巧 110
　　　　5.2.3 数字化教学资源的获取 111
　　5.3 数字化教学资源的处理 113

　　　　5.3.1 图片资源的处理 113
　　　　5.3.2 音频资源的处理 138
　　　　5.3.3 视频资源的处理 143
　　　　5.3.4 动画资源的处理 147
　　小结 153

第 6 章　多媒体课件的设计与制作 155

　　6.1 多媒体课件概述 156
　　　　6.1.1 多媒体课件的概念 156
　　　　6.1.2 多媒体课件的类型 157
　　　　6.1.3 多媒体课件的结构 158
　　　　6.1.4 多媒体课件设计的
　　　　　　　基本原则 159
　　　　6.1.5 多媒体课件的制作过程 165
　　6.2 利用 PowerPoint 制作多媒体课件 170
　　　　6.2.1 文本的处理 170
　　　　6.2.2 图形和图像的使用 178
　　　　6.2.3 音频和视频的使用 180
　　　　6.2.4 超链接 183
　　小结 184

第 7 章　信息化教学设计 185

　　7.1 信息化教学设计概述 186
　　　　7.1.1 教学设计的含义 186
　　　　7.1.2 教学系统设计的层次 187
　　　　7.1.3 教学设计过程的模式 188
　　　　7.1.4 信息化教学设计的含义 190
　　　　7.1.5 信息化教学设计的原则 191
　　7.2 教学系统设计的要素分析 192
　　　　7.2.1 学习需要分析 192
　　　　7.2.2 学习内容分析 194
　　　　7.2.3 学习者分析 196
　　　　7.2.4 学习目标的阐明 198
　　　　7.2.5 教学策略的确定 200
　　　　7.2.6 教学媒体的选择 201
　　　　7.2.7 教学设计评价 202
　　7.3 翻转课堂的信息化教学设计 204
　　　　7.3.1 翻转课堂教学模式的含义与
　　　　　　　特点 204

  7.3.2 翻转课堂的教学设计 205
小结 207

第 8 章 信息技术与教育教学融合 209
 8.1 信息技术与教育教学融合概述 210
  8.1.1 信息技术与教育教学融合的
     含义 210
  8.1.2 信息技术与教育融合的
     特点 210
  8.1.3 信息技术与教育融合的
     内容及影响 212
 8.2 信息技术促进教学模式创新 213
  8.2.1 信息技术创新课堂教学
     模式 213
  8.2.2 信息技术支持的创新教学
     模式 214
 8.3 人工智能在混合式教学中的应用 216
  8.3.1 面向教师的人工智能应用 216
  8.3.2 面向学生的人工智能应用 217
  8.3.3 面向教学的人工智能应用 218
 8.4 信息化课程建设——微课 219
  8.4.1 微课的含义与特点 219
  8.4.2 微课的类型 220
  8.4.3 微课的开发流程与录制
     方法 221
小结 223

参考文献 224

第1章

教育技术概述

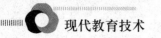

1.1 教育技术与教育技术学

目前，教育技术已经从一种视听教学方法的改革运动发展成为具有较完整的理论框架、实践领域的专业和学科，并对教育改革产生了重要和深远的影响。

1.1.1 教育技术

1. 技术的含义

随着社会的发展，技术的内涵也在不断地演变。在工业化社会，人类认为技术就是根据生产实践经验和自然科学原理发展而成的各种物资设备和生产工具。这种认识把"技术"限定在有形的物质方面，现在看来这是一种肤浅的、不完整的认识。在信息化社会中，技术是指人们在生产活动、社会实践和科学实验中，为了达到预期的目的而根据客观规律对自然、社会进行认识、调控和改造的物质工具、方法技能和知识经验的综合。这一定义包括两方面内容：一方面认为技术包括有形的物质设备、工具手段(物化技术)；另一方面认为技术包括无形的、非物质的观念形态方面的方法与技能(智能技术)。对"技术"一词的这种定义就比较全面、深刻。教育技术史的权威人士塞特勒说："技术的重点在于工作技能的提高和工作的组织，而不是工具和机器。"

2. 教育技术

教育技术是技术的子范畴，因此教育技术就是人类在教育实践活动中所应用的一切物质工具、方法技能和实践经验的综合。它包括有形(物化形态)的技术和无形(观念形态)的技术两个方面。有形的技术包括在教与学的活动中所采用的各种教学媒体，如各种设备、器材、软硬件工具等；无形的技术包括各种教学方法、策略、技巧等。有形技术是教育技术的依托，无形技术是教育技术的灵魂。

教育技术是教育中的技术，它既不是对全部教育问题进行研究，也不是对所有技术进行研究，它遵循教育规律，研究如何采用技术手段和方法解决教育教学中的有关问题。

1.1.2 教育技术学

自从有了人类，就有了教育，有了教育就有了教育技术。当教育技术发展到一定阶段后就形成了一门专门研究教育技术现象与规律的科学——教育技术学。它是在教育学、认知心理学、教育传播学、系统科学、媒体技术等理论的指导下，研究如何在教育中应用各种教育技术以提高教育质量的理论与实践相结合的一门学科；是一门综合的强调理论指导实践的新兴学科；是属于教育学领域中专门用来研究如何利用技术提高教学质量的二级应用学科。

把教育技术作为一门学科研究，其研究历史并不长，教育技术的概念也是仁者见仁，智者见智。1994 年由美国教育传播和技术协会从学科研究领域提出的教育技术定义得到广泛认可，即教育技术是关于学习过程与学习资源的设计、开发、利用、管理和评价的理论与实践。从这一定义可以看到，教育技术学的研究领域应当包括学习过程与学习资源的设计、开发、利用、管理与评价五个方面的理论与实践。

教育技术的研究对象是学习过程和学习资源。学习过程是指为了获得预定学习效果而采取的一系列操作步骤和方法。学习资源是指在学习过程中可以被学习者利用的一切要素。学习资源有人力资源和非人力资源之分。人力资源包括教师、同伴、小组、群体等；非人力资源包括各种教学设施、教学材料和教学媒体等。

(1) 学习过程和资源的设计，是指为实现一个确定的教学目标，在教学理论、学习理论、媒体传播理论等相关理论的指导下，对教学系统进行的完整而详细的设计过程，这里包括对目标、学习者、内容的分析，对教学策略、媒体的选择，和对效果的评价等多个环节。这一领域已发展为一个较为独立的教学设计研究方向，成为教育技术的重要组成部分。

(2) 学习过程和资源的开发，是指将各种教学模式、媒体技术应用于教学过程的研究，是对教学设计成果的"物化"过程，同时又是为理论的发展提供实践数据的过程。因此这种开发不仅是依靠某种媒体技术制作教学产品，更广泛地讲，是对整个教学系统的实践与改进。开发的范围可以是一节课、一个教学项目，也可以是一个庞大系统工程。

(3) 学习过程和资源的利用，是指对不断出现的新技术、各相关学科的最新成果以及各类信息资源的利用和传播。

(4) 学习过程和资源的管理，是指对所有学习资源和学习过程进行计划、组织、指挥、协调和控制。这里包括对教学系统的管理、对信息与资源的管理、对教学研究与开发的管理等。只有科学的管理，才能保证教学效果的优化。

(5) 学习过程和资源的评价，是指对教学系统运行状态及效果的评价研究。这里既有对单一环节或因素的评价，也有对系统整体的评价；既有总结性评价，也有形成性评价。只有具备了多角度、多方位的科学评价体系，才能保证教学系统的研究更加科学、合理。

以上是按照教育技术定义对其各部分内涵进行的解释。在实际的工作中，这些方面并不是相互孤立、各自为营的，更多的是多个部分的有机结合，如设计与开发、利用与管理、设计与评价、开发利用与评价等。可以说，教育技术是在相关理论与技术的综合运用过程中，对各类不同模式和大小的教学系统进行的研究和实践，其目的就是要达到教学(学习)效果的优化。所以教育技术虽然从学科属性上归于教育学科，但它具有鲜明的综合性、交叉性特征。也正因为如此，教育技术的学习者必须具备更高的综合素质。

1.2 教育技术发展历史简介

关于教育技术的起源，有几种不同的观点，这一点在上一节已有所涉及，学术界普遍认同的，是较为狭隘的、更具有明确定位和时间划分意义上的观点，即教育技术的产生应以 20 世纪 20 年代出现的"视觉教育运动"为起点。因此，研究教育技术的发展史，应该更多地着眼于这个不到百年的历程。

教育技术的历史虽然不长，但它的成长经历却很复杂，主要体现在两个方面：一方面是教育技术不是在某个单一领域或方向上的逐渐深入，而是多个方向、多个领域并行交叉结合的过程；另一方面，教育技术的发展过程不是以自身原始细胞为基础，产生细胞裂变或功能扩张式的发展,而是兼收并蓄、有机整合的过程,它对外界相关因素的综合吸纳要远远多于自身机体的演变与派生。所以研究教育技术的发展历史,既可以了解教育技术在不同时期的形态,同时也可以帮助我们更好地理解这一学科的综合特征。

1.2.1 国外教育技术的产生与发展

与其他很多应用型学科一样,教育技术也是在技术的应用与理论的发展相互作用下前进的。为了更清楚地了解教育技术发展的脉络,我们从媒体和理论两个方面对其历程进行回顾。

1. 媒体

教育技术产生的原始动机,可以说是人类对直观教学的追求。在 17 世纪,捷克教育家夸美纽斯(J. A. Comenius,1592—1670)对班级授课进行了理论上的论证和教学法上的阐明,倡导这种适合于当时教育需要的教学形式。同时,根据班级授课制的特点和当时教学内容的变化(如大量增加了自然科学的知识),他又较系统、全面地提出了直观教学的思想,认为"知识的开端永远必须来自感官""在可能的范围之内,一切事物都应该尽量地放到感官跟前……假如事物本身不能得到,便可以利用它们的模型图像"。这一思想经过很多教育家,包括裴斯泰洛齐、福禄培尔、第斯多惠等人的不断探索和完善,已经成为一个在西方很有影响力的教育理论体系。17—19 世纪,直观教学法在西方教育界得到广泛的应用。

19 世纪末 20 世纪初,科学技术飞速发展,各种电子类新媒体大量涌现。在直观教学思想的促进下,这些新的科技成果被迅速应用到教学活动中,并获得了巨大的成功。

20 世纪初,幻灯、无声电影等新兴视觉媒体大量应用于课堂。1922 年美国成立了国民教育电影协会,1925 年意大利成立了教育电影馆,1928 年美国柯达公司成立了教学电影部,专门组织制作教学电影。美国在 1918—1928 年兴起了一场大规模的教学改革运动——视觉教育运动,在全国成立了 5 个视觉教育专业组织,有 20 多个教师培训机构开设了视觉教育课程,出现了 5 种视觉教育学术杂志。今天,学术界正是以这场视觉教育运动为标志,作为教育技术发展的起点。

之后其他媒体的应用也随之迅速推进。1928 年美国俄亥俄州航空学校建立了以成年人为对象的教育广播电台,1937 年美国威斯康星州的"空中学校"利用无线电台播送 7 个科目的课程,供 5~12 年级的学生收听。

20 世纪 30 年代有声电影开始应用于学校教育,视觉教育扩展到视听教育。

20 世纪 50 年代电视媒体兴起。1950 年美国爱德华专科学校创办了第一个校园电视台。1957 年,美国实施"资助小学电视教学方案"。20 世纪 50 年代末 60 年代初,教育电视台如雨后春笋般地在世界各地涌现,仅美国就有 300 多个,日本也有 100 多个。同时,闭路教育电视系统也在许多大学和地区开始建立。20 世纪 60 年代电视在教育中的应用规模迅速扩大。日本学校的电视使用率在 1968 年为 17%,1970 年为 71%。美国在 1970 年有 75%的公立学校开始以各种形式的电视教学节目开展教学活动。

20 世纪 70 年代中期卫星电视系统开始出现。1974 年美国通过"6 号实用技术卫星"

转播电视教学节目，揭开了卫星教育电视的序幕。由此产生了教育技术中的又一个新的发展领域——远程教育，并很快成为教育技术中规模最大的一种教学形式，它对教育的规模化发展，尤其是偏远地区教育的发展起到了重要的推动作用。

进入 20 世纪 90 年代，计算机及网络技术的发展突飞猛进，教育技术迎来了一个新的媒体革命时代。在这一时期，除了上面提到的基于集体化教学所应用的媒体技术外，用于另一种教学模式——"个别化学习"的教学媒体也在快速发展中，这种教学媒体在早期被称作程序教学机或自动教学机。它是一种预先装入编制好程序的教学机械装置，在学习者控制下，它能自动呈现教学信息，并对学习者的操作判断行为进行反馈，从而起到"刺激—反应—强化"的作用。它与普通视听觉媒体的重要区别是，由学习者控制并具有鲜明的交互功能。学习者可以根据自己的判断对机械作出反应，通过机械的反馈信息，不断地修正自己的判断和反应行为，并得到强化，以实现学习目标。因此，教学机械装置是适用于个别化学习的工具。

一般认为，美国心理学家普莱西(S. L. Pressey)是世界上第一台教学机器的发明者。1924 年他根据桑代克(E. L. Thorndike，1874—1949)学习定律中的准备律、练习律、效果律设计了一台可以进行测验、计分和教学的简单仪器，并在之后的几年时间里，不断地改进和完善这种教学机器。但由于当时社会上对其需求不强烈，加之机器性能有限，所以没能得到推广。

20 世纪 50 年代中期，美国心理学家斯金纳(B. F. Skinner，1904—1990)根据操作条件反射原理，在普莱西教学机器的基础上，进一步提出了教学材料的程序化思想，并设计了新一代教学机器，即程序教学机。在斯金纳的推动下，20 世纪 50 年代末 60 年代初成为教学机器发展的黄金时期，数十种教学机器问世并进入实用阶段。1958 年美国哈佛大学和拉德克利夫大学用 10 部程序教学机进行人类行为课程的教学。1961 年美国空军应用教学机器进行了为期 16 个月的军事技术训练，既缩短了时间，又降低了成本。这一时期教学机器所用的程序教材，也在很多国家的各级各类教学和训练中逐步得到推广。

但随着人类期望值的提高，教学机器所要承担的教学内容越来越复杂、功能越来越多，开发技术的局限性再一次显现出来。到 20 世纪 70 年代，教学机器的研发速度日趋减缓，同时随着计算机技术的成熟，人们开始放弃传统的电子机械方法，转而使用计算机实现程序教学，并很快获得了成功。这一时期，美国、英国、法国、日本等国家都纷纷制订政府计划，投资开发和推广计算机教育工程。美国伊利诺伊大学研制的 PLATO 计算机教学系统到 1979 年已可供 1000 万人的教学，它存储 100 余门课程的 6000 多套教学程序。20 世纪 80 年代末，美国中小学拥有计算机超过 200 万台。加拿大中小学的计算机普及率达 60%以上。日本高中以上学校的计算机普及率达 80%以上，中小学也达 60%以上。1997 年新加坡教育部投资，给全国每所学校都增添了计算机，即使是小学，平均每所也拥有 100 台以上的计算机，并把所有学校的计算机联成一个区域网络。

20 世纪 90 年代，人类迈入了计算机与信息时代，作为信息时代的标志性技术，计算机与互联网已成为教育技术媒体领域最重要的部分。由于计算机与网络具有多媒体性、交互性、远程传输性、开放性等特征，使教学信息在综合化、个性化、远程化、共享化等各个方面都产生了质的飞跃。21 世纪的教育技术也迈入了以计算机与网络技术为核心的媒体技术新时代，教育界在全新的理念中对学习过程和资源予以新的研究和实践。

2. 理论

教育技术的理论发展与媒体技术及其他相关学科的理论发展具有紧密的关联性，通常是对探索性实践的总结、综合与升华，之后是对实践的再指导。

事实上，在20世纪20年代美国的视觉教育运动时期，并没有正式使用"教育技术"一词。当时名称采用的是"视觉教育"，主要是指利用各种视觉媒体，如幻灯片、无声电影等，向学生提供生动的视觉形象以辅助教学。1922年，美国出现了全国视觉教育学会等民间学术团体。1923年，美国教育协会成立了下属的视觉教育分会，成为第一个官方的视觉教育学术机构。这些机构的建立为教育研究开辟了一个新的领域，教学人员在这一领域中开展了大量的实验和研究，在视觉教育的有效性和适应性方面取得了一系列成果。

这一时期的代表理论是霍本(C. F. Hoban)的观点。他在《课程的视觉化》一书中，系统地论述了视觉教育的理论基础，提出了将各种媒体按具体或抽象程度进行分类的观点，并设计出了分类的层级模型。

20世纪30年代中期，广播、有声电影的出现，使"视觉教育"一词已经无法概括新的实践活动，于是人们开始采用"视听教育"一词。1947年，美国教育协会视觉教育分会正式改名为视听教育分会。随着在企业、军队和社会服务机构中视听教育活动的开展，该分会的成员组成扩展到了学校以外的社会力量之中，其作用也从教学活动的研究，延伸到视听教材的制作、专业人员的培训等领域。1953年，该分会出版了专业刊物《视听传播评论》。

在视听教育理论研究中，最具代表性的是美国教育家、俄亥俄州立大学教授戴尔(E. Dale)。他的代表作《教学中的视听方法》作为视听教育的标准教科书广泛应用。书中所论述的著名的"经验之塔"理论，成了当时乃至后来视听教育中的主要理论依据。

总体而言，无论是视觉教育还是视听教育，它们的基本理念是相同的，即关注视听设施的利用，凭借视觉和听觉的刺激，实现学习经验的具体形象化。它们都是过多地关注教材而较少关注开发教材的过程，把视听教材看作是教师教学的辅助工具。

进入20世纪50年代，视听教育因传播理论和早期系统观念的引入，发生了一次重大的变革。随着电视媒体的普及，程序教学与教学机器的风靡一时以及计算机辅助教学的研究，视听教育又迎来了一个新的媒体变革时期。教材操作的自动化、形态的多样化、教学过程的程序化等新的研究目标与尝试，引发了人们对"视听教育"的重新界定。此时，传播学在各行业开始产生影响，有些学者包括霍本和戴尔也开始转变角度，将教学过程作为信息传播过程加以研究，把目光从单一物质技术的应用扩展到对教学过程的关注，探讨教与学的活动中涉及的所有传播元素和环节，研究从发送到接收以及干扰的整个传播过程。

系统理论是20世纪50年代出现的方法论学科，其目的是从新的角度揭示客观世界的本质联系和运动规律，为科技的发展提供一种新的思路和方法。霍本和芬恩(J. D. Finn)这两位当时美国视听教育界的泰斗，于20世纪50年代末向业内介绍了系统理论，并提出了教学系统的概念，指出视听领域的研究重心应是整体教学系统的规划和设计，而非只限于教具和教材本身。传播理论和系统理论拓宽了视听领域的视野，学者们开始把关注的焦点从视听教育逐渐过渡到整体教学传播过程和教学系统的宏观层面上。

鉴于这样一种变化，1971 年，美国视听教育协会正式更名为美国教育传播与技术协会(AECT)，并于 1972 年将其实践的领域定名为教育技术，至此，"教育技术"一词才作为一个学术领域的正式名称确立起来。在随后的 20 多年里，教育技术在相关学科的发展影响下，不断地进化和丰富。计算机与网络的发展促使媒体传播技术的发展进入了一个信息技术时代。在早期程序化教学理论的深刻影响下，教学设计的研究开始出现，并与系统理论相结合，使教学系统开发成为现代教育技术的重要内容。20 世纪 80 年代以后，教学设计理论日趋成熟，与媒体技术的结合也更加紧密。同时，学习心理学的新发展为教育技术的理论注入了新的活力。在新的心理学理论的指导下，对教学设计的研究已成为当今教育技术的热点。

教育技术在研究领域和范畴上的变化，也促进了人们对"教育技术"一词的再认识。1994 年，美国教育传播与技术协会对此作的定义阐述，成为迄今为止最全面、明确地阐明教育技术内涵的定义，也是受认可程度最高的。以此定义为依据，我们可以看到，今天的教育技术已发展成为一个与学习的整个系统相关联的研究领域，它涉及与学习活动相关的每一个环节，是以系统方法为核心，以改进和优化人们的学习为最终目的的综合性学科。

1.2.2 我国教育技术的发展

我国教育技术的发展历程与世界教育技术发展的各个阶段基本相似，只是由于我国的经济、历史、科技等原因，与美国等发达国家相比有所滞后。教育技术在我国的发展历史可以分为两个大的阶段。

1. 电化教育的发展

20 世纪 20 年代，受美国视觉教育运动的影响，在我国的一些大城市，如上海、南京等地的学校中，教育界人士开始尝试用无声电影、幻灯等媒体进行教学，标志着我国电化教育开始萌芽。20 世纪 30 年代到 40 年代，电化教育发展很快，应用规模不断扩大，同时也出现了电化教育的专业培训机构，理论研究逐步深入，出现了一些文章和专著，这一时期南京金陵大学在推进电化教育方面最为突出。20 世纪 40 年代，当时的国民政府教育部成立了电化教育委员会，"电化教育"一词开始作为这一领域的正式名称并得到确认。

中华人民共和国成立以后，我国政府对电化教育予以了充分的重视，在中华人民共和国文化和旅游部及教育部的推动下，全国开展了多种形式的学术活动，出版了多种专业期刊、论著。20 世纪 60 年代开始，各类学校应用录音、电影、幻灯投影等媒体进行教学的活动十分活跃，同时无线广播在社会教育方面得到大规模应用，各地相继建立起了官方性质的电教机构。

20 世纪 80 年代，我国电化教育迅速发展，各级各类的电教机构日趋健全，管理与推广步入规模化和组织化。媒体技术迅速提高，在原有的幻灯、录音、语音室等设备的基础上，电视媒体、计算机等开始普及。电化教育教材的开发速度加快，并且数量剧增，使用率也大幅提高。1978 年我国成立了中央广播电视大学，利用卫星电视进行教学，到 1994

年中央广播电视大学已开设了 359 个专业、1000 多门课程,培养了 157 万名毕业生和 2000 多万名非学历教育结业生。20 世纪 80 年代中期,一些师范大学开设了电化教育本科专业。随着对电化教育理论研究的进一步深入,也出现了大量专业期刊和论著。

2. 教育技术的全面发展

20 世纪 80 年代后期,随着与国外教育技术界交流的增加,新的理论、经验、成果的不断吸纳,研究者们发现我国电化教育的发展基本上是在视听教育的范畴中。为了适应新时代的教育需求,促进教育改革的深入,我国有必要借鉴国外教育技术的成果和经验,对电化教育重新定位。在这种思想的指导下,我国的电化教育开始向教育技术转变,出现了教育技术全面发展的新态势。

在媒体技术方面,计算机辅助教育得到了充分重视,学校计算机的普及率迅速上升,很多高校在 20 世纪 80 年代就成立了计算机中心或实验室。1987 年,国家教育委员会基础教育司成立了"全国中小学计算机教育研究中心",推动中小学计算机教育的开展。到 1997 年全国已有两万多所中小学校配备了近 50 万台计算机,同时校园网、"校校通"工程也迅速推广。2000 年教育部提出,从 2002 年开始全国中小学逐步完成信息技术课程的开设,进一步推动了以计算机技术为核心的现代综合媒体技术在教育中的应用。

在研究和实践的领域上,教育技术突破了原有对视听媒体的应用范围,扩展到"教学设计""多媒体教学""信息技术与课程整合""网络教学"等多个领域,而且在认知领域 CAI(计算机辅助教学)研究上也取得了丰硕成果。在教学软件的开发上出现了科技企业与教育机构联合运作的良好局面。可以说,目前是我国教育技术在理论成果和教学产品上有史以来最丰富的时期。

在学科发展上,从 20 世纪 90 年代开始各高校纷纷将原电化教育专业改名为教育技术学专业,同时人才培养的层次不断提高。

近几年,教育技术学专业实现了跨越式发展,最早的教育技术学专业大多是在师范院校内设置的,截至 2021 年,很多不同性质的学校有教育技术学本科专业和硕士学位点,一些学校有博士学位点,同时对师范生公共课的开设及教师的在职培训也在不断加强。专业人才队伍的完整化、多层次化以及教育技术的普及,使得教育技术在理论与实践研究上得以持续快速地发展。

1.2.3 教育技术的发展趋势

教育技术的未来发展方向,一方面取决于理论与技术的发展状况,另一方面取决于教育的实际需求。从目前的情况来看,教育技术的发展方向呈现以下几个特征。

1. 现代教育技术作为交叉学科的特点将日益突出

作为一个交叉学科,现代教育技术融合了多种思想和理论。交叉学科的特性决定了其研究和实践主体的多元化,包括教育、心理、计算机技术、媒体理论等不同背景的专家和学者共同研究和实践,开放式的讨论与合作研究已经成为教育技术学科的重要特色。

2. 现代教育技术将日益重视实践性和支持性研究

现代教育技术作为理论与实践并重的学科，需要理论指导实践，并在实践中进行理论研究。目前，现代教育技术研究前沿的两个领域是信息技术与课程整合和网络教育，所有这些乃至终身教育体系的建立都强调对学习者的支持，即围绕如何进行学习、提高成绩开展所有工作。正因为如此，人们将会越来越重视包括教师培训、教学资源建设、学习支持等在内的现代教育技术的实践性和支持性研究。

3. 现代教育技术将日益关注技术环境下的学习心理研究

随着现代教育技术的发展，技术所支持的学习环境将真正体现出开放、共享、交互、协作等特点，因此，适应性学习和协作学习环境的创建将成为人们关注的重点。现代教育技术将更加关注技术环境下的学习心理研究，深入研究技术环境下人的学习行为特征、心理过程特征、影响学习者心理的因素，更加注重学习者内部情感等非智力因素，注重社会交互在学习中的作用。

4. 现代教育技术的手段将日益网络化和多媒体化

现代教育技术网络化的主要标志是 Internet(即因特网或国际互联网)应用的迅速发展，基于网络的学习模式集文字、声音、图像于一体，消除了时空距离，实现自由自在地对话，使师生之间、学生之间的双向交流能很好地进行。而利用计算机媒体与其他教学媒体相结合共同参与课堂教学过程，形成了不同的教学模式，如虚拟现实技术与多媒体仿真技术的使用，可以形成交互式人工世界，能给学生身临其境的感受，使学习者亲自体验现实中无法实现的经历，变抽象内容为具体内容和具体感知，提高了学习效果。

1.3 师范生学习教育技术的必要性

信息时代对人才的培养提出了新的要求，新理念和新方法推动着教育迈入一个新的时代。我国在 20 世纪末适时地提出了素质教育工程，旨在运用现代的教育思想和技术方法，培养适合于 21 世纪发展需要的、具有优良综合素质的合格人才。教育改革对教师提出了新的挑战，今天的教育已不再是传统的教与学的单向输送，而是提倡以学生为主体的学习活动的开发与实施。现代教育活动更强调自主化、个性化、多元化，教师的角色也转变为学习资源的组织者、过程的设计者、行为的引导者。教育技术的发展是这场教育变革的重要特征之一，同时又对教育改革的发展起着重要的推动作用。师范院校的学生作为未来的教师，掌握现代教育技术的基本理论和方法就必然成为其职业素质的重要要求之一。

1.3.1 信息时代教育面临的挑战

在当今的信息时代，教育正逐步走向多元化、终身化、全民化，受此影响，教育教学也越来越体现出信息化、多媒体化、网络化等特点，推进教育改革，就是要改变传统的教学模式，切实提高教育教学质量，实现综合素质教育，使学生真正掌握基本理论知识和实践应用技能。技术的发展影响着教育的发展，反过来教育的进步又推动着技术的革新，如果没有教育技术作为坚强后盾，教育改革必将显得苍白无力，学生也不可能得到更好的发展。因此，对于师范生而言，只有拥有良好的教育技术能力和素养，才能更好地适应当今的教育教学形势。

现代教育技术以其多样性、综合性、高效性等特点，正迅速改变着传统的教学模式和教学手段，从而引发了一场教学革命。在教学改革不断深入的教育环境下，如何提高师范生的教育技术能力成为关乎未来教育的重要问题。而当今高等师范院校的教育技术教育尚未形成规范化、标准化体系，师范生的教育技术素养亟待提升。因此，高校应注重对师范生教育技术能力的持续培养。

1.3.2 现代教育技术在教育改革中的作用

1. 现代教育技术是教育改革的突破口

现代教育技术因其特定的产生与发展环境而具有鲜明的时代特征。正因为如此，在新的教育思想和理念的指导下，运用现代教育技术改革教学活动，从最具体的技术手段出发，逐步拓展，进而对教学内容、教学模式、教学资源、管理体制乃至教学理论产生深刻影响，有力地推动了教育的整体改革。现代教育技术的另一个特征是系统方法的思想，而这一思想的普及，必将促使教育者从单一的关注手段转向关注与学习有关的各个环节，从整体的角度设计与评价教学活动来看，这必然会促进教育各方面改革的协调进行。

2. 现代教育技术可以促进教育教学模式的改革

现代教育要求教育形式的多样化，使学习者在学习过程中不仅能获得知识，还能够培养学习能力、提高综合素质。现代教育技术无论从教学设计的思想，还是媒体技术的功能上来看，都为教师探索新的教育教学模式提供了广阔空间。通过应用现代教育技术，可以更科学、更便捷地重新整合教学资源，控制教学过程，可以创造出更多符合学习者特征的、具有个性化的教学模式，以实现更有效地学习。课堂教学、远程教育、个别化学习等各种不同教学实践领域，都可以从现代教育技术的应用中获得重要的理论与技术支撑，这一点尤其在我国教育界目前正在实施的创新教育、研究性学习等具体的教育改革内容中，起着重要作用。

3. 现代教育技术的应用有助于学生学习能力的培养

教育改革的主要目的之一，就是要使受教育者在获得知识的同时，提高自身的综合素质，而学习能力是一个人综合素质中的重要组成部分。现代教育技术所提供的空间，可以使学习者有更大的自由度来选择学习的方式，在教师的有效指导下，学生能够更迅速、更高效地实现学习目标。同时在这一过程中，学生自身的学习能力，包括信息的组织处理能力、对问题的分析能力、综合判断能力、合作学习能力、评价能力等，都能得到不断的提高，真正做到"学会学习"。

1.3.3 师范生学习现代教育技术的基本内容

现代教育技术在教育中的重要作用，要求教师必须掌握一定的教育技术，师范生只有在学校学好这门课程，才能适应未来教育发展的需要，胜任教师工作。从教师从事学校教育的角度来看，师范生主要从以下几个方面学习教育技术。

1. 教育技术理论与方法

师范生学习现代教育技术应当以《中小学教师教育技术能力标准(试行)》为参照，明确学习现代教育技术课程的目的是培养师范生教育技术能力，培养运用教育技术革新课堂教学的意识，提高从事教育教学的基本能力。现代教育技术由教育技术理论和教育技术技能两大部分构成。在教育技术学习中，既不能过于侧重理论，也不能过于侧重技术，应该是理论和技术并重，着力培养师范生的教育技术综合能力。

2. 现代教学设计理论与方法

要在教育学、心理学、系统理论等知识的基础上，深入了解和研究现代教学设计的思想，并学会用相关的设计方法来规划某一学科的教学活动。这其中包括目标分析、学习者分析、媒体选择、过程设计和评价方法等各项环节。只有掌握了教学设计的方式方法，才能使教育技术真正体现出价值，从而避免盲目追求先进手段的形式化做法。

3. 以信息技术为核心的媒体应用技术

作为 21 世纪的教师，不仅应具备基本的信息技术能力，同时还应掌握在教学中所能运用到的相关媒体技术，如常规设备的使用，图片、声音及其他素材的处理，影像动画的基本制作技能以及以多媒体计算机为主的教学资源开发和使用技术等。只有掌握了扎实的媒体应用技术，教育技术的应用才能真正实现，否则只能是纸上谈兵。

4. 教学软件的开发制作技术

教师的教育技术素质不仅包括在教学过程中熟练使用各类媒体设备和对教学活动进行设计能力，还应具备基本的教学软件开发能力。这里的教学软件是指各类承载教学信息的电子类材料，包括多媒体课件、电视教学影片、录音教材、幻灯片、投影片等。教师只有掌握了这些教学资源的开发技术，才能更科学地组织教学内容、设计教学模式，从而使教学活动更有效。而且教师参与或独立开发教学软件的过程，也是教学系统设计工程的重要组成部分，所以教学软件尤其是多媒体课件的开发，是学习现代教育技术的重要内容。

5. 利用教育技术进行信息技术与学科课程整合的技术

信息技术与学科课程整合作为一种新型教学方式，已经成为基础教育教学改革的主流，也是基础教育所关注的热点问题之一。信息技术与课程整合需要借助教育技术的相关理论和方法，以现代教育技术的教育思想理论为指导，在数字化的学习环境中利用信息技术与其他学科进行整合，充分发挥信息技术、信息资源、人力资源的优势，提高学生的学习效率。作为未来的教师，师范生应该具备信息技术与学科课程整合的意识和能力，而这

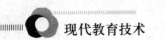

种能力的培养是教育技术学习的目的之一。因此，借助教育技术手段进行课程整合的技术和方法是师范生学习教育技术的重要内容。

1.3.4 师范生学习现代教育技术的要求

1. 转变教育教学观念，正确认识教育媒体

在信息时代的今天，学生获取知识的来源已经不局限于教师和书本等传统方式，四通八达的信息网络，使他们获取知识的途径更加多元化。现代教育技术将打破时空的限制，实现面对社会全体开放的个体化教学，既能实现教育的全民化，又能实现保证质量前提下的教育个人化。教师对现代教学媒体的态度直接影响了现代教育技术在教学中的应用。师范生作为未来的教师，应以积极的心态迎接挑战，对新的教育技术不恐惧、不回避、不排斥，建立良好的自信心，自觉自愿地学习和运用现代教育技术。

2. 重视教育技术，努力创造良好条件

师范院校要更多、更好地培养出适应 21 世纪的创新人才，就应积极推进教学手段的现代化进程，尤其要重视以多媒体计算机及网络等现代教育技术手段在教育教学中的运用。把现代教育技术作为高校改革和发展的制高点与突破口，为学生提供必要的学习环境与条件。学生应充分利用这些条件，学习现代教育技术的相关理论和技能，有意识地开发自身的教育技术潜能。

3. 注重实际应用能力，加强教育技术技能培养

对师范生的教育技术教学应着眼于理论和技术两个层面，把教育技术的内容灵活多样地呈现在实际教学过程中，让学生耳濡目染，接受现代教育技术思想和理论。另外，加强对师范生的现代教育技术技能的培养，既要注重教育教学理论学习，也要注重实践操作技能，要能灵活使用各种教育媒体，对于教学过程中经常使用的媒体设备，要能够灵活操作使用，而且要注重培养学生的实际使用能力，鼓励学生学习新技术，并将其应用于具体的教育教学中。

4. 根据专业的不同，学习内容应有所区别和侧重

教育技术课程内容体系较庞杂，需要学习的理论、技术、技能繁多，在有限的课时内难以保证学生能够掌握所有相关的知识和技能。由于专业学科背景不同，对学生的要求有较大差异，不能用统一化的课程内容去完成所有专业的教学任务。对于不同专业背景的教学对象，在教学内容上应当有所取舍、有所侧重，如对理科专业背景的师范生，可以适当增加几何画板之类相对专业化的工具和技术的学习。总之，教育技术课程的学习内容应该与师范生的专业知识以及将来所要担任的学科课程结合起来，充分调动他们的学习积极性，增强他们的学习兴趣和学习动力。

师范生掌握必备教育技术技能，这是教育改革的需要，也是教育面向现代化的需要，应该得到师范院校的高度重视。师范生教育技术能力的发展是一种综合性能力的培养，它既涉及理论知识的培养，又涉及实践能力的培养。为了适应新时代对教师的要求，师范生不但要注重发掘自身的教育技术潜能，更要充分利用各种资源，使这种能力得到不断发展。

小　　结

本章主要讲解了教育技术的相关概念及其研究内容，教育技术的发展过程，以及师范生学习教育技术的必要性。教育技术是关于学习过程与学习资源的设计、开发、利用、管理和评价的理论与实践，具体包括学习过程和资源的设计、学习过程和资源的开发、学习过程和资源的利用、学习过程和资源的管理、学习过程和资源的评价。目前教育技术的发展侧重于实践性和支持性研究、技术环境下的学习心理研究，并且日益网络化和多媒体化。

第 2 章

现代教育技术的理论基础

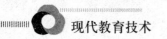
现代教育技术

2.1 学习理论

学习理论是教育心理学中最重要的理论。学习是一种十分复杂的心理活动,它涉及心理学中许多根本性的问题,如感觉、想象、记忆、思维、情感和意志等,从心理学的角度来说学习是由于经验所引起的行为或思维的比较持久的变化。学习理论是研究人类怎样学习的理论,旨在阐明学习如何发生、有哪些规律、是什么样的过程、如何才能进行有效的学习,并揭示学习过程依据心理、生理机制和规律而形成的理论。它对现代教育技术的实施具有重要的指导意义。

由于学习过程的复杂性,人们可以从不同的角度对其进行研究,从而产生了各种学习理论的流派,这些不同的理论各有特点、相互补充。因此,我们在应用时要根据不同的情况,选择不同的理论指导我们的学习过程。

2.1.1 行为主义学习理论

在 20 世纪前半叶,占主导地位的学习理论是行为主义。行为主义的代表人物是美国的斯金纳,他认为行为是人类生活的一个基本方面,并一直以行为作为自己的研究对象。他继承和发展了桑代克的联结主义学习理论,提出了"刺激—反应—强化"的学习模式,创立了操作性条件作用学说和强化理论,并把它们应用于人类学习的研究。

行为主义的学习理论强调学习是刺激与反应的联结,主张通过强化和模仿来形成和改变行为。在行为主义者看来,环境和条件,就如同刺激和强化,是学习的两个重要因素,学习等同于行为的结果。

斯金纳提出的学习模式对人的学习活动的启示作用是:学习者要想获得有效的学习效果,就必须及时给予适当的"强化",为了实现这种强化,最好的办法是让学生知道自己的学习效果,正确的学习行为得到肯定,错误的学习行为得到纠正。根据这一模式,斯金纳进而提出了程序教学理论,总结了一系列教学原则,如小步子教学原则、强化学习原则、及时反馈原则等。

斯金纳认为强化是塑造行为和保持行为强度所不可缺少的关键,也是用来控制学习的根本手段。操作性条件作用的基本过程如下:

反应+强化→增强反应

反应+无强化→减弱反应

反应+惩罚→压抑反应

斯金纳认为,成功的教学与训练的关键是分析强化效果。基于这一观点,他又提出了程序教学法,并据此研制了教学机器。程序教学法又称"小步子教学法",这种教学法的基本思想包括下述各点。

(1) 把教学内容分成具有逻辑联系的小步子。

(2) 要求学生作出积极反应。

(3) 对学生的反应要作出及时的反馈和强化。

(4) 学生在学习过程中可根据自己的情况,自定步调和学习进度。

(5) 要求学生尽可能地作出正确的反应，使错误率降到最小。

斯金纳的这种程序教学原理已广泛运用于当今的计算机辅助教学。根据行为主义学习理论，现代教育技术在教育教学过程中的作用在于：通过多种教学媒体为学生提供引起必要反应和形成强化刺激的材料及条件，以引起学生的多种反应，使学生建立起刺激与反应间的牢固联结，并培养学生的多向思维和发散思维。

然而，行为主义学习理论在研究中只强调行为，不考虑人的意识问题，把人的所有思维都看作是由"刺激—反应"间的联结形成的，由此引起了认知主义理论学派的不满，从而导致了认知主义学习理论的发展。

2.1.2 认知主义学习理论

认知主义学习理论强调学习是认知结构的建立和组织的过程，重视整体性与发现式学习。认知主义学习理论学派认为学习个体本身作用于环境，人的大脑的活动过程可以转化为具体的信息加工过程，同时还认为学习过程是学习者原有认知结构中的有关知识和新学习的内容相互作用(同化)，从而形成新的认知结构的过程。

现代认知学习理论的代表人物是布鲁纳(J. S. Bruner，1915—2016)和奥苏贝尔(D. P. Ausubel，1918—2008)。对如何获得新知识的过程，布鲁纳强调在教学过程中，教师要尽量采用各种方法，创设有利于学生发现、探究的学习情境，使学习成为一个积极主动的"索取"过程，从而充分调动学生自我探究、猜测、发现的积极性；而奥苏贝尔则强调意义接受，在课堂教学中，影响意义接受学习的主要因素是学生的认知结构。

从上述两派的不同观点看，对于学习的认识都有其合理的一面，但都带有片面性，行为主义强调知识技能的学习靠条件反射，靠外在强化，但忽视了人的内在因素、智能的培养和发展。认知主义强调学习靠智慧和领悟，靠人的内在因素，而忽视了外在条件和掌握知识与发展智慧是辩证统一的过程。

20世纪70年代末至80年代初，认知主义学习理论开始占据统治地位，在计算机辅助教育中，其理论基础也由行为主义学习理论转向认知学习理论。在CAI课件设计中，人们开始注意学习者的心理过程，开始研究并强调学习者的心理特征与认知规律；不再把学习看作是对外部刺激被动地作出的适应性反应，而是把学习看作是学习者根据自己的态度、需要、兴趣、爱好，利用自己原有的认知结构，对当前外部刺激所提供的信息主动作出的有选择的信息加工过程。

2.1.3 客观主义学习理论

客观主义认为世界是实在的、有结构的，而这种结构是可以被认识的，因此存在着关于客观世界的可靠知识。人的思维目的是反映客观实体及其结构，由此过程产生的认识取决于现实世界的结构。由于客观的结构是相对不变的，因此知识是相对稳定的，并且存在着判别知识真伪的客观标准。教学的作用便是将这种知识准确无误地传递给学生，学生最终应从所传递的知识中获得相同的理解。教师是知识的掌握者，因此教师应该处于中心地位。

客观主义基于现实主义和实证主义，相信真实世界的客观存在，认为这个真实世界是存在于人的主体之外，不受人类经验所支配的。由此理念出发，客观主义认为人通过学习能够理解、至少是能够认识这个真实世界，知识就是对客观存在的世界的反映，它可以通过已知者传授给未知者，因而所有的人在知识上具有同一性、同步性和统一性。

传统的教学是基于客观主义知识观的理念之上，相信知识是以一定的结构而客观存在的，教育的作用是帮助学生把握真实世界。他们强调教学过程是一种特殊的认识活动，是在教师的指导下学生掌握间接知识的过程。教师是知识的掌握者，他们根据一定的目标把知识传递给学生，知识就像河流一样从高处流向低处，学生就像容器一样接受、储存知识，因而客观主义的学习理论强调"知识灌输"。

客观主义学习理论的显著特点是，它把教学看成是具有同一起点、经历同一历程、实现同一目标的过程。都是规定了统一的教学目标，实施既定的教学过程，寻求达成统一目标的行为结果的教学。这种教学有利于结构良好的知识领域的学习，能够高质量、有效地帮助学习者掌握基本概念、基本原理和基本技能。

基于客观主义学习理论的教学模式，具有下列所述的几种显著特点。
(1) 清楚地陈述具体的学习目标。
(2) 由低层次知识技能到高层次知识技能，按顺序进行教学。
(3) 强调个人独立学习(在班级教学或个别化学习环境中)。
(4) 采用传统的教学和评价方法(如班级课堂讲授、讨论、书面作业、测验等)。

从目前到可预见的将来，社会和家庭都要求学生掌握必备的基础知识、基本技能，并且学生的学习时间是有限的，相应地，社会、家庭、学习者都追求较高的学习效率。因而客观主义的指导性教学仍是一种基本的教学模式。

2.1.4 建构主义学习理论

近年来，建构主义在教育技术领域成为一种理论倾向，它的哲学根源可追溯到古代的苏格拉底(前 469—前 399)、柏拉图(前 427—前 347)和康德(1724—1804)，近代的建构主义代表人物则有杜威(J. Dewey，1859—1952)、皮亚杰(J. Piaget，1896—1980)等。

乔纳森(Jonassen)对建构主义理论作如下解释：建构主义认为实在(reality)无非是人们的心中之物，是学习者自己构造了实在或至少是按照他的经验解释实在。每一个人的世界都是由他自己的思维构造的，不存在谁比谁的世界更真实的问题，人们的思维是工具性的，其基本作用是解释事物和事件，这些解释构成了因人而异的知识库，在作这些解释的时候，思维对来自外界的输入进行了过滤。

德国的一则关于"鱼牛"的童话可以帮助我们更好地理解这个问题。故事说的是在一个小池塘里生活着鱼和青蛙，它们俩是好朋友。它们听说外面的世界很精彩，都想出去看看。鱼由于自己不能离开水而生活，只好让青蛙自己走了。这天，青蛙回来了，鱼迫不及待地向它询问外面的情况。青蛙告诉鱼，外面有很多新奇有趣的东西，"比如说牛吧"，青蛙说："真是一种奇怪的动物，它的身体很大，头上长着两个弯弯的犄角，以吃青草为生，身上有着黑白相间的斑块，长着四只粗壮的腿，还有一个红色的大乳房。"鱼惊叫道："哇，好怪哟！"同时脑海里即刻勾画出它心目中"牛"的形象：一个大大的鱼身子，头上长着两个犄角，嘴里吃着青草……如图2-1所示。

图2-1 "鱼牛"的童话

鱼脑中的牛形象(我们姑且称之为"鱼牛")显然是错误的，但对于鱼来说却有其道理，因为它从本体出发，将从青蛙那里新得到的关于牛的部分信息与自己头脑中已有的知识相结合，构建出了"鱼牛"形象。这体现了建构主义的一个重要理念：理解依赖于个人经验，即由于人们对于世界的认识各不相同，他们对于世界的看法也必然会各不相同。知识是个体与外部环境交互作用的结果，人们对事物的理解与个体的先前经验有关，因而对知识正误的判断只能是相对的；知识不是通过教师传授得到，而是学习者在与情景的交互作用过程中自行建构的，因此学生应该处于中心地位，教师是学习的帮促者。因而，建构主义的学习理论强调"知识建构"。

建构主义学习理论主要包括下述观点。

(1) 学习不应被看成是对于教师所授予的知识的被动接受，而是学习者以自身已有知识和经验为基础的主动建构活动，即学生能积极主动地构造知识结构。因此，从这个意义上说，学生的学习活动必然有创造性质，他们能把从外界接收到的知识信息同化到自己原有的认知结构中，形成自己特有的认知图式。

(2) 学习是学习者认知结构组织和重新组织的过程。学习活动是一个"顺应"的过程。即学习者不断地对已有的认知结构作出必要的调整和更新，使自己适应新的学习对象，并实现"整合"。

(3) 学生学习活动主要是在学校环境中，在教师的直接指导下进行的。因此，学习作为一种特殊的建构活动有其社会性质。学习不是一个"封闭"的过程，而是一个需要不断地与外界交流的发展与改进的过程，即包含交流、反思、改进、协调的过程。

2.1.5 各种学习理论对教育技术领域的影响

图2-2是乔纳森于1992年提出的一个二维图，该图说明了行为主义、认知主义、客观主义和建构主义之间的关系以及它们对教育技术领域的影响。

图2-2 乔纳森提出的二维图

图 2-2 中对各种学习理论在教育技术领域的综合应用各举了一个例子。如：程序教学典型地带有行为主义和客观主义倾向；智能导师系统的实质也是客观主义，虽然智能导师对学习过程作认知主义假定，但他们仍企图将专家的知识映射到学习者脑中；各种能够增强思维和有助于知识构造的工具都可称为建构主义的工具；动作技能学习则不仅需要通过反复操练进行强化，还需要将个体置身于真实环境中进行技能方面的建构。

应该指出的是，行为主义和认知主义、客观主义和建构主义学习理论之间虽然存在着激烈的冲突，但它们之间不是谁取代谁的问题，而是如何相辅相成的问题。这就要求教育技术工作者对各种理论有较好的了解，并能根据不同的教学条件和教学目标，合理地进行选择和综合应用。

2.2 视听教育理论

1946 年，美国教育技术专家戴尔(Dell)在他的《视听教学法》一书中，阐述了怎样在教学中使用录音、广播等视听教学手段，以及会产生怎样的教学效果等一系列问题，总结出一系列视听教学方法，提出了相关的教学理论，这就是视听教学理论。由于戴尔把人类获取知识的各种途径和方法概括为一个"经验之塔"进行系统描述，因此，人们又将这一理论称为"经验之塔"理论。

2.2.1 "经验之塔"理论的基本思想

戴尔将人类学习的经验分为做的经验、观察的经验和抽象的经验三大类，并按抽象程度分为十个层次：①有目的的直接经验；②设计的经验；③参与活动；④观摩示范；⑤见习、旅行；⑥参观展览；⑦电影、电视；⑧广播、录音、照片、幻灯；⑨视觉符号；⑩语言符号，如图 2-3 所示。

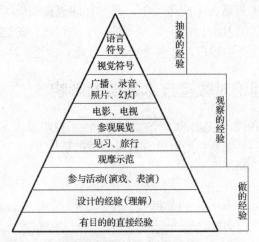

图 2-3 戴尔的"经验之塔"

1. 有目的的直接经验

戴尔认为"经验之塔"的最底层是有目的的直接经验，是直接与真实事物本身接触的经验，是最丰富的具体经验，即通过对事物的看、听、尝、嗅、做所取得的经验。

2. 设计的经验

这是"真实的改编"，这种改编，可以使人们对真实更容易理解。如制作模型，尽管模型与原物相比，其大小和复杂程度有所不同，但通过制作模型，可以产生比用实物教学更好的效果。

3. 参与活动

通过演戏、表演，感受那些在正常情形下无法获得的感情上和观念上的体验。

以上三个方面的经验，都包含有自身参与的活动，在这三种方式中，学习者不仅是活动的旁观者，更是活动的参与者。

4. 观摩示范

通过看别人怎么做，使学生知道如何做，以后他自己就可以动手模仿着去做。

5. 见习、旅行

见习、旅行的主要目的是观察课堂上看不到的各种真实事物和景象。

6. 参观展览

通过观察参观展览中陈列的材料取得观察的经验。

7. 电影、电视

电影和电视屏幕上的事物是实际事物的代表，而不是它本身。通过看电影、电视，得到的是替代的经验。

8. 广播、录音、照片、幻灯

它们提供的内容更加抽象。照片和幻灯缺乏电影和电视画面的动感，广播和录音则缺少视觉映象。但它们给学习者提供的是视听刺激，故仍属于一种"观察"的学习经验。

9. 视觉符号

视觉符号主要指表达一定含义的图形、模拟图形等抽象符号。

10. 语言符号

语言符号包括口头语言和书面语言(即文字符号)两种，是一种纯粹的抽象。

2.2.2 "经验之塔"理论的要点

1. "经验之塔"的底层的经验

"经验之塔"的底层的经验是最直接、具体的，学习时最容易理解，也便于记忆。越往上越趋于抽象，但并不是说，获取任何经验都必须经过从底层到顶层的阶梯，也并不是说下一层的经验比上一层的经验更有用。划分层次，是为了说明各种经验具体与抽象的程度。

2. 学习方法

教育应从具体经验入手，逐步上升到抽象经验。有效的学习方法，应该首先给学生丰富的具体经验。只让学生记住许多法则和概念，而没有具体经验做支柱，是教育的最大失败。

3. 教育升华

教育不能满足于获取一些具体经验，不能过于具体化，而必须向抽象化和普遍化方向发展，上升到理论，发展思维，形成概念。概念是进行思维、探求知识的工具，它可以指导进一步的实践。

4. 替代经验

位于"经验之塔"中层的视听教具，比语言、视听符号能为学生提供较具体的和易于理解的经验，属于替代经验。它能冲破时空的限制，弥补学生直接经验的不足，且易于培养学生的观察能力。

5. 形成科学的抽象

在学校中，应用各种教育媒体，以便使教育更具体，从而形成科学的抽象。把具体的直接经验看得过重，使教育过于具体化，而忽视理论体系的学习是不可取的。但当今的教育还远远没有达到应有的具体程度，因此加强视听教育是完全必要的。

"经验之塔"理论所阐述的是经验抽象程度的关系，符合人类认识事物由具体到抽象、由感性到理性、由个别到一般的认识规律。而位于"经验之塔"中部的广播、录音、照片、幻灯、电影、电视等介于具体实践经验与抽象经验之间，既能为学生学习提供必要的感性材料，容易理解，容易记忆，又便于借助解说或教师的提示、概括、总结，从具体的画面上升到抽象的概念、定理，形成规律，是有效的学习手段。因此，"经验之塔"理论不仅是视听教育理论的基础，也是现代教育技术的重要理论之一。

2.3 传播理论

传播是自然界和人类社会的普遍现象。从远古的生物进化，到当代形形色色的社会活动，无不涉及信息的传播和利用。传播学是一门研究人类传播行为的科学，它是随着广播、电视、杂志、报纸等传播媒体的发展，逐步从社会学、心理学、政治学等学科分离出来的一门学科。

从某种意义上来说，教育也是一种传播活动，它是按照确定的教育目标，通过教育媒体，将相应的教育内容传递给特定的教育对象。教育传播与大众传播有许多共同之处，两者关系密切，可以把传播理论的研究成果应用到现代媒体教育中，提高教育的质量和效率。因此传播理论也是现代教育技术的理论基础之一。

2.3.1 传播的概念和类型

传播学诞生于 20 世纪 40 年代，教育传播是从 20 世纪 50 年代以来逐渐形成的一个新的学术领域，它是传播理论向教育研究领域渗透而产生的结果。

传播原指"通信""传达""联系"，后专指信息的交换与交流。传播是自然界和人类社会的普遍现象，从远古的生物进化，到当代形形色色的社会活动，无不涉及信息的传播和利用。广义的传播可理解为"大自然中一切信息的传送或交换"，包括植物、动物、机器、人所进行的信息传播。狭义的传播主要指人所进行的信息传播，又分为人的内在传播(或称自我传播)、人与人之间的传播。

每一个人都可一分为二，成为一个"主我"(I)与另一个"宾我"(Me)的对立统一体。平常一个人的自言自语、自我思考、自我安慰、自我剖析等，都属于人的内在传播的范畴。而人与人的传播，是指人们通过符号、信号传递、接收与反馈信息的活动，是人们彼此交换意见、思想、感情，以达到互相了解和影响的过程。它通常包括人际传播、组织传播、大众传播、教育传播及网络传播。

1. 人际传播

人际传播是个人与个人之间的信息交流活动，包括面对面的直接传播和以媒体为中介的间接传播。直接传播主要是以语言表达信息，或用表情、姿势来强化、补充、修正语言的不足；间接传播是以媒体为中介，如电话、微信、QQ、邮件等进行信息交流。人际传播的目的包括下述两点。

(1) 沟通。通过沟通交流，不仅使自己了解别人，也能使别人了解自己，达到相互了解、建立和谐关系的目的。

(2) 调节。在传播过程中，通过了解别人对自己的各种反应，不断调节自己的行为和生活态度，使之符合社会需要。

2. 组织传播

组织传播是组织与组织之间、组织内部成员之间的信息交流活动。组织是一群相互关联的个体的组成，每个人都属于一定的组织，可以说，没有人能够离开组织而独立生活。传播是组织生存与发展必不可少的条件，没有传播就没有组织。组织传播的目的是与其他组织达成有效的沟通，增进相互之间的了解，建立良好的关系；使组织内部成员贡献出自己的力量，并和睦共处，以共同的行动促进共同的利益。

3. 大众传播

大众传播是传播者用专门编制的内容，通过媒体与广大受众进行信息交流的活动。在大众传播中，传播者不是某个人，而是有组织的传播机构，如电视台、各种自媒体平台等。传播的内容是经专门人员根据预定的计划编写、设计、制作的，内容涉及的范围很广，运用的媒体有电视、新闻网、门户网站、微信公众号、抖音、视频号等，受众是广大不确定的人群，包括各种职业、各个阶层、不同文化程度的个体。大众传播的目的，是从多方面影响受众，使之接受或认同传播者的意志。

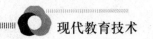

4. 教育传播

教育传播是由教育者按照一定的要求，选定合适的信息内容，通过有效的媒体通道，把知识、技能、思想、观念等传递给特定的教育对象的一种活动，是教育者和受教育者之间的信息交流活动。它的目的是促进学习者的全面发展，培养社会所需的各种人才。

与其他传播活动相比，教育传播具有以下特点。

(1) 明确的目的性。教育传播是以培养人才为目的的活动。

(2) 内容的严格规定性。教育传播的内容是按照教学计划和教学大纲的要求严格规定的。

(3) 受众的特定性。

(4) 媒体和传播通道的多样性。在教育传播中，教育者既可以充分发挥口语和形体语言的作用，又可以用板书、模型、幻灯、电视等媒体；既可以是面对面的交流，又可以是远距离的传播。

5. 网络传播

若以媒体分类，现代传播又可分为书刊传播、电话传播、电报传播、广播传播、电视传播和网络传播等。网络传播是以计算机网络为载体进行传递或信息交流的行为和过程，是一种新的传播方式。

网络传播既是对传统传播的一种继承，又具有以下特征。

(1) 传播的数字化。网络是以信息技术为基础的高速数据传递系统，只传递 0 和 1 的数字。

(2) 传播的互动性。网络公众通过网络论坛、网络聊天室和网络调查等方式实现即时的信息交流、情感沟通。

(3) 传播的快捷性。网络传播省略了传统媒体的印刷、制作、运输、发行等中间环节，发布的信息能在瞬间传递给受众，而且网络传播的内容也可以方便地实时刷新，在内容上具有极强的时效性。

(4) 信息的大容量性。互联网实现了在线资源共享，任何资料库(或数据库)内的信息资源只要联网并公开，都可以成为公众的共享资源。

(5) 检索的便利性。利用搜索引擎或新闻站点等多种检索方式，可以快速获得自己所需的信息。

(6) 媒体的综合性。网络综合了报纸、广播、电视等传统的传播方式，将文字、图片、声音、图像综合为一体，为公众提供全方位的信息。

(7) 信息的再生性。网络中传播的信息可以复制或打印，成为个人信息。

(8) 传播的开放性。网络的开放性体现在传播对象的平等性和传播范围的广阔性。

(9) 传播的选择性。网络传播的网站众多，内容丰富且分工精细，网民的选择范围极其宽广，每位网民都可以自由地选择适合自己的个性化网站。

2.3.2 传播模式

传播学者研究传播过程，都毫不例外地把传播过程分解成若干个要素，然后用一定方式去研究这些要素之间的相互联系与相互作用，这样就构成了多种多样的研究传播过程的模式。这里介绍几种有代表性的模式。

1. 拉斯威尔的传播模式

拉斯威尔(H. Lasswell，也译作拉斯韦尔)的传播模式如图 2-4 所示，是传播理论研究中描述传播行为的一种简便方法，称为"5W"模式，它通过回答 5 个问题来描述传播行为：谁(Who)、说什么(Say What)、通过什么渠道(In Which Channel)、向谁说(To Whom)、产生什么效果 (With what Effect)。

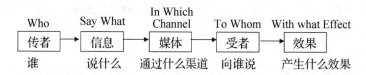

图 2-4 拉斯威尔的传播模式

拉斯威尔传播理论明确地说明了传播的概念和过程，以及传播的基本要素，是传播的基本理论。拉斯威尔传播模式在大众传播中获得了广泛的应用。但这一模式过于简单，具有以下明显的缺陷。首先，它忽略了"反馈"的要素，是一种单向的而不是双向的模式，由于它的模式理论的影响，过去的传播研究忽略了反馈过程的研究；其次，这个模式没有重视"为什么"或动机的研究问题。在动机方面，有两种值得重视的动机：一是为何使用传播媒体；二是传播者和传播组织为什么传播。

现代教育技术应用拉斯威尔"5W"模式，主要是发挥传者(教师)、受者(学生)的主动性和积极性，选择和组成适合教育内容的现代教育媒体，通过这些媒体将信息直接或间接地传递给受者，并通过实践检验或证明其产生的效果，因此该模式对指导现代媒体教学有一定的作用。

2. 香农-韦弗的传播模式

1949 年，传播理论的两位奠基人香农(C. E. Shannon)和韦弗(W. Weaver)，从电话、电报的传播模式出发，运用数理统计方法建立了研究信息处理和信息传递的科学。香农-韦弗传播模式如图 2-5 所示。

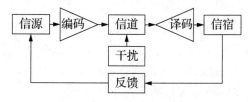

图 2-5 香农-韦弗传播模式

香农-韦弗传播模式认为，传播过程是"信源"(即传者)，把要提供的信息经过"编码"(即转变成某种符号，如声音、文字、图片、图像等)，通过一种或多种媒体传出去。"信宿"即受者，接收这些经过"译码"(即解释符号)的信息符号。有效的信息传播需要传者的经验与受者的经验有一部分重叠，否则受者难以理解或正确认识。并且在信息传播

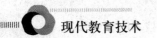

过程中会有环境的干扰，或受者在处理收到的信息时会有反应，这种反应通过一定的渠道反馈给传者，传者根据反馈的信息重新设计或修改传播内容，使之更适合受者的需要，从而加强传播效果。

香农-韦弗传播模式的最大贡献就是在传播过程中引入了"反馈原理"。应用这一模式可以用来解释教学过程。

首先，这一模式指出了教学系统的构成要素。信源就是教师；信宿就是学生；第三个要素是信息，即教学内容；第四个要素信道，即通道与媒体。

其次，这一模式说明了师生之间信息传播的过程。图 2-5 中的"编码""信道""译码""干扰""反馈"以及一些箭头符号，是用来描述这一过程的。为了便于理解，分成以下几个环节来具体说明。

1) 编码

上文已经讲过，教学信息是存在于人脑中的意识，这种状态的信息是无法传递的，必须转换成符号，如语言、文字、声音、图像等，才能传送出去让对方接受。当然，这些符号必须能表达信息的内容，必须是双方都认可的。在运用符号表达信息内容时，需要对符号加以编排和组合，这就是"编码"的意思。在图 2-5 中，来自信源的信息经过编码转换成信号这一环节，在教学过程中就是教师把要传递的教学信息经过编码转换成文字、语言符号的环节。不经过这个环节，教学信息就无法传递。

2) 记录、储存、传送

教师经过编码将信息转换成符号系列，然后通过记录、储存并传送给学生，这就是图 2-5 中的信道(即通道与媒体)传送信号的环节。例如书本，就是把文字符号系列记录并储存起来，再通过光波传送到学生的视觉器官；电视录像就是把音像符号转换成电磁信号记录并储存起来，然后通过录像设备把电磁信号还原成音像符号传送到学生的视听觉器官。没有记录、储存、传送这一环节，教学信息转换成的符号就送不到学生那里，教学过程中经常发生这样的现象，即由于主观或客观上的种种原因，学生没有听到(或听不清楚)、没有看到(或看不清楚)教师传送过来的符号，这就是图 2-5 中所示信道所受的"干扰"。干扰是影响教学效果的因素之一。教师讲话声音过低、教师身体遮住了学生的视线、转移学生注意力的一些事件、学生思想开小差等，都可以说是干扰。如何排除有害干扰，或巧妙利用干扰，是教学中必须注意的问题。

3) 感受、译码

教师传送给学生的符号，首先要由学生通过自己的感觉器官感受并接受下来，然后再通过头脑的加工，"译出"符号表达的信息内容，在头脑中形成新的认识，这才能说获得了信息。在图 2-5 中，信号通过译码转换成信息为信宿所获得，就是指这一环节。很多学习困难的学生，主要就是难以通过这一环节。

4) 反馈

"反馈"是控制论的基本概念之一，是指系统将输送出去的信息作用于被控对象后，将产生的结果反馈送回信源，并对信息的再输出产生影响、作用的过程。

在教学过程中，学生感受和译码后将其(学习的)结果(通过提问、测试或学生的表情等反应)反馈给教师，教师根据反馈的信息，调整信息传递的速度、方法，也可以通过认可、表扬、指正等方式指导学生顺利地获得信息。反馈这一环节，现在普遍被认为是教学过程中不可缺少的一环,没有反馈,就不能算作一个完整的教学过程。

现代教育技术采用香农-韦弗传播模式,主要在于选择、制作适合表达和传播相应教育信息的现代教育媒体,掌握师生经验的重叠范围,及时分析来自各种渠道的反馈信息,以便取得教育的最优化。

3. 奥斯古德-施拉姆模式

传播理论中反馈这一概念的提出,反映了信息传播过程的双向性。研究教育传播理论的学者们,在香农-韦弗传播模式的基础上,根据教育的特点,又进一步强调了教学中师生的"互动"关系,更有力地揭示出教学过程中双方的主体性、主动性和交互性这一本质。图 2-6 所示的奥斯古德-施拉姆模式,形象地表达了这一思想。

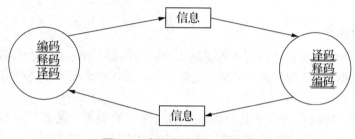

图 2-6 奥斯古德-施拉姆模式

与图 2-5 相比,该模式省略了编码后形成的符号(或信号)通过信道传送(同时有干扰)这一环节,强调了师生双方交流信息过程中的互动关系。图 2-5 中的译码,上文已说明,是指感受传送过来的符号并译出其表达的内容的环节,而图 2-6 中用"译码"和"释码"来描述这一环节,更符合教学实际,"译码"是指对符号进行识别,"释码"是指进一步理解符号所表达的信息内容。

按图 2-6 所示,教师(教育者)和学生(受教育者)都是信息的传送者,又是信息的接受者,既是信息转换的编码者,又是信息转换的译码者、释码者。这样,在交流过程中,双方不断地变换传播角色,直至交流告一段落。这也表明了师生双方应该相互平等的这一思想,师生双方应在教学中相互合作、相互理解,从而产生积极的相互影响。

4. 韦斯特莱的传播模式

韦斯特莱传播模式是一种控制论的模式,强调传播行为应有目的、有计划地进行,其理论的模式如图 2-7 所示。

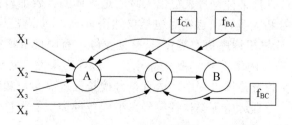

图 2-7 韦斯特莱传播模式

图 2-7 中,X 表示周围信息;A 表示信息来源,即编制者;C 表示信息传播线路上的

把关人，即传者；B 表示接受者，即受者；f_{BA} 表示接受者向编制者反馈；f_{BC} 表示接受者向把关人反馈；f_{CA} 表示把关人向编制者反馈。

韦斯特莱传播理论的特点是传播的信息必须经过"把关人"的过滤，而且注意反馈。现代教育技术是利用现代教育媒体传播教育信息的，这种教育信息也应由把关人选择、过滤。在教育信息的传播过程中，通常 A 为教材的编制者，C 是授课教师，B 是学习者，在这一过程中，教师起到了把关人的作用，教师要想获得最佳的教学效果，必须听取来自各方面的意见，即必须及时分析各个渠道的反馈信息。软件的编制者也应获取教师和学习者的反馈信息，提高教材的质量，只有从教学的整体观点来考虑，才能使教学过程最优化。

2.3.3 教育传播过程

1. 教育传播要素

教育传播是一种以培养和训练人为目的而进行的传播活动。在教育传播活动中，构成传播系统的要素包括教育者、教育信息、受教育者、媒体和通道、传播环境等。

1) 教育者

教育者是教育传播系统中具备教育教学活动能力的要素，是系统中教育信息的组织者、传播者和控制者，如学校中的教师、社团中的指导者、学生家长等。学校中直接面对学生进行教育教学活动的教师是最重要的教育者。教师的首要任务是发送教育信息，因此从这个意义上来说，"教师"这一名称并不局限于讲台上的教师，还应包括教育管理者和教材编写者等，而且在特定条件下，教学机器也可以称为教师，即"电子教师"。在教育传播活动中，教师起着"把关人"的作用，传播什么内容，利用什么媒体，都是由教师决定的。因此，教师必须能实现教育传播系统的整体目标，使学生在德、智、体、美、劳等诸多方面都得到和谐的发展。而要完成这一重任，教师必须做好设计、组织、传递、评价等工作。

2) 教育信息

信息是教育传播系统的主要要素之一，是指以物理形式出现的教育信息。教育传播过程是一个信息交流的过程，自始至终贯穿着教育信息的获取、传递、交换、加工、储存和输出。在教育信息传播过程中，主要的信息是教学目标信息、预测学生信息、教师传送信息、实践教学信息、家庭教育信息、大众传媒信息、人际交往信息、学生接收信息和学生反馈信息等。

信息是抽象的，只有被某种符号表征出来时才是具体的。表征教育信息的符号可分为语言符号和非语言符号两大类。语言符号包括自然语言(如口头语言与书面语言)和人工语言(如专业符号语言、计算机程序语言等)，具有抽象性、有限性等特征。非语言符号包括动作性符号、音响符号、图像符号、视觉符号等，具有形象性、普遍性、重要性、多维性、整体性等特征。在教育传播过程中，语言符号擅长描述事实与知识，而非语言符号则擅长表达态度和感情。合理运用各类传播符号，组成各种类型的教育、教学传播活动，是提高教育传播效率的有效措施。

3) 受教育者

受教育者是施教的对象，一般来说就是接收教育信息的学生。在教育传播过程中，作为受教育者的学生，他首先要接收传播信息，如阅读教科书和参考书、认真听取教师的课堂讲授、视听其他多种教学媒体、视听大众传播媒体、参加教学实践与社会活动等。然后，要对所接收的信息进行加工与储存，即将接收到的信号转换为语言符号或非语言符号，再将这些符号和已有的经验进行比较、分析、判断，得到符号的信息本义。但在教育传播系统运行过程中，学生对教育信息的接受并不是机械的、被动的，在大多数情况下，学生是主动地接受教育信息，甚至是有选择地去接受与理解教育信息。

在信息传播过程中，学生的行为可概括为目标性行为、主动性行为和选择性行为。

(1) 目标性行为是学生区别于一般大众传播中的受者的重要特征，具体表现为：学生接受的教育信息要按培养目标确定，学生的传播行为是有组织、有计划地进行的。

(2) 主动性行为是指学生树立正确的学习动机，主动、自觉地进行学习，这是完成学习任务的重要保证。

(3) 选择性行为包括学生选择性接受、选择性理解和选择性记忆。出现这种行为的原因是学生在接受传播之前，已经有了自己本身的一定经历、兴趣爱好，并且对事物、观念有一定的看法，因此当遇到不同于自己看法的信息时，往往会误解、曲解这种传播内容。

4) 媒体和通道

在教育传播通道中，教育传播媒体是必不可少的要素。教育传播媒体就是载有教育、教学信息的载体，是连接教育者与学习者双方的中介物，是人们用来传递和取得教育、教学信息的工具。各种教育、教学材料，如标本、直观教具、教科书、教学指导书、教学幻灯片、教学影片、录音带、录像带、计算机课件等，都属于教育传播媒体。承载教育信息的所有物质形式都必须能为师生双方的感官所感受到，这样才能沟通教育者与受教育者之间的信息联系。

教育传播通道是教育信息传递的途径，教育信息只有经过一定的通道，才能完成传递任务，达到教育传播的目的。按传递的信号形式来分，通道包括图像通道、声音通道和文字通道。所谓教育传播通道，就是教育信息传递的途径。它的组成要素有各种教育媒体、教学环境、人的感觉器官、处理和传播信息的方式。通道也包括由一方传送到另一方所建立的联系方式。师生间面对面地进行教学是一种口耳相传的古老的联系方式。目前，除了印刷技术、光学影像技术外，通信技术、多媒体网络技术也已被教育传播系统广泛采用，成为师生间重要的联系方式。

5) 传播环境

教育传播环境是影响教育传播效果的重要因素，其内容是复杂的和多方面的。社会、经济、科技、文化背景、风俗习惯以及各种自然物、人工物等，都是教育传播环境中不可忽视的因素，其中影响较大、较直接的有校园环境、教室环境、社会信息、人际关系、校风、班风、电、光、声、色、空气、温度等。

良好的教育传播环境能对教师的教学组织活动产生促进作用：①扩大教师采集和选择教育信息的范围；②为教师提供必要的物质条件；③使教师有可能采取更灵活有效的方式进行教育传播活动；④为教师提供更多的与学生和社会接触的机会。

同样，适宜的教育传播环境也能对学生的认知行为产生促进作用：①激发学生的学习动机，提高他们的学习积极性，促进学生的智力发展；②培养学生高尚的道德品质和行为习惯；③促进学生身体的健康成长。

2. 教育传播过程

教育传播过程是一个由教育者借助教育媒体向受教育者传递与交换教育信息的过程。通过对信息的控制,这些要素之间相互作用,形成一个连续的动态过程。这一过程可分为六个阶段:确定教育传播信息;选择教育传播媒体;通道传送;接收与解释;评价与反馈;调整再传送。教育传播过程如图2-8所示。

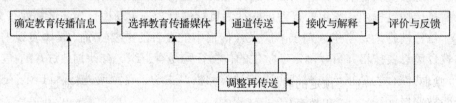

图 2-8 教育传播过程

1) 确定教育传播信息

教育传播过程的第一步是确定传送的教育信息,传送什么信息,要依据教育目的和课程的教学培养目标而定。一般来说,课程的文字教材是按照教学大纲编写的,通常都体现了要传送的教育信息。因此,在这一传播阶段,教育者要认真钻研文字教材,对每章节的教学内容进行分析,将内容分解为若干个知识点,并确定每个知识点要求学习者必须达到的学习水平。

2) 选择教育传播媒体

选择教育传播媒体需呈现要传送的信息,实质就是编码的过程。某种信息该用何种符号和信号的媒体去呈现或传送,是一个复杂的问题,要用一套理论与方法去指导。一般来说,一是选择的媒体能准确地呈现信息内容;二是选用的媒体符合学习者的经验与知识水平,容易被接受和理解;三是选用的媒体容易获取,需付出的代价较小,却能获得较好的传播效果。依据这些原则,教育者应在分析教育信息和教育对象的基础上,首先在现有的媒体中去选择合适的传播媒体,其次是去购置传播媒体,最后是自行设计和编制新的教育传播媒体。

3) 通道传送

在这一阶段,教育传播通道通过教育媒体传送信号,也称施教阶段。这里首先要解决两个问题:一是信号要传递多远、多大范围的问题。如课堂教学传播,教学对象是几十至几百人,范围是在几十至几百米之间;至于远距离教育传播,则要将信号传送到几百甚至几千千米之外,受教育的对象可以有千千万万。因此,要根据信号的传送要求,选择传送通道,保证信号的传送质量。二是信息内容的先后传送顺序问题。在任何课堂教学的传播过程中,每一节课,从开始到结束,教师何时口语传播、何时利用幻灯媒体、何时利用电视媒体,都要遵循课程的教学结构;在远距离教学传播过程中,无论是用广播、电视媒体,还是寄发印刷媒体,都要有一个学习的先后顺序。因此,在通道传送前,教育者必须做好每一次传送的结构设计,在通道传送时,要有步骤地按照教学结构方案去传送信号。通道传送应尽量减少各种干扰,确保传送信号的质量。

4) 接收与解释

在这一阶段,受教育者接收信号并将它解释为信息意义,也就是信息译码阶段。受教育者首先通过视、听、触等感觉器官接收传来的信号,信号对感官的刺激通过神经系统传至中枢神经,通过分析将它转换为相应的符号,然后受教育者依据自身的知识与经验,将符号解释为信息意义,并将它储存在大脑中。

5) 评价与反馈

受教育者接收信号解释信息之后,增加了知识,提高了能力,能否达到预定的教学目标,还要进行评价。评价的方式方法很多,可以观察学生的行为变化,也可以通过课堂提问、课堂作业,以及阶段性的考试等来评价。评价的结果是教育传播过程中一种非常重要的反馈信息。

6) 调整再传送

通过掌握的反馈信息与预定的教学目标进行比较,可以发现教育传播过程中的不足,并调整教育信息、教育媒体和教育传送通道,进行再次传播。如在课堂提问时发现问题,即时调整传播方式;在课后作业、考试中发现问题,可进行集体辅导或个别辅导;在远距离教学的作业中发现问题,可以补发辅导资料,或者集中在一处进行面对面的辅导等。

2.3.4 教育传播的基本原理

1. 教育传播的基本方式

根据教育传播中传者与受者的关系结构,可以将教育传播分为以下四种方式。

1) 自学传播

自学传播是指没有专职教师当面传授的一种教育传播方式。自学者自定学习目标,从四周可能的环境中寻找合适的教师替身。平常较多的是选择相关教材进行自学,即根据学习需求选择相应的书籍、录音带、录像带和CAI课件等学习材料,自定步调学习。

自学传播与自我传播是两个概念,不能混淆。前者是教育传播的一种方式,传者不是本人,而是学习材料,比如自学者看的书,起的是传者的作用。自我传播则是集传者与受者于一身,是主我和宾我的信息交流。

2) 个别传播

教育传播最早的时候即采取这种方式,是传者与受者单独面授知识和经验的一种教育传播方式。尽管这种教育传播方式相当古老,但因为它的效果非常显著,因而沿用至今。现在则可以通过其他传播手段进行,例如在语言实验室中教师利用主控台设备与隔音座上的学生单独通话讲授,目前,国外开展的电话教学也可纳入这一范围。个别传播与人际传播相比较,有许多相似之处,例如传者与受者都是不同的个体,并能即时得到反馈等。两者最大的不同在于,个别传播具有明确的目标,例如讲清一个原理,教会一种方法或技术等,教育信息流的流向倾斜于受者,而且这个传播过程隶属于一个更大的教育传播系统(例如学校教育传播系统),它的目标是大系统目标的一部分。而人际传播则可能具有各种不同的目标,例如朋友之间的交谈可以各有所思、各有所求。

3) 课堂传播

课堂传播是当前学校普遍采用的教育传播方式,学生的学习主要依据课本和教师的语言讲解,也就是主要通过语言和文字符号进行。这种传播方式有利于发挥教师的主导作用,教师能科学地组织教学过程,充分考虑情感因素在学习过程中的重要作用,学生能快

速、有效地掌握知识技能，有利于培养学生的合作精神和竞争意识。但由于过分强调整齐划一，容易忽视学生的自主性和独特性，不利于发挥学生的全部潜力，不利于培养学生的兴趣、特长并发挥他们的个性才能。

若将课堂传播与组织传播进行比较，则课堂传播是一种不完备的组织传播形式。因为组织传播是组织内成员与成员、本组织与其他组织间的信息互动，它包括过程、信息、网络、相互依赖和环境五个因素。也就是说，在一个组织中，信息传递方向自上而下、自下而上，加上横向传递，构成了一个信息流动网络，成员之间形成了相互依赖的关系，同时与组织之外的环境也发生了信息互动关系。课堂传播中虽然也有教育信息的沟通过程，但是一般来说，其沟通程度较差，学生很少有发言的机会。至于传播的网络、相互依赖和环境等因素，则更不完备。目前，在课堂上以教师讲解为主，就是说自上而下的信息灌输是大量的，而学生的提问、争辩则是极少的，至于学生之间横向交流在课堂上常常是被制止的，这样就造成学生过多地依赖教师，处于被动地位。

4) 远程传播

远程传播是非面对面的传播活动，例如函授、电视教学、网络教学等。这种教育传播方式随着广播、电视、录像、卫星广播、计算机和网络等现代通信传播和控制手段的推广而逐步得到普及，但还需要适当的辅导与之相配合。

如果将远程传播和大众传播加以比较的话，除了前者具有严格的教学目标和教学组织形式之外，两者十分接近，甚至无法分清。比如大众传播中的教学节目，科普常识的广播等，虽然未将受众严密地组织起来，也不进行考试，但作为系列教学节目，常常可为在校学生或自学者提供十分有用的教学信息。在开展远程教育传播方面，特别是在举办广播学校、网络学院等方面，我国取得了令人瞩目的成绩。

2. 教育传播的基本原理

教育传播的最终目的，是要取得良好的教育传播效果。教育传播效果是指在一定的教育传播过程完成之后，受教育者在知识、能力和行为等方面所发生的变化，以及与此相关的教学效率、教育规模等。研究发现，教育传播要取得良好的效果，必须遵循一些原理或规律，其中利用媒体进行传播的几个主要原理如下。

1) 共同经验原理

教育传播是一种信息传递与交换的活动，教师与学生的沟通必须建立在双方共同经验的基础之上。一方面，对学生缺乏直接经验的事物，要利用直观的教育媒体帮助学生获得间接经验；另一方面，教育媒体的选择与设计必须充分考虑学生的经验。

2) 抽象层次原理

抽象层次高的符号，能简明地表达更多的具体意义。但抽象层次越高，理解便越难，引起误会的概率也就越大。因此，在教育传播中，各种信息符号的抽象程度必须控制在学生能明白的范围内，并且要在该范围内的各抽象层次上下移动。

3) 重复作用原理

重复作用是将一个概念在不同的场合或用不同的方式重复呈现。它有两层含义：一是将一个概念在不同的场合重复呈现，如在几个不同的场合下接触某个外语生词，以达到长时记忆。二是将一个概念用不同的方式去重复呈现，如同时或先后用文字、声音、图像去呈现某一概念，以加深理解。

4) 信息来源原理

有权威、有信誉的人说的话，更容易为对方所接受。资料来源直接影响传播的效果。因此，在教育传播中，作为教育信息主要来源之一的教师，应树立为学生认可的形象与权威。所用的教材与教学软件，其内容来源应该正确、真实、可靠。

小　　结

现代教育技术是一门新兴的综合性学科，它借鉴了许多学科的研究成果，本章主要讲解：学习理论、视听教育理论、传播理论的主要内容；行为主义、认知主义和建构主义学习理论的学习观；教师如何使用学习理论、"经验之塔"理论、传播理论指导今后的教学工作。

第 3 章

现代视听媒体辅助教学

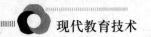
现代教育技术

3.1 现代教学媒体概述

从传播学的角度来看，教学是向学生传递各种知识和能力的过程，它是一个有目的、有组织的传播活动。传播是通过媒体进行的，在传播过程中，教学媒体是一个重要因素，本节讲述媒体和教学媒体的概念、教学媒体的分类、教学媒体的教育功能特性和教育媒体的教育作用。

3.1.1 教学媒体的概念

1. 媒体

"媒体"一词来源于拉丁语"Media"，音译为媒介，意为两者之间。它是指信息在传递过程中，从信息源到受信者之间承载并传递信息的载体或工具。也可以把媒体看作是实现信息从信息源传递到受信者的一切技术手段。媒体有两个含义，一是指承载信息的载体；二是指存储和传递信息的实体。

在现代社会，人的生活离不开信息。电视、手机、互联网都是通过特定的技术手段将信息承载并传递给广大用户(受信者)的。如今媒体已经成为各种通信工具、宣传工具、教育工具的总称。

2. 教学媒体

以传递教学信息为最终目的的媒体被称为教学媒体。如用于教育教学活动中的实物、标本、模型、图表、资料、教科书、黑板、投影、图像、音频、视频、计算机系统等都是教学媒体。

教学媒体用于教学信息从信息源到学习者之间的传递，例如，专门用于教学的音频、视频，它们具有明确的教学目的、教学内容、教学对象，被称为教学音频、教学视频，这就属于教学媒体。

教学媒体是教学资源的重要组成部分之一，它的产生和发展与社会的进步与发展密切相关。经验表明，教学媒体和教学媒体技术的进步会促进教育的发展。目前，内容丰富的多媒体课件、音频、视频、网络学习平台等现代传播媒体已渗透到教学环境中，应用也越来越广泛，这些现象表明教学媒体在改善教学过程与学习过程，以及提高教学质量和教学效率方面所起的作用是巨大的。

受现代教学媒体和技术的影响，教师和学生的相互关系发生了明显变化。教师与教科书不再是唯一的知识源泉。在拥有多种教学媒体支持的学习环境下，学生不再依赖于班级集中授课方式，他们可以自己设计学习计划，可以更多地自主学习，教师将成为学生学习过程的指导者。学生在教师的指导下，可以通过班级授课、小组讨论、利用媒体学习和自学等适宜他们自己的多种学习方式进行学习。现代教学媒体在教学过程中所起的作用越来越强，也越来越受到教师的重视。

根据教育传播理论，可把教育看作一个信息传播系统，该系统由若干要素构成。一般认为有四个基本要素，即教师、信息、通道与媒体、学生。教师和学生是信息交流的主体。信息包括教师向学生传递的教学信息(教学内容)、教师对学生进行指导的信息、学生向教师传递的反馈信息等。但信息是师生头脑中的思想、观念、知识、经验等,所以信息本身是无法传递的,信息必须转换成物理形式,能使双方感官都接受的形式,如转换成有声的语言,有形的文字、图像、视频等。语言、文字、图像、视频等都是用来表达信息内容的可感受的符号,这些符号要传送给对方,必须通过某种途经,那就是"通道与媒体"这一要素,媒体是通道中的重要部分。比如口耳相传的信息交流方式,符号是指口头语言,传送的通道就是发音和听音的器官以及空气这种介质。再如书面交流的方式,符号就是文字,通过教科书、讲义等媒体及视觉通道传送。又如运用视频进行交流的方式,符号就是同步视频,通过录像设备和视频等媒体及视听觉通道传送。

可见,媒体作为通道的重要部分,是教学系统的要素之一。在实际教学活动中可以看到,媒体是不可缺少的。在教育过程中,使用不同的媒体或媒体的不同组合,会产生不同的教育效果。

3.1.2 教学媒体的分类

随着科学技术的发展,教学媒体的种类越来越多,性能也越来越好。按教学媒体出现时间的先后,可以分成两大类:传统教学媒体和现代教学媒体。

传统教学媒体包括教学过程中应用的教科书、图书资料、黑板、实物、模型、标本、教具等。现代教学媒体包括投影、图像、录音、视频、计算机等。传统教学媒体按照媒体形态特点,可分为印刷媒体和非印刷媒体。现代教学媒体按照媒体对受信者感官刺激的类型,可分为视觉类媒体、听觉类媒体、视听觉类媒体、交互媒体及多媒体系统。

1. 视觉类媒体

视觉类媒体是指通过影像呈现信息供学习者视觉器官接收和感知的媒体,即需要用眼睛来接收信息的媒体,如投影和实物投影、报纸、杂志、图像等。视觉媒体是人类最丰富的信息来源。

2. 听觉类媒体

听觉类媒体是指通过声音呈现信息供学习者听觉器官接收和感知的媒体,如录音、CD激光唱片、有声卡、广播、语音通话等。

3. 视听觉类媒体

视听觉类媒体集视觉媒体和听觉媒体的功能于一身,形象生动,极具感染力,如电视、视频等。

4. 交互媒体

交互媒体是指能够在媒体和受众之间构建起信息传递的双向通道,即能够实现人与机、人与人之间沟通的媒体,如计算机、计算机网络、多媒体教学平台以及开发的各种交互系统(如互动教学平台、交互式视频学习系统)等。

5. 多媒体系统

"多媒体"是随着科学技术的发展和人类对传播媒体的广泛应用而产生的一个复合词

和术语。早些时候,教育技术中的多媒体是指语言、文字等传统教学媒体和各种电子类教学媒体,如投影、电视、计算机等多种媒体。因此,多媒体系统通常是两种或两种以上媒体的优化组合。随着科学技术的不断进步,特别是多媒体计算机的出现,多媒体的内涵也在不断深化。

3.1.3 教学媒体的教学功能特性

媒体的特性是我们选择媒体和进行媒体优化组合的重要依据。不同媒体具有不同的特性,应用于教学中会产生不同的效果。教学媒体有以下六个共同特性。

1) 传播性

传播性是媒体的重要属性。任何教学媒体都是以特定的符号将信息传送给受信者的。古人云:"秀才不出门,便知天下事",说的就是秀才借助书本这种传播媒体来了解、分析、判断天下大事,当然,这里的"天下"是相当有限的范围。从结绳记事开始,在人类社会发展相当长的历史时期中,特别是科学技术飞速发展的今天,媒体的种类在不断增加,功能在不断增强,可供人们选择的媒体和传播手段也越来越丰富。

媒体的传播性包括信息的传播速度、传播范围、传播能力等,只是不同媒体的传播性有所不同。例如,书本、杂志这些印刷媒体适合向个体传递信息,通过发行可以将语言文字等符号传播到各个地方,但其传播速度与传播能力有限;广播、网络视频等形式将声音、图像通过互联网实时传播到全国甚至全世界范围,它们具有极高的传播速度和极大的传播范围。

2) 表现性

表现性是指教学媒体表现事物信息的能力。信息是事物运动形态与规律的表征,即表现事物的空间特性、时间特性、运动特性。空间特性是指事物的形状、大小、方位、组成(包括质地、色调、空间结构和声音等);时间特性是指事物出现的先后顺序、持续时间、出现频率和节奏的变化等;运动特性是指事物的运动形式、空间位移、形状的变化等。

由于媒体重现信息的表现性有所不同,从而其表现客观事物的物理属性也有所不同。

电影与电视以连续活动的图像和同步的声音来表现事物的物理属性,能以最接近实物的形态逼真全面地表现事物的运动方式、相对关系和变化中的过程等,具有极强的表现力,但它们是按时间顺序传播的,瞬间即逝,不利于学生细心观察与思考。

投影一类媒体,在表现事物空间特性方面有很强的能力,由于它们重现的是静止画面,反映事物的瞬息特征,有利于学生仔细地观察、分析事物的细微部分,但却不利于表现事物的时间与运动特性。

无线电广播、录音是借助声音(语音、语义、语调、音乐以及事物的实际音响)来表现事物的运动状态与规律,它具有声音与时间上的表现能力,但是缺乏空间上的视觉表现力。

3) 固定性

信息本身是抽象的,可以用具体的信息符号表征抽象的信息。而这些信息符号,如语言符号、文字符号、图形符号,或者是图像和声音符号经过处理后得到的视频、音频信号等,都是可以记录和存储的。换句话说,信息符号或信号可被固定在某一种载体上,或承载在某物上,以便需要时再现。例如,固定在书本上的文字符号、刻录在光盘上的录音等。

4) 重复性

教学媒体的重复性是指固定在载体上的信息符号可以人为地重复表现,即媒体可以根据需要,在特定的时间、地点多次使用。例如,教科书可反复阅读,电子课件、录音、视频可反复呈现。

5) 可控性

可控性是指媒体的使用者对其操纵控制的难易程度。投影、录音、视频、计算机等都比较容易操纵控制,适合集体教学和个别化学习。像电视直播,如果网络上无法下载和看重播,用户只能按电视节目时间表去观看。

6) 参与性

参与性是指应用媒体教学时学习者参与学习的机会。它可分为行为参与和感情参与。视频、音频有较强的表现力与感染力,容易引起学习者情感上的反应,例如注意、兴趣,激发学生感情的参与。应用投影教学时,材料直接呈现在学生面前,教师能以面对面的方式进行教学、讨论,可使学生在行为上积极参与,教师可根据反馈信息掌握教学进程,组织教学活动。应用计算机辅助教学,学习者能够根据自己的实际情况自主学习,是一种在行为和情感上参与程度很高的交互式媒体。

3.1.4 教学媒体的教育作用

使用精心设计制作的教学媒体软件进行课堂教学,或者将教学媒体直接作为教学的主要手段时,能发挥很好的作用,主要表现在以下几个方面。

1. 学习者接受的教学信息更一致,有利于教学的标准化

不同的教师在讲授相同的学科内容时常常使用不同的方法,课堂教学的组织也往往因人而异。经过精心设计的媒体材料是许多优秀教师的教学经验与丰富资源的整合,使用教学媒体进行教学时,可以克服由各种因素所带来的教学信息的不一致,使所有学习者都能接受到相同的、优化的教学信息。这对于规范教学进而实现标准化教学是大有益处的。

2. 激发学习者的动机和兴趣,使教学活动更加有趣

教学媒体材料可以提供生动形象、有趣的信息,从而激发学习者的学习兴趣与内部动机,使学习者能感受到学习的乐趣,增强其学习的主动性。

3. 提供感性材料,增加学习者的感知深度

许多教学媒体都能向学习者提供各种感性材料,也就是"替代的经验",这有利于加深学习者的感性认识,并进一步上升到理性认识。

4. 设计良好的教学媒体材料,能够提供有效的交互渠道

教学媒体的应用可以充分提高学习者的参与程度,使学习者与环境之间能够进行有效的交互融合,提高学习者的认知,强化教学效果。

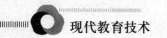

5. 有利于提高教学质量和教学效率

大部分媒体可以在较短的时间内,向学习者呈现和传递大量的信息,学习者容易接受和理解。特别是运用精心设计的教学媒体软件进行教学,可以提高单位时间内的教学信息量,并通过丰富多样的形式传递教学信息,使学习者能学得更快、学得更好,这对于提高教学质量和教学效率是很有帮助的。

6. 有利于实施个别化教学

个别化教学是指专门设计并选择信息以适合学习者个人的能力、经验或兴趣的一种有效的学习方式,这种学习方式的实现更加依赖现代媒体或媒体资源。当教学媒体设计成个别化学习材料时,学习者可以自己决定学习的进度、时间和地点,在自己方便的时间和地方进行学习,非常方便灵活。

7. 将教学媒体与教学整合,开展协作学习

利用教学媒体可以创设问题情境,激发学习者的学习动机,教学媒体同时也是一种"认知工具",学习者可以利用它进行"发现"和"探索"的学习活动,针对问题寻找资源,探索解决问题的方案,培养学习者解决问题的能力与创造能力。

8. 促进教师作用发生变化

有效地使用教学媒体可以使教师在一定程度上从繁重的教学工作中摆脱出来,从而有更充裕的时间用于分析学习者、分析教学内容、进行教学改革,而且教师可以有更多的机会对学习者进行个别指导,成为学生的咨询者和指导者。教师在教学中变得更加主动和积极,可以更好地促进学习者的学习。

9. 有利于开展特殊教育

身体某些器官有残疾的学习者,由于受其身体条件的限制,应该接受特殊教育。选择使用适当的现代教学媒体,根据身残学生的特殊要求将教育教学活动调整和设计到最佳状态,可以实实在在地扩大学习者能够接受的知识领域经验。例如,使用专门设计的教学幻灯、投影教材来训练聋哑儿童说话,充分利用他们的视觉感官进行教学,可取得很好的效果;视力残疾的学习者,可以在学习活动中重点加强听力训练,提高听力技能,以便今后更好地学习、工作和生活,这就需要利用各种听觉媒体和听觉材料提供丰富的学习辅导,辅助他们的学习活动。

3.2 视觉媒体及其教学应用

人们感知世界、认识世界的主要感觉器官是眼睛和耳朵,现代视听媒体的引入,使现代教学过程变得更加形象、具体、直观、生动,且富有情趣,有效地激发了学生的学习兴趣,加速了教育信息传递进程,改善了学习效果。对于一个正常的人来说,在所有的感官中,视觉器官的感受能力最强,因此视觉媒体在教学中占有十分重要的地位。

3.2.1 视觉媒体的特性

常见的视觉媒体包括印刷品(如教科书等图书资料)、黑板、电子白板、投影等。本小节主要讲解投影的特性。

1. 表现性

投影的最大特点是能以直观的、稳定的、放大的图像表现事物的特性。利用投影化小为大、化远为近、化虚为实、可分可合的功能揭示事物发展的内在规律，能让学生详细地观察与思考。

2. 重复性

投影能具体表征事物的空间特性、逻辑关系等，并能反复呈现，其延时重现力强，便于观看，利于讲解。

3. 参与性

投影教学既可根据课程内容和学习进度，由教师演示、讲解，学生观看，使学生感性参与；也可以在教师的指导下，由学生亲自操作、演示，使学生在行为上主动参与媒体的活动。

4. 可控性

投影设备操作简单，方便教师操作，按需制作内容，通常用于连接计算机投影显示PPT课件。

3.2.2 投影仪

投影仪又叫投影器，是一种通过光学系统将平放的图像放大投射到银幕上向学生传递信息的一种视觉类电教媒体。它是在幻灯机的基础上发展制成的一种光学放大设备，可放映大型透明胶片、投影实物，或者直接在平台上书写并投影，也可以直接连接计算机投影显示计算机屏幕，是当前教学中使用频率最高的一种视觉媒体。投影仪是由光学部分、散热部分和电路部分组成的，一般投影仪没有电气控制部分和机械传动部分。

1. 投影仪的分类

投影仪按工作光路可分为两大类：透射式投影仪和反射式投影仪。

1) 透射式投影仪

光源发出的光线经过汇聚后透射过被投影的材料，再经过透镜成像于银幕上，这样的投影仪被称为透射式投影仪。投影仪的亮度高，投影面积大，光色还原好，多为教学所采用。由于其载物平台面尺寸大，教师还可以在载物平台上书写、做演示或放映多种规格的投影片。

2) 反射式投影仪

光源发出的光线直接照射到投影材料上，被投影材料反射的光线经过反射镜反射后由透镜成像于银幕，这样的投影仪被称为反射式投影仪。

由于光线是在投影材料上反射，而不是透射，因此投影材料是不透明的，如印刷品、照片、实物等。实物投影仪是一种典型的反射式投影仪，它是用强光源照亮实物或图片，由实物的反射光通过镜头在银幕上成像，如图 3-1 所示。

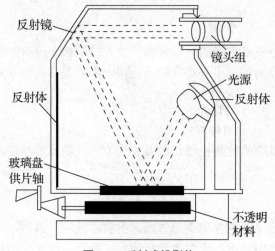

图 3-1 反射式投影仪

反射式投影仪可以直接投影各种不透明的实物，如书本、地图、插图、植物和昆虫标本、实物器件等，给教学提供了方便。但因实物投影仪的成像光束是由不透明表面反射出来的漫散反射光，所以光效很低，一般需要在较暗的室内使用。

2．透射式投影仪的使用方法

投影仪的使用虽然比较简便，但如果操作不当也会影响教学效果。

1） 透射式投影仪的定位调试

投影影像的质量与投影仪在放映时的工作位置有密切关系。因此在使用投影仪进行教学之前，必须仔细地对投影仪进行定位调试。

(1) 调试投影仪与银幕的距离。银幕上投影的大小和灯光的亮度，是随着投影仪与银幕距离的大小而变化的。投影的大小与投影仪到银幕距离成正比；灯光的亮度则与投影仪到银幕的距离成反比。

在使用投影仪进行放映之前，应根据场地大小、学生人数、环境亮度等具体情况以及教学要求，调试好投影仪到银幕的距离。

(2) 调试投影仪的高低位置。投影仪在正常工作时，光轴(反射镜中心和银幕中心的连线)应该与银幕垂直，否则影像就会发生变形。一般来说，如果投影仪放置过低，就会出现影像上大下小的现象；放置过高，就会出现影像上小下大的现象。在实际使用时，必须考虑到一方面尽量不要使设备(投影仪)遮挡学生视线，另一方面要便于教师操作，因此投影仪不能摆放过高，一般投影仪机箱上表面(即载物玻璃表面)与地面的距离以 1.2 米左右为宜，但这会导致影像上大下小，可以通过倾斜银幕的方法来解决。

(3) 调试投影仪的左右位置。和调试投影仪的高低位置一样，投影仪相对于银幕的左右位置也必须调试确定，否则也会出现影像变形的现象。如果投影仪偏左，就会出现影像右大左小的现象；投影仪偏右则出现影像左大右小的现象。调试的原则是投影光轴与银幕垂直，就是投影仪应该正对银幕中心，不要偏置一方。

2) 透射式投影仪的操作步骤

(1) 按投影仪铭牌所示标称电压接通电源。

(2) 打开投影仪平面反射镜盖(折叠式投影仪则应先竖起调焦杆，并使定位销到位)。

(3) 使强弱灯光开关置于弱光位置，打开电源开关。如需加亮，再按下强光开关。如果是使用镝灯光源的高亮度投影仪，则应打开电源开关，先确认风扇已经工作后，再按触发按钮，光源一旦启动，应立即放开按钮。

(4) 在垂直方向和水平方向适度地调节平面反射镜的角度，使光束投射在银幕中央，得到上下左右位置恰当的均匀灯光。

(5) 放上投影片，旋转调焦旋钮，调整放映镜头的上下位置，即调整投影焦距，使银幕上的影像达到最清晰的程度。

(6) 拨动色带调整盘，消除色散现象。

(7) 放映结束，先将强弱光开关置于弱光位置，然后关闭电源开关。

(8) 合上平面反射镜盖。

(9) 拔去电源插头。

(10) 按下折叠式投影仪的折叠按钮，放下调焦杆(非折叠式投影仪无此步骤)。

3.2.3 教学银幕

银幕是光学投影媒体教学必不可少的器材，是放映设备的有机组成部分。投影教学中传播的信息必须通过银幕才能被学生的视觉所接受。

1. 教学银幕的种类

教学银幕的种类很多，分类方式也较多。

1) 按放映方式分类

按放映方式分类，教学银幕可分为反射式银幕和透射式银幕。

2) 按表面光学特性分类

按表面光学特性分类，教学银幕可分为漫散反射(或透射)银幕和方向性漫散反射(或透射)银幕。

3) 按银幕材料分类

按银幕材料分类，教学银幕可分为玻璃微珠幕、高级塑料透视幕、布基白塑幕、透射幕、白布幕等。

4) 按银幕式样分类

按银幕式样分类，教学银幕可分为板框式银幕、软片式银幕和卷筒式银幕。

2. 各种银幕的性能特点

1) 玻璃微珠幕

玻璃微珠幕属于方向性漫散反射银幕。它在纤维织物的表面涂抹一层洁白胶漆，在白漆上再均匀敷上一层高折射率玻璃微珠。其特点是亮度高、光色好、白昼成像清晰。其缺点是方向性较强,视角范围较窄。这种银幕适合在中等宽度或狭长形的教室使用。

使用玻璃微珠幕不能折叠,不能用尖锐物体触碰幕面,也不宜用手触摸。幕面上有灰尘,不能用水洗擦,只能用吹气刷等去除。

2) 布基白塑幕

布基白塑幕以布为衬底,在上面以高反射系数的塑料涂料涂抹而成,属于漫散反射银幕。在幕前不同角度观看,亮度变化不大,且光线反射柔和,观看者视觉不易疲劳。

这种银幕可以折叠,脏了可用湿布擦洗,使用寿命较长,价格低于玻璃微珠幕,适合在较宽大的教室放映。

3) 高级塑料透视幕

高级塑料透视幕以尼龙薄膜作底,涂以高反射系数的塑料涂料,再均匀胶敷一层玻璃微珠。这种银幕成像视野较宽,可用于大型电子显示屏及投影电视,使用时需将其固定在木框上。

4) 透射幕

透射幕的最大特点是在银幕后面放映影像,学生则在银幕的前方观看,其画面亮度取决于从银幕背面透射来的光通量。放映时,教室不必遮光,很方便教学使用。

5) 白布幕

白布幕用白布(最好选用粗白布,因粗白布的反射光线较为柔和)制成,虽其亮度不及玻璃微珠幕和布基白塑幕,但价格便宜,使用方便,适合在各级学校教学中使用。

另外,在没有教学银幕的情况下,亦可用白纸或直接以白墙作替代品。

3. 教学银幕的使用方法

银幕的正确悬挂对放映质量有很大影响,悬挂银幕要考虑下列要求。

1) 银幕的悬挂高度

银幕的悬挂高度,应以教室内所有学生均能看到完整的、不失真的影像为原则。对于水平地面教室,银幕的下边缘应高于学生的头部。

2) 银幕与学生座位间的关系

银幕与最前排座位的距离不要小于幕宽的1.5倍,距离过近,最前排学生不能一眼看全幕面而需左顾右盼,易于疲劳。银幕与最后排座位的距离不要超过幕宽的6倍,距离太远,最后一排学生看不清影像的细节。

3) 银幕与学生视角的关系

为了使学生看到的影像不失真,学生对银幕的视角应有一定限度。实验表明,学生观看银幕的水平视角和垂直视角均不应大于45°,否则,看到的影像将变形失真。

4) 银幕与放映角度的关系

在前面讨论投影仪摆放位置时我们知道,当投影仪的主光轴与银幕中心垂线重合时,银幕上的图像不失真,但在实际使用中竖直方向很难保证重合。实际上张挂银幕时,应使银幕平面与竖直方向形成一个角度,也就是使银幕上方前倾,可减小失真,该角度不宜过大,一般小于12°。

使用银幕要注意维护,如防止灰尘、污物对银幕的污染;防止高温和受潮;防止暴晒;防止碰伤划伤;使用完毕应该按要求保存。

3.2.4 投影媒体的教学应用

投影媒体是通过投射画面来传递信息的，能提供鲜明、清晰的视觉画面，但各种媒体各有自身的特点和教学功能，在教学中运用媒体时要用其所长、避其所短。

1. 投影媒体的教学功能

投影在教学上为学生提供生动、直观的事物形象和感性材料，具体体现在以下几方面。

(1) 为学生理解抽象概念提供感性材料。

(2) 使学生从大量感性材料中概括出规律性的东西。

(3) 使学生对同类事物进行分析比较，从而了解该事物与其他事物的区别与联系，使之掌握本质特性。

(4) 进行技能训练，显示正确的操作方法。

投影媒体除了能够呈现图像、图表外，还能用于呈现书写工整的文字，以代替板书。

由于投影媒体只提供视觉形象，在教学运用时必须适时地与语言相配合，才能更好地发挥作用。其具体做法有下述几点。

(1) 先用语言启发提出问题，然后再适时地放映图像。

(2) 图像呈现与语言解说同步进行，形象与抽象相结合，可加深对事物的认识与理解。

(3) 先放映图像，然后进行综合小结，从感性的认识提高到理性的认识，用语言概括事物、现象的本质特征与规律。

由于投影媒体的操作与控制不受时间限制，故在教学时，要从教学内容、教学对象出发，控制好教学的速度和画面呈现的节奏，使其符合学习者的思维与认知规律，以期取得更好的教学效果。

2. 投影媒体的教学方法

1) 书写教学法

这是投影教学中最基本、最常用、最简便的一种方法。在透明胶片上或在投影仪工作台面的载物玻璃上，可用彩色书写笔边讲边写。片子需要长期保存时，可以用油溶性彩色书写笔；若需随写随擦，则可用水溶性彩色书写笔。

2) 图片教学法

利用已设计制作好的投影图片进行教学，也是最常用的一种方法。教师可以利用幻灯片、投影提出问题，引导学生在已有经验、知识的基础上，回答教师提出的问题，从而获得新的知识；还可以在投影上边画边写或制成活动投影片。

对于某些教学内容，可用单片一次性放映的方法表现教学内容(如135幻灯片、挂图式投影片等)；对于某些教学内容可采用逐次显示的方法表现教学内容。常用的有以下三种。

(1) 增减法。即用复合式投影片进行教学时，以加片或减片的方式按教学要求逐步显示教学信息，引导学生由简到繁、由局部到整体、由表及里地去认识事物、掌握知识，有助于学生智力的发展和能力的培养。

(2) 遮挡法。将事先制作好的投影片用纸遮盖，然后按教学需要一部分一部分地放映，顺序呈现教学内容。

(3) 活动法。将某些教学内容制作成活动式教学投影片，如旋转片、橡筋片、抽拉片等，在讲授过程中，以片子的活动来表明教学内容或验证讲授效果。

3) 实物投影法

通过投影仪螺纹镜头将实物、投影教具和某些化学、物理实验演示器件投影放大到银幕上，扩大演示的可见度，使全体学生在同一时间里，对演示物的构造、性能和现象的变化过程等产生直观、清晰的了解。

4) 作业教学法

教师可根据教学需要，设计出各种基图式作业投影片，在课堂或课后让学生进行作业练习。教师采用这种方法可在课堂批改作业，使全班同学受益。

5) 导引教学法

备课时教师将讲稿写在透明胶片上，上课时在投影讲稿的导引下边讲授边投影展示，逐步展开教学。

讲稿是讲好课的关键。导引教学法的讲稿要简明、系统、突出重点、适用于启发等。这就要求：①确定教材内容的深度、广度；②删繁就简，精选内容；③建立讲授的科学系统，列出大、小标题；④尽量使用简练词句，精心设计可以说明问题的简图；⑤用特定的色彩标出教材的重点和难点，或有意识地将一些关键内容空出来，留待教师启发提问，再补充写上去。

总之，教师在备课时要仔细分析教学内容，哪些内容事先在胶片上写好、哪些内容边讲边写、哪些图表事先在胶片上画好、哪些图表边讲边画，这些都要从提高教学质量出发，认真进行分析研究。

导引教学法有以下几个优点。

(1) 因为讲稿在备课时已写在透明胶片上，教师在投影讲稿的导引下逐步讲解，信心十足，不必死记硬背讲稿，可节约大量的备课时间。

(2) 可以避免讲授内容的颠倒、遗漏或错误的现象发生，容易实现教学大纲的要求和进度。

(3) 节省了大量的板书时间。

(4) 一节课讲完之后，还可以将提纲(投影片)倒转回来，进行复习、巩固和小结。

6) 声画教学法

在投影教学中，有些教学内容不仅需要投影显示画面，而且还需要运用录音机配合解说，做到声画同步，以增强教学效果。例如在语文、外语以及其他科目的教学中，利用声画教学法进行教学，可收到良好的教学效果。

3.3 听觉媒体及教学

听觉媒体指的是承载、传输和控制声音信息的物质材料和工具。目前，比较常见的听觉媒体有 CD 光盘、计算机声卡、录音笔等，在人们获取信息的感觉通道中，听觉仅次于视觉，可见听觉在教学中的重要性。

3.3.1 听觉媒体的特性

1. 时效性

听觉媒体能即时制作、即时播放，这为以最新的科技成果和社会动态来充实教学内容提供了方便。

2. 广泛性

目前，MIDI 键盘、数码录音笔、计算机声卡等录音设备已在大众之中得到普及，人们对音频设备的使用也极其熟悉。听觉媒体具有广泛的应用范围，将录音教材用于广播或网络平台传播，能进行远距离教学，扩大教学规模。

3. 重现性

由于声音信号可随时记录、适时重放、长久保存，这就为学习资料的反复再现创造了条件。

4. 可控性

利用电声手段，可根据需要自主播放、自行录制各类教材，适合于个别化学习中对各自学习进度的控制。

5. 生动性

声音具有丰富的直觉感、浓厚的感情色彩和艺术魅力，容易引起听者的兴趣。

3.3.2 听觉媒体的功能及在教学中的应用

1. 听觉媒体的教育功能

(1) 听觉媒体的使用打破了时空限制，扩大了教学信息的传播范围，从而扩大了教育的规模。

(2) 通过听觉媒体可提供声音的真实感受，营造教学气氛。

(3) 在语言和音乐等教学与训练中，可利用听觉媒体提供典型示范；同时，利用录音重复播放文学、音乐作品等，可以提高学生的鉴赏能力。

(4) 学生可利用听觉媒体自录读、唱、奏、说，重放时可获得及时反馈，有利于自我鉴别，及时矫正问题。老师也可利用听觉媒体录制多种学习材料提供给不同水平的学生，因材施教，有利于个别化学习。

(5) 利用听觉媒体可使抽象的教学内容变得生动、形象、直观，有利于解决教学难点，提高教学质量。

2. 听觉媒体在教学中的应用

1) 提供教学示范

许多涉及声音类的教学内容，如语言教学中的语音、语调，音乐教学中的演奏、演唱

等，都需要为学生提供标准的声音信息，听觉媒体的录制与重现特性就可以实现这一教学功能。利用录音材料，可以为所有学生提供标准的示范，弥补了因学校条件和教师水平的差异而带来的不足。

  2) 创设教学情境

  用录音教学资料或与其他媒体相结合，为教学创设一定的情境，以增强教学效果，比如听力练习中的特定环境效果可以使学生产生更逼真的现场感。另外，利用听觉元素的艺术感染力，如音乐、朗诵、精彩对白等，可以激发学生的情感和想象，充分调动学生的积极性，提高教学质量。

  3) 辅助个别训练

  听觉媒体具有独立使用的功能，可以脱离课堂环境，用于自学。因此学生可以根据自身需要，选择适合的录音教材进行自学。目前，这种自学形式在外语学习中已极其普遍。

  4) 利用录音进行教学反馈

  使用录音媒体将学生回答的声音记录下来，采取当堂录放的方式分析学生回答不当的原因，使学生真实、迅速地获得反馈信息，及时地进行自我检查，并加以改进。

  5) 扩大教学规模

  广播教学是很早就出现的开放式教学形式，这种规模大、效率高的教学手段在今天仍具有很强的生命力。另外，目前很多学校都建立了校园调频广播系统，在校园范围内，放送外语教学广播节目，学生使用个人的调频收音机即可接收，这种较大规模的广播教学，是对有限的课堂教学的极好补充。此外，通过网络平台上的音频，也可以让互联网上的广大学生共享学习。

  由于听觉媒体只能传递声音信息，不能提供具体的视觉图像，因此在教学中要注意与视觉媒体配合。

3.4 视听觉媒体及教学

  对于外界的信息，人们最多是通过视觉获得，其次是通过听觉而获得的。如果将视觉、听觉同时运用，能使人们获得更多的信息量。心理学的记忆研究表明，视听觉并用所获得的信息，能得到最高的记忆保持率。在学习过程中，视觉、听觉并用，将使人们获得更佳的学习效果。

  视听教学媒体设备主要有电视机、摄像机、VCD、计算机、平板电脑、手机等。

3.4.1 视听觉媒体的特点和教学功能

1. 视听觉媒体的特点

  1) 视听结合

  电视、计算机等媒体是通过形象逼真的画面与优美动听的音乐、音效和语言同时呈现视听觉信息的。图像画面的特点是形象直观，语言解说的特点是抽象概括，音乐、音效的特点是渲染气氛。视听结合多种感官的综合作用，可使学生身临其境，有助于在教学中弥补学生直接经验的不足。

2) 突破时空限制

视听媒体具有极其丰富和灵活的时空表现力,能够充分表现宏观和微观、瞬间和漫长的事物及其过程,能够按教学需要有机地组织画面内容,有利于在教学中让学生深入地观察、认识、理解和思考。如用显微摄像可以将肉眼看不到的现象、过程放大,栩栩如生地呈现出来,变小为大;用普通摄像机可将宏观事物缩小呈现在电视或计算机屏幕上,化大为小。同时,可以将变化极快和极慢的现象、过程用合适的速度表现出来,变快为慢,变慢为快。运用动画技术可以追溯远古,预测未来,创设时空。运用画面景别的变化、镜头运动和组接技巧,可以表现事物现象的空间和时间变化,更好地引导学生进行观察。

3) 时效性强

通过网络电视、计算机互联网的传播我们可以实时、准确地看到全球各类大小事件,这样可使学生的视野得到无限延伸。如我国"神舟十三号"载人飞船成功发射及"天宫课堂"的实况转播,向学生展示了我国科技力量的强大,激发了他们的爱国主义精神。

4) 教育范围广

基于如今互联网的广阔覆盖,视听媒体转播内容可以同时面对众多观众,只要有互联网连通,观众随时随地都可以看到。因为它的传播面广,群众受教育面大,促使大规模远程教育及终身教育成为可能。

5) 灵活多样

随着科技的发展,视听觉资源可以存储在 U 盘、光盘等介质中,如今计算机、手机端也都比较容易观看到网络中的各类视频资源。

2. 视听觉媒体的教学功能

1) 远程系统性教学

利用计算机在线教育平台进行远程教学,可将精心编制好的课程内容通过网络直播呈现给学习者。

2) 辅助性教学

利用视听媒体配合教师讲授是课堂教学的一种常见模式,其大多是采用解析型或资料型的 DVD、网络下载资源等,由教师先讲后放,或先放后讲,或边讲边放,以弥补传统课堂上教师无法讲清的缺陷,取得最优化的教学效果。

3) 示范性教学

示范性教学是指在教师的指导下,利用示范型或表演型视频对学生实践技能进行培训的一种教学模式。比如要讲解一个具体实例的操作步骤,可以利用录制好的操作视频给学生进行展示,而且可供学生随时随地反复观看。

4) 微格教学

微格教学是一种利用电视技术手段来培训教师实践能力的教学方法。通常是让参加培训的学生分成若干小组,在教师的指导下,每个小组的学生轮流扮演教师和学生来进行模拟教学,当场将实况录下来,然后在教师的引导、组织下,小组成员一起反复观看录制的视听材料,同时进行讨论和评议,最后由指导教师进行总结。这样能够使教师的教学技能、技巧有所提高,从而提高学生的整体素质。

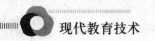
现代教育技术

5) 个别化学习

学生可以根据自己的学习需要，到图书馆、资料室查阅图像资料，并自行放映进行学习。这种学习模式十分方便灵活，能充分发挥学生学习的主动性和潜能。

3.4.2 教育电视系统

教育电视系统，顾名思义就是用于教育的电视系统。按照信号传输的方式，教育电视系统可分为开路教育电视系统和闭路教育电视系统两类。

开路教育电视系统是指通过无线电波将发送端的信号传送到接收端，包括广播教育电视、卫星教育电视。其特点是覆盖范围广，适合区域性的国家教育电视台及各级教育电视台采用，向全国或区域播送教育电视节目。

闭路教育电视系统，又称有线教育电视系统，其特点是覆盖范围小，适用于以自播节目为主的教育电视台，如学校闭路电视系统。

广播教育电视系统和普通的广播电视系统结构相同，这里主要讨论闭路教育电视系统和卫星教育电视系统。

1. 闭路教育电视系统

共用一组优质天线接收电视信号，通过特定的电路网络传输到有限的范围内，使多部电视机能同时收看，叫共用电视天线(Community Antenna Television，CATV)系统。由演播设备(摄像机、录像机、调制器)通过电缆构成一个完整的自办节目系统，叫闭路电视(Closed Circuit Television，CCTV)系统。随着科学技术的提高和发展，人们把共用电视天线系统与闭路电视天线系统合二为一，称为电缆电视系统，又叫有线电视。由于传统上的原因，有线电视系统仍称为 CATV 系统。在系统功能上，有线电视不仅能传送电视节目，还可以传输调频立体声广播，利用其双向传输功能，可以开展检索、通信、社会服务等各种业务，可见其内涵是在不断变化的。由于它工作稳定、不受外界环境的影响且便于控制，所以被广泛用于学校、企业等部门，以及城市、乡村等区域的电视广播。

CATV 系统的功能是将多路音、视频信号从一个前端送到一个或多个终端，即具有播出多路电视的功能。系统由前端信号处理单元、干线传输分配系统、用户分配网络三部分组成，如图 3-2 所示。功能较多的闭路电视播放系统一般具有拍摄录制电视节目、播出录像节目、接收和转播广播电视、卫星电视、语言广播节目等功能。

2. 卫星教育电视系统

卫星教育电视系统是在通信卫星的基础上发展起来的，通过设置在地球赤道上空的地球同步卫星中的广播电视转发装置，接收地面上电视台播放的电视信号后(称上行)，再转发到地球上指定区域(称下行)。转发器与地面站之间不经过其他转输与分配环节，相当于停在空中的一个电视中继站。覆盖区内的所有地面卫星接收站都可以接收到卫星电视教育节目。

1) 卫星教育电视的特点

卫星教育电视具有如下特点。

(1) 电波覆盖面大，利用率高。由于卫星运转在距地球赤道垂直高度 3.6 万千米的高空、与地球自转同步的轨道上，因此卫星与地球的位置始终保持相对稳定。一颗同步卫星的下行波束能覆盖地球表面 1/3 以上，三颗同步卫星就可以覆盖全球。星载转发器用定向天线把电波聚集成窄波束，张角仅 1°～3°，所以能比较均匀地辐射到覆盖区内。在一颗卫星上装几个转发器就能覆盖全国，并且使中心和边缘地区的电波场强只相差 3～4 dB。

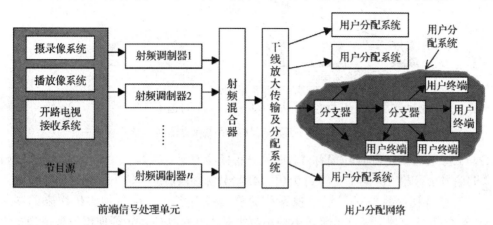

图 3-2　CATV 系统的组成示意图

(2) 信号质量高且稳定，有利于改善接收质量。卫星电视传送环节少，信号质量受设备噪声的影响小，所以在地面覆盖区内都可接收到高质量的电视图像和声音信号。由于卫星与地面接收站的位置保持相对稳定，所以只要接收站的天线安装时对准卫星，地面站无须进行跟踪，就能使电视信号比较稳定。由于来自卫星的电波入射角大，受山峰和建筑物的阻挡小，因此能减少阴影和多次反射的影响。

(3) 信号容量大。卫星电视采用微波频段，其频段很宽，是数字电视和高清晰电视的重要传输手段，便于传输多路数字信号及数据。而且一颗卫星上可以设置多个转发器，一颗卫星可同时转发几十路电视和几万路电话，容量很大。

(4) 投资小、费用低。

(5) 扩大教育规模。运用卫星教育电视可以开展多种教育教学活动，如学历教育、职业教育、农业技术教育、医疗保健教育及科普教育等。可以选择优秀的专家教授讲课，采用完备的教学手段，同期培训成千上万的学生，既扩大了教育规模，也提高了教育效率和效益。

2) 卫星电视系统的组成

卫星电视系统包括地面上行发射控制系统、星载转发系统和地面接收系统三大部分，如图 3-3 所示。

(1) 地面上行发射控制系统包括节目调制发送设备、监测设备、遥控遥测设备及发送天线，它的主要任务是发送卫星电视节目、跟踪控制同步卫星、发送指令等。

(2) 星载转发系统是卫星电视广播的核心，它主要由电源、遥测指令系统、转发设备和天线四部分组成。转发器是电视广播的专用设备，它把上行信号经过频率变换及放大后，由定向天线向地面发射，实现远距离传输。

(3) 地面接收系统的任务是接收卫星电视广播信号，它主要由天线(抛物面天线)、高频头和卫星接收机组成。其主要工作原理是：用增益较高的天线将同步卫星转发的微弱的微波电视信号收集放大,然后经高频头、卫星电视接收机对信号进行两次变频、放大、调频解调等技术处理,还原出视频(图像)信号和伴音信号。

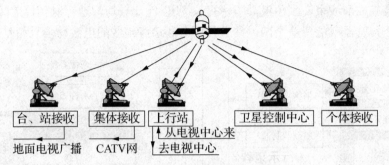

图 3-3 卫星电视广播系统示意图

① 卫星电视接收高频头(简称 LNB)是一种低噪声下变频器,主要作用是将天线收集到的微弱信号进行放大并向下变频到 950~1450 MHz 频段后放大输出,输送给接收机。

② 卫星电视接收机是卫星电视系统的重要设备之一。从高频头传送来的 950~1450 MHz 的第一中频信号,用普通电视接收机是无法收视的,必须使用卫星电视接收机将此信号变成视频和伴音信号后,才能在电视接收机上收看。

对于学校或集体,通常把卫星电视接收系统与闭路电视系统整合,可传输和接收多套卫星电视节目,也可自办节目。图 3-4 所示为典型的闭路(有线)电视系统示意图。

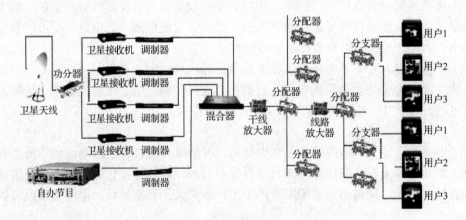

图 3-4 闭路(有线)电视系统示意图

3.4.3 电视教学应用

电视广播教育、卫星电视教育、电视录像教育等具有特殊优势,在提高全民文化素质,进行职业技术教育、成人教育、终身教育等方面发挥了较大的作用,成为社会教育、学校教育中的一个重要组成部分。这里主要讨论电视类媒体在教学中的应用。

1. 利用广播电视系统进行系统教学

系统教学是指采用录像、电视手段进行整门课程的教学。教学信息主要通过卫星广播电视、闭路(有线)电视、录像教学三种播放形式进行传播,而教师主要参与辅导、答疑、批改作业等。如我国的广播电视大学、电视师范学院主要采用这种教学形式，它不仅可以大面积地传播教学信息、提高教学效率，还可以解决师资不足的困难。

2. 利用插播教学片辅助课堂教学

教师根据教学内容及教学计划，在课堂教学中直接利用电视教材和播放设备，以穿插播放的形式进行辅助教学，及时解决教学中的重点和难点。播放什么内容、何时播放、播放长度、播放次数，均可以由教师根据需要及实际情况随机地选择和控制，这种教学方式不仅能使课堂教学更加灵活，而且能更有效地发挥教师的主观能动性，同时也容易激发学生强烈的学习兴趣，升华书本上的知识，强化学生对教材的理解。

3. 运用电视录像媒体进行示范教学

示范教学是指利用电视录像媒体为学生提供典型的示范材料，指导学生进行教学实践。在实验教学中，我们可以利用电视录像媒体将实验原理、实验步骤、实验方法等形象、直观地再现于课堂，对学生进行实验前的指导教学。如实验前，学生通过观看实验演示录像，不仅能亲眼看见实验的全过程，还能通过不同角度拍摄的近景、特写等画面详细观察仪器设备的构造和细节，依照相应的解说和示范，准确高效地掌握实验操作步骤，同时，通过正误操作的比较总结经验，吸取教训，避免类似错误的发生。另外，教师也可避免每次实验讲解的重复劳动，集中精力加强指导。因此，利用电视录像媒体可以优化教学，提高实验教学的质量和效率。

另外，在体育训练时，用电视录像可以展示分解动作及要领；在生产实习中，用电视录像可以展示规范的生产过程和操作方法；在师资培训中，用电视录像可以展示优秀教师的教学精华等。

4. 利用录像反馈加强学生技能培训

微格教学在培训师范生课堂教学技能上具有良好效果。微格教学是利用摄像机和录像机等设备将每个学生在讲台上的教学过程记录下来，然后通过录像反馈和小组评价，使被培训者能较清楚地看到自己的问题与不足，从而取长补短，及时纠正存在的问题，并较快地掌握各种课堂教学技能的运作规律。

5. 学生自学

电视教材不仅提供了丰富的感知材料，而且还有教师在屏幕内外进行分析与讲解。因此，学生利用电视教材自学，要比自学文字教材更容易接受，是一种学生自学的理想认知工具。

6. 课外教学

应用电视录像对学生进行素质教育，是深受青年学生欢迎且行之有效的好形式。影视题材广泛丰富，内容生动活泼，寓意深刻，教育性和思想性较强，具有极强的吸引力和感染力，容易为学生所接受，能给学生多层次、多方面的直观感受。既可以弥补教师课堂教学的不足，还可以开阔学生的视野，扩大知识面，有利于学生综合能力的培养。

小　　结

　　本章讲解如何使用现代视听媒体进行辅助教学，包括如何单独或结合使用视觉类、听觉类和视听觉类媒体进行具体教学工作。视觉媒体是人类最丰富的信息来源，本章对目前常用的视觉类教学媒体投影和教学银幕的使用进行了详细讲解。听觉媒体作为仅次于视觉媒体的一种现代教学媒体，它在教学中的应用包括提供示范教学、创设教学情境、辅助个别训练、扩大教学规模等。视听觉并用所获得的信息，能得到最高的记忆保持率，同时学习体验效果最好，电视教学的应用就是一种比较好的视听觉类教学方法。

第 4 章

现代教育技术环境与系统

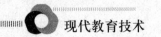

现代教育技术

4.1 多媒体教学系统与多媒体教室

现代多媒体教学系统是以计算机为核心的可综合储存、传输、处理和运用多种媒体进行教学的系统。随着计算机及其网络的迅速发展和普及,多媒体计算机在教学中以其特有的方便快捷、交互性强、多样化的教学信息表达方式正备受青睐。本节主要介绍多媒体教学系统的基本构成、多媒体的软件环境、多媒体教室。

4.1.1 多媒体硬件系统的基本构成

一个实用的多媒体教学系统包括硬件平台、软件平台、课件三部分。硬件平台与软件平台相结合形成了一个教学授递环境,多媒体课件就在这个环境中运行。

1. 多媒体计算机的构成

根据不同的应用目标,多媒体计算机有以下两种类型的配置。

1) 播放型多媒体硬件系统

一套标准的播放型多媒体系统的硬件配置如图 4-1 所示。

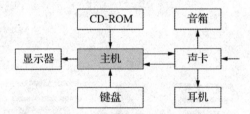

图 4-1　播放型多媒体硬件系统的构成

从系统硬件组成的角度看,一台播放型多媒体计算机实际上只要在一台普通计算机的基础上外加一块声卡和两个音箱即可。

当然,要产生比较好的播放效果,应该提高 CPU、内存等的配置标准。

2) 创作型多媒体硬件系统

一台具有创作多媒体课件功能的计算机硬件配置如图 4-2 所示。

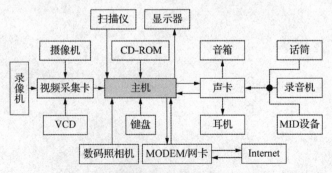

图 4-2　创作型多媒体硬件系统的构成

用于创作的多媒体硬件系统应在播放型多媒体系统的基础上增添录像机、摄像机、录音机、扫描仪、数码相机等，以满足制作多媒体课件的要求。

2. CD-ROM 与 DVD-ROM 驱动器

CD-ROM(Compact Disc Read-Only Memory)俗称小型只读光盘驱动器，一般包括 CD-ROM 光盘和驱动器两部分。CD-ROM 光盘是用极其坚固的聚碳酸酯塑料经压缩成型，涂有保护层，不怕电磁干扰，因此存储数据的可靠性很高。CD-ROM 光盘可用来存储程序、文本、图形、图像、声音、动画等，一张光盘的存储容量可达 650 MB。

3. 声卡

声卡又称音频卡，是 MPC 中应用最广的设备之一，现在不少 MPC 已将声卡集成在主板中(称为集成声卡)，而不再设置单独的扩展卡。但对于声音质量要求较高的多媒体设备，仍需要使用独立的声卡。

声卡的功能主要包括以下几方面。

(1) 录制和播放波形文件。使用声卡的 A/D 和 D/A 转换电路，用户可以将由麦克风等设备输入的模拟信号转换为数字信号，并保存在波形音频文件中。重放时可通过 D/A 转换电路将文件中的数字信号转换为模拟信号，然后播放出来。不同声卡和软件驱动程序录制的语音文件的格式可能不同，但一般均可相互转换。

(2) 压缩和解压功能。波形音频文件占用的存储空间较大。为节省存储空间，可用声卡提供的 ADPCM(Adaptive Differential Pulse Code Modulation，自适应差分脉冲编码调制)算法进行压缩，其压缩比可达 2：1，且无明显失真。

(3) 音频文件的编辑与合成。使用声卡提供的软、硬件，还可对声音文件进行特殊处理，如加入回声、混音、淡入淡出等。

(4) 创建和播放 MIDI 音乐。使用 MIDI 合成器可以生成 MIDI 文件，输出 MIDI 合成音乐，并实现计算机与电子乐器之间的数据交换等。

(5) 语音合成和识别功能。如果声卡带有语音合成技术，还能使计算机实现文本朗读。如果声卡具有语音识别功能，还可以通过麦克风等声音输入设备指挥计算机工作。

以上 5 项功能中，只有第 4 项与 MIDI 音乐有关，其余 4 项均用于处理波形文件。

声卡的加入使个人计算机具备了处理音频信号的能力。它可以把话筒、录音机、数字音响、MIDI 乐器等音频信号源输入的信息进行模/数转换、压缩等处理，也可以经过计算处理把数字化的声音信息通过解压还原、数字信号/模拟信号转换后通过耳机或扬声器播放出来，还可送入一个立体声系统。

4. 扫描仪

扫描仪是计算机常见的图像输入设备。图书馆早就用它来复制读者所需的资料，商场和仓库也早就用它来识别货品的条形码。但由于传统的扫描仪身形巨大，加上价格不菲，PC 用户很少配置。随着办公自动化和多媒体应用的发展，扫描仪的价格不断下降，现已随 MPC 进入办公室和一般家庭。除用于图像采集外，如果配上光学字符识别(Optical Character Recognition，OCR)软件，还可将印刷的文字资料转换为电子文档，省去了用键盘输入的麻烦。

家用扫描仪采用的幅面一般为 A4 与 A3，大幅面扫描仪采用的幅面为 A0。

1) 主要性能指标

扫描仪的产品质量可从性能指标与易用性两个方面来衡量，其中主要包括以下指标。

(1) 分辨率。扫描仪的分辨率高低，直接影响图像的清晰度。家用扫描仪的分辨率目前主要采用 600 dpi(dots per inch，即每英寸包含的点数)，这对一般的家庭应用已经绰绰有余了。商用扫描仪的分辨率可达 1200～4800 dpi。

目前，扫描仪的标称分辨率有光学分辨率和电路分辨率(或内插分辨率、最大分辨率)，选购时请注意区分。

(2) 颜色深度。目前家用扫描仪一般采用 256 级灰度等级或 24 位真彩色。

(3) 扫描时间。在 600 dpi、256 级灰度等级的条件下，扫描一幅图像所需的时间一般为 1～3 分钟，最快的不到 1 分钟。

(4) 易用性。与扫描质量一样，易用性也值得重视。现在有些产品在机身上设置快捷键(例如扫描、复制、传真、E-mail 等)，可以有效地提高用户的使用效率。鉴于驱动程序是扫描仪与用户直接交流的界面，选择界面友好的驱动程序也是提高易用性的好方法。

2) 汉字 OCR 软件

扫描仪除用于图像采集外，如果配上文字识别软件，还可将印刷的文字资料转换为电子文档。这一功能对我们在计算机上进行备课、编写学习材料、写文章等方面具有较强的实用性，它不仅可节省键盘录入的时间与人力，还可以缩减文本的存储容量。

随扫描仪配送的 OCR 软件通常为简化版本，其识别准确率一般可达到 90%以上。对常用汉字、英文字母、数字和常用符号的识别速度一般在每秒 600 字以上。目前文字的扫描识别发展较快，识别率也越来越高。

5. 多媒体音箱

提到音箱，人们常常会想起时而高亢、时而低沉、时而洪大、时而柔美的高雅音乐。在音乐剧场或音乐茶座里，它们为听众演绎着美妙的音乐，使音乐爱好者为之陶醉和感动。这类传统的音箱强调高保真度(fidelity)，所以也称为 Hi-Fi 音箱。而多媒体音箱则是 MPC 输出声音媒体的主要设备，其信号输入端通常与 MPC 声卡的信号输出端相连，需要兼顾各种具体的用途。

多媒体音箱的配置一直发生变化，最初的配置仅用两个音箱分别连接左、右声道，以模拟立体声的音乐，称为 2.0 系统。随后，陆续出现了由 3 个音箱组成的 2.1 系统，由 5 个音箱组成的 4.1 系统以及由 6 个音箱组成的 5.1 系统。

不言而喻，良好的音质不仅对音箱，也对声卡提出了较高的要求。一般来说，高档的音箱使用独立的声卡，这样才能满足用户对音质的要求。

6. CD/DVD 刻录机

光盘的应用，大大提高了外部存储器的容量，使 CD/DVD 光盘一跃成为存储信息的首选介质。但 CD/DVD-ROM 驱动器只能读光盘，不能写。CD/DVD 刻录机的出现，使它具有光盘刻录、重写和读取三项功能，随着高速 CD/DVD 刻录机的速度迅速增长，它的价格逐渐降低，已经成为 MPC 中发展最快的外部设备之一，MPC 中的 CD-ROM 驱动器逐渐被 CD/DVD 刻录机取代。

CD/DVD 刻录机有着广泛的运用，用 CD 光盘存储备份数据，具有容量大、寿命长、携带方便等优点。

7. 数码相机

与扫描仪相似，数码相机是 MPC 的又一图像输入设备。它在照相时可离开计算机，与传统相机一样单独拍摄，因而也可看成一种独立的多媒体设备。

数码相机的拍摄过程与传统相机基本相同，但所用的感光器件(CCD，电荷耦合器)和记录介质(存储卡)都与扫描仪相似。二者的区别在于：扫描仪中的 CCD 排列成一条线，图像的成像要逐行扫描；而数码照相机中的 CCD 排列成一个矩形网格，一次即可形成一整幅图像。

由 CCD 组成的光电传感器是数码相机的关键器件，它是能将投射到感光点上的光信号转换为电信号的装置。该器件所能获得的像素数，是衡量数码相机品质的主要参数。当光线通过镜头投射到光电传感器的感光点上时，每个感光点会将得到的颜色和光线强度转换成电信号，再由数字影像处理芯片将各点的电信号处理成相应的数据，并按一定的文件格式输送到数码相机的存储卡中进行储存。

存储卡以文件的形式保存每幅图像的数据，属于移动存储介质。现用的移动存储介质有并行传输和串行传输两类，数码相机一般采用并行方式，以便获得较高的数据传输率。数码相机有以下主要技术指标。

(1) 像素数和分辨率：像素数代表 CCD 上的光敏组件的数量，是数码相机最主要的技术参数。分辨率与像素数直接相关。例如，1600 万像素的相机分辨率一般为 4928×3264dpi。

(2) 焦距和变焦倍率：相机的镜头是相机成像的关键，焦距是镜头的一项重要指标。什么是焦距呢？可以把数码相机的镜头看作是一组透镜，当平行光线穿过透镜时，将会聚到一点上，这个点叫作焦点，而焦点到透镜中心的距离，称为焦距。相机的镜头有两种：焦距固定的镜头，称为定焦镜头；焦距可以调节变化的镜头，称为变焦镜头。在摄影领域，焦距主要反映镜头视角的大小。对于传统 135 相机而言，50 mm 左右的镜头其视角与人眼接近，拍摄时不变形，称为标准镜头，一般涵盖 40~70 mm 的范围。18~40 mm 的镜头称为短焦镜头(也叫广角镜头)，70~135 mm 的镜头称为中焦镜头，135~500 mm 的镜头称为长焦镜头，500 mm 以上的镜头称为望远镜头，18 mm 以下的镜头则称为超广角镜头或鱼眼镜头。这种范围的划分只是人们的习惯，并没有严格的定义。

变焦数码相机则可根据拍摄的需要改变镜头的焦距，尤其适用于拍摄近物和远景。变焦能力是数码相机镜头的设计重点，数码相机的变焦范围常用变焦倍率来表示，如 2×(2 倍)、3×(3 倍)等，有时也用 mm 表示，如 30~120 mm(即 4×或 4 倍)。数码相机的变焦一般分为光学变焦和数字变焦两种。光学变焦就是和传统的光学成像相机一样，通过镜头的伸缩组合来实现变焦，这也是真正意义上的变焦。数字变焦可以说是数码相机所专有的，它的基本原理是通过数码相机里的运算器对所拍摄的景物数据进行差值计算，从而将被拍摄物体放大，获得变焦的效果。这种变焦方式似乎可以呈现更多的细节，其实只是对原先所拍摄影像做单纯的放大，并不会增加图像的清晰度。

(3) 最近对焦距离：最近对焦距离反映了数码相机的近拍能力，也是衡量一部数码相机品质的重要指标。该指标越小，相机的性能相对就越好，常见的数码相机的最近对焦距离一般是几厘米到十几厘米，专业级相机的最小对焦距离可达 0.5 厘米。

(4) 存储容量：数码相机使用的主流存储卡有 CF(Compact Flash)卡、SM(Smart Media)卡和记忆棒(如 SONY 相机的 Memory Stick)几种。目前数码相机一般配置几十亿字节(GB)存储容量的存储卡。

8. 视频卡

视频卡可将摄像机、录像机或其他视频设备的图像信号转变为计算机数字图像信息流。

根据视频卡工作方式的不同，视频卡可分为通用型和专业型两种。通用型视频卡采集到的图像格式符合国际流行的标准，可以方便地由计算机进行编辑处理；而专业型视频卡所采集的图像分辨率更高，色彩还原效果更好。根据图像截取方式的不同，视频卡可分为静态采集卡和动态采集卡两种。一般静态图像采集卡可以实时显示输入图像卡的视频图像，当需要的画面出现时，操作者按一下功能操作键，就可以将画面截取下来，然后进行存储。动态视频卡可以像录像机那样，把连续运动的画面记录下来。为减少记录所需的存储空间和存储时间，视频卡一般具有硬件压缩功能。

4.1.2 多媒体的软件环境

多媒体软件环境包括多媒体操作系统、多媒体素材编辑软件和多媒体创作软件(多媒体写作工具)。

1. 支持多媒体功能的操作系统

多媒体操作系统是多媒体软件环境的基础，如 Windows 7、Windows 10 视窗操作系统等。由于 Windows 提供图形界面，用户只需简单地对图标、对话框、菜单、按钮等对象进行选择和操作即可完成任务。用户界面的一致性，使计算机操作者不必再将大量时间和精力花费在不同软件的学习上，一致的界面外观和操作方式，使用户可以举一反三，很快熟悉并掌握不同的应用软件，大大提高了工作效率。

值得指出的是，购置的各种多媒体板卡和外设并不是安装到计算机上就能够使用的。要使系统能够有效地管理这些设备，使它们发挥应有的功能，就必须有相应的驱动程序来驱动。在购买声卡、视频卡、扫描仪、数码照相机等设备时，会同时得到一套专用的驱动程序，有时厂商还会同时赠送一些很优秀的素材编辑工具，以方便用户最大限度地利用其产品功能。

因此，我们在已有计算机系统中正确完成这些硬件的连接以后，还需要将驱动程序通过特定的方式安装到硬盘上，使这些硬件无冲突地挂接到 Windows 系统中。

2. 多媒体素材编辑软件(多媒体工具软件)

它们用来完成声音录制编辑、图像扫描输入与处理、视频采集与压缩编码、动画制作与生成等。有关一些常用的多媒体素材制作与编辑软件将在第 5 章中进行具体介绍。

4.1.3 多媒体教室

多媒体教室是实施多媒体教学的场所,如果以个别化教学为主,宜构建多媒体网络教室;如果以集中化教学为主,则可以构建多媒体多功能教室。

多媒体网络教室主要用于开展通过多媒体网络进行并以个别化教学为主的教学活动,这种网络教室属于局域网,硬件主要包括多媒体文件服务器、教师用机、学生工作站、网卡、高速视音频传输器、集线器、匹配器及缆线等。

这里主要讨论多媒体多功能教室(以下简称多媒体教室),有关多媒体网络教室将在下一节讨论。

多媒体教室是教育现代化的标志之一,在现阶段的教学中被广泛使用。它的出现,把教师从传统的"黑板+粉笔"教学模式中解放出来;借助多媒体设备,可以从视听的角度提供给学生更多、更有趣的知识和信息,扩大学生的知识面;利用动画技术和影视技术可以使抽象的概念、深奥的理论简单化与直观化,以利于学生理解、吸收。利用多媒体教室进行教学,能更好地突出重点、突破难点,促进学生学习。

1. 多媒体教室的功能

多媒体指的是由文本、声音、图形、图像等基本媒体以两种或两种以上形式存在和表现的形式。常见的多媒体信息的载体有幻灯片、投影片、录像带、VCD/DVD 光盘、CD-ROM 光盘等。多媒体教室就是通过装备合适的硬件设备,实现将载体记录的媒体还原。为此多媒体教室应配备尽可能完备的多媒体载体还原设备,使教学过程中对媒体记录信息的表达不受限制,以期得到尽可能完善的应用。

多媒体教室是由教师自己直接使用、进行课堂教学的场所,应具备以下条件。

(1) 技术上,在多媒体教室内有计算机数字信号、视频信号、音频信号(包括经过多媒体计算机处理的视频信号和音频信号)。因此多媒体教室应能够实现以下几项要求。

① 多媒体计算机单独使用,并把所显示的内容传送到大屏幕上。

② 将书稿、图表、文件资料的原件及实物通过实物展示台传送到大屏幕上,或者将其扫描的图片传送到大屏幕上。

③ 播放音乐、影碟及教学录像。

④ 通过校园网调用各种信息。

⑤ 有话筒扩音装置。

(2) 功能上,教师使用多媒体教室,要能够做到以下几点。

① 迅速处理并显示各种教学内容。

② 兼容不同版本的教学软件。

③ 通过校园网进行网上课堂教学,在校园网上调用有关信息进行网上交流。

④ 使用投影等方式进行常规电化教学,满足传统教学的需要。

2. 多媒体教室的构成

1) 多媒体教室的基本组成

随着教育技术在各级各类学校中的广泛应用,各个学校都进行了相应的硬件建设,很多学校都拥有了多媒体教室，配置了多媒体投影机、实物展示台、音响、中控系统等。有些地方在配置多媒体教室时片面追求硬件建设，追求大、全、高，有些多媒体教室建设得过于复杂，使任课教师很难对其得心应手地操作，只能依靠专业人员配合，既影响了课堂教学的效果，又浪费了人力资源。学校在建设多媒体教室时，应根据本校的实际需要和教室环境的基础设施，遵循经济性、效益性原则，合理配置设备，才能获得高性价比的多媒体教室。以下对简易型和标准型多媒体教室作简单介绍，以供参考。

(1) 简易型多媒体教室。

最简易的方法就是在教室内配置一台电脑、一台液晶投影仪、一幅银幕，其他的信号源设备、切换器、音响系统、终端设备可根据需要选择，如图4-3所示。

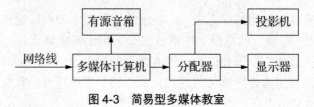

图4-3 简易型多媒体教室

(2) 标准型多媒体教室。

标准型多媒体教室是将多媒体计算机技术与常规电教媒体相结合，一般要求具备以下主要功能：能播放文本、图像、动画、视频、音频等多种媒体信息；通过实物展示台可将图片通过大屏幕显示出来；配备音响系统和控制银幕、窗帘、照明等相关辅助设备；可与多种信息网相连，如校园计算机网、卫星电视网和校园有线电视网等，如图4-4和图4-5所示。

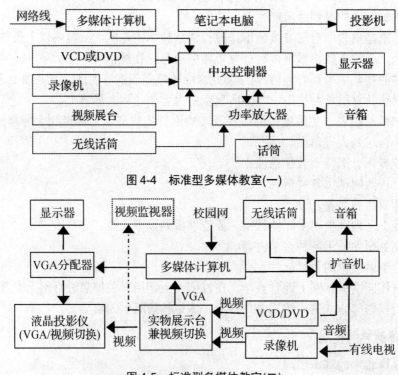

图4-4 标准型多媒体教室(一)

图4-5 标准型多媒体教室(二)

2) 多媒体计算机

多媒体计算机在多媒体教室设备中占主要地位，大多数教学软件都要由它运行。它在系统中既是计算机教学媒体，又是网络连接设备，可能还是中央控制系统的操作平台。

多媒体计算机与一般传统的教学设备相比，具有三个显著特点。

(1) 由多种软、硬件组成。多媒体计算机既是各硬件的集合，如高速 CPU、大容量的硬盘和内存，性能优良的数据、图形处理器、声音压缩卡及显示器等，又是软件的集合，如各种系统操作软件，数据、文字、图形、图像和声音处理软件等。

(2) 技术手段多样化。多媒体计算机对各种信息的采集、处理、存储、传输和显示全部实现数字化，包括图像和声音，是一个智能化的终端。经过数字技术处理过的信号无论是从质量上，还是后期编辑、存储和传输等方面都远远超过传统的模拟信号。

(3) 应用灵活方便且范围广泛。通过操作多媒体计算机，可以非常灵活地调用处理和显示文字、图形、图像、声音等教学内容。通过各种互联网络可以方便地调用自己所需要的各种信息资源，面向世界，了解世界。

多媒体计算机能对文本、声音、图形、图像、动画、视频图像等多种信息进行获取、编辑、存储、处理、加工和表现，现在计算机一般都具有多媒体功能。多媒体教室计算机的配置要适应技术的发展，满足课堂教学的需要。目前，计算机更新换代很快，由于多媒体教室的计算机长时间处于多任务工作状态，因此，在选配多媒体计算机时要根据条件，尽量配置运行速度快，硬盘和内存容量大，带有声卡、网卡和高倍速、纠错能力强的光驱，且工作稳定可靠、故障率低、容易操作、兼容性强的多媒体计算机。

完整的多媒体计算机系统由多媒体计算机的硬件和与多媒体计算机配套的软件两部分构成。由于多媒体教室的计算机要适合不同课程的教学，所以在配置软件时要能兼顾不同课程的需要，兼容不同版本的教学软件，满足常用格式媒体文件的播放等。

由于多媒体教室由教师自己操作使用，且具有使用来源复杂的各类存储介质，所以多媒体教室的计算机必须具有较强的信息保护和还原能力。对于没有安装还原保护卡的计算机，应安装系统保护还原软件，以预防由于误操作、病毒等因素引起系统故障。

3) 数字投影机

投影机是多媒体教室中价格最贵的设备。现在的数字投影机体积小、重量轻、亮度高(可达 4500ANSI 流明以上)，并具有多种信号输入功能。与计算机连接可显示文字、数据、图形、图像等；输入视频信号可播放电视录像、VCD、DVD 图像、HDTV(高清晰度电视)信号等，一机可多用。

目前，多媒体教室中使用的投影机按投影原理划分主要有 CRT 投影机、LCD 投影机和 DLP 投影机，这三类投影机各有千秋。

(1) CRT(Cathode Ray Tube)投影机的核心部件是 CRT 阴极射线管，通常所说的三枪投影机就是由三个 CRT 投影管组成的投影机。CRT 投影机显示的图像色彩丰富，还原性好，具有丰富的几何失真调整能力；缺点是亮度很低，操作复杂，体积庞大，对安装环境要求较高，并且价格昂贵。目前除背投电视机外，多媒体教室中几乎不配置这类投影机了。

(2) LCD(Liquid Crystal Display)投影机(液晶投影机)是目前投影机市场上的主要产品。这种投影机利用液晶的光电效应，即液晶分子的排列在电场作用下发生变化，影响其液晶单元的透光率或反射率,从而影响它的光学性质,产生具有不同灰度层次及颜色的图像。LCD 投影机亮度均匀,色彩还原较好,分辨率高,体积小,重量轻,操作、携带方便,并且价格比较低廉,因此成为投影机市场上的主要产品。

(3) DLP(Digital Light Processing,数码光路处理器)投影机(数码投影机)以 DMD (Digital Micromirror Device)数字微镜作为成像器件。DLP 投影机的技术是一种反射式投影技术。其特点是图像灰度等级高,成像器件的总光效率大大提高,对比度高,色彩锐利。

LCD 投影机和 DLP 投影机作为目前教室中主流配置的投影机,两者各有优缺点,但仅从显示课堂教学信息的角度来看,这两种技术的投影机没有太明显的差别,配置时可根据具体情况进行选择。投影机的主要技术指标是亮度、对比度和分辨率等参数。

4) 电子白板

电子白板是一种替代传统黑板、粉笔的数字化教学演示设备,是汇聚尖端电子技术、软件技术与互联网技术等多种高科技手段而研究开发的新技术产品,是现代多媒体教室中重要的信息输入输出设备和显示设备。图 4-6 所示为一种多媒体教室中常用的电子白板。

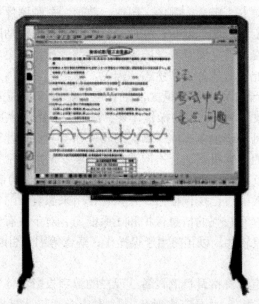

图 4-6 电子白板

目前普遍使用的电子白板是交互式电子白板。一个交互式电子白板系统不单是一块电子白板,实际上它是由计算机、投影机、交互白板三部分构成。三者的结合将交互白板变成一个超大的计算机屏幕。电子白板与计算机连接后,教师用手指、教鞭或特制书写工具代替鼠标和键盘,轻松地进行计算机操作、课件演示播放,将教师从讲桌计算机附近解放出来;可代替黑板和粉笔进行书写绘画,相当于传统教学中的板书,并且电子白板软件可提供大量的绘图工具、图形单元,教师课堂板画更加方便快捷,使多媒体教学与传统教学高效整合;教师可对屏幕上的板书、播放的课件等进行实时标注,增强演示和讲解的生动性、灵活性和有效性;电子白板上显示的内容、课堂上的书写、绘制、标注等内容可同时输入到计算机中,录制为文件,保存教师课堂教学的过程并可复制。交互白板非常适合教学、培训等使用。

交互式电子白板具有如下优点。

(1) 使用交互白板容易对材料展示过程进行控制，教师不必到主控台前操作，就可控制演示材料的播放，这使课堂中教师的身体语言得以充分发挥，也避免了课堂上由于教师往返于黑板与主控台间分散学生注意力的问题。

(2) 使用交互白板技术能及时、方便、灵活地引入多种类型的数字化信息资源，并可对多媒体材料进行灵活的编辑组织、展示和控制，它使数字化资源的展示更灵活，也解决了过去多媒体投影系统环境下，使用课件和幻灯讲稿教学材料结构高度固化的问题。

(3) 板书内容可以被存储下来。写画在白板上的任何文字、图形或插入的任何图片都可以被保存至硬盘或移动存储设备中，供下节课、下学年或在其他班级使用，或与其他教师共享；也可以电子格式打印或以印刷品方式分发给学生，供其课后温习或作为复习资料使用。

(4) 交互白板技术使以前色彩单调、静态展示材料类型仅限于手写文字和手绘图形的黑板变得五彩缤纷，既可如以往一样自由板书，又可展示、编辑数字化的图片、视频，这将有利于提高学生的学习兴趣，保持其注意力。

(5) 交互白板使教师对计算机的操作透明化，使学生可以清楚地看到教师是如何对软件进行操作的，如单击了哪个按钮或选择了哪个菜单，这对计算机软件应用的学习十分有意义。

(6) 随着交互白板技术的发展，教学过程中对计算机的访问更加方便，白板系统可与网络、其他计算机应用程序互补，促使师生共同运用计算机作为认知和探索发现的工具，这必将构建学生新的认识和解决问题的思维方式。

(7) 由于使用交互白板仍然可以像传统黑板一样自由板书，部分年龄较大、计算机技能较差的老教师稍加尝试就可应用白板的基本功能进行教学，易于克服畏难心理。

从原则上来说，交互白板对配套的投影机没有特殊要求，但配置时最好选择短焦镜头(广角镜头)的投影机，这种投影机投影距离短，可吊挂在尽量靠近白板顶部的天花板上，减少教师操作白板时对投影光线的遮挡现象，目前也有白板厂家在白板上增加支架，生产、销售将配套投影机固定在白板前端的一体化产品。

5) 视频展示台

视频展示台是一种随着视频技术发展而出现的视觉媒体。它本身不具备投影功能，但将它与大屏幕投影机或大屏幕电视机相接，可十分方便地将文字资料、图片、讲稿、实物等材料的影像清晰、逼真地投射到银幕上。

视频展示台的基本构造如图 4-7 所示，主要由摄像头、照明光源、信号连接端口、控制部分等结构组成。

① 摄像头：摄像头的作用是将载物台上物体的影像转换成电信号，通过输出端口传输给投影机或电视机。

② 照明光源：照明光源的作用是照亮被摄对象。通常有两种光源，一种是在机箱外的直射光源，主要用于照亮非透明的物体，如书刊、照片、实物等；另一种是在机箱内部的透射光源，它适用于照射透明材料，如投影片、幻灯片、玻璃器皿等。这两种光源通常不能同时使用。

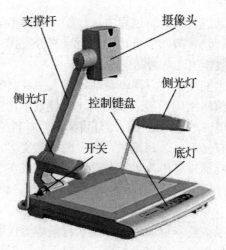

图 4-7 视频展示台

③ 信号连接端口：信号连接端口分输入、输出两部分。信号输入、输出端会因型号不同而有所区别，常见的通常有"视/音频"端子、S 端子、VGA 端子等。

④ 控制部分：操作控制按钮主要有光源选择、输入选择、调焦、正负片切换等。

6) 中央控制设备

中央控制设备简称中控器，可以完成对多媒体教室中设备电源、信号切换、音量控制和电动窗帘等进行集中控制。配置中央控制器可以方便教师操作设备，但它同时又成为多媒体教室的控制中心和信号交换的枢纽，其质量、可靠性和稳定性会直接影响多媒体教室的使用效果，因此在该设备的选配上需要慎重考虑。系统必须稳定可靠，且信号损失小。安装控制系统的目的是简化操作，让教师能轻松自如地控制各种设备，因此选择时必须考虑系统操作的直观性、简便性和人性化。一般简易的多媒体教室，可不配置中央控制设备。

近年来，具有网络化管理功能的中控系统逐渐在学校多媒体教室中使用。这类系统的管理员可以在远程通过网络对教室设备进行管理、软件维护，还有的具有教务管理功能，教师按课程表凭卡开机，有的还整合了教室摄像监控功能等。

7) 投影屏幕

多媒体教室中使用的投影屏幕主要有三种，它们在图像亮度、图像对比度、观看有效视角范围方面有很大差别，各有所长。

(1) 白布基屏幕，它的反射率与白色墙面差不多，投影到屏幕上的图像亮度低、对比度差，但是它的视角范围大，可大于 120°，在中心区域观看与边缘观看，视觉差不明显。

(2) 金属屏幕，它的反射率高，投影到屏幕上的图像亮、对比度强，但是它视角范围小，只能达到 90°左右，正对着屏幕的图像亮，越偏离屏幕中心的图像亮度越低。另外，它的基色不白，偏银灰色。

(3) 玻璃微珠屏幕，属于漫反射银幕，它的反射率、屏幕的视角范围在白基布与金属膜之间，投影到屏幕上的图像受到教室环境照度的影响，适当地调节教室环境照度，既可

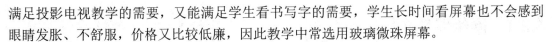

满足投影电视教学的需要，又能满足学生看书写字的需要，学生长时间看屏幕也不会感到眼睛发胀、不舒服，价格又比较低廉，因此教学中常选用玻璃微珠屏幕。

8) 其他设备

多媒体教室应该配置音响设备，小教室可使用有源小音箱，配合多媒体计算机播放多媒体课件及其他设备的声音，座位数多的多媒体教室应配置扩音系统，同时配置领夹式无线话筒，解决教师声音扩音问题。

另外，由于教学内容、教学软件不同，教师要求使用不同的设备，有时用多媒体计算机，有时播放教学视频，有时还会举行学术会议。视频展示台与大屏幕投影机组合在一定程度上可以取代投影等常规设备，但是，在实际使用效果上并不能完全替代。常规电教设备在图像亮度、图像分辨率、清晰度等方面都还具有自己的优势。因此，应该根据多媒体教室的实际用途考虑是否配置投影、录像等常用电教设备。

3. 多媒体教室的管理与使用

多媒体教室设备数量较多，而且设备昂贵，为了保证教学活动的正常开展，应做到以下几点。

(1) 各种设备的放置和连接应相对固定，不要经常搬动，大屏幕投影机应采用吊顶式安装。指导教师必须正确使用多媒体设备，教育学生爱护各种设施，保持教室环境卫生，保证各种设备的完好且能正常运行，以及课堂教学的顺利进行。

(2) 有专人管理，及时检查、处理、解决在多媒体计算机教学过程中出现的问题。

(3) 有详细的操作规程，如果有必要，对新使用多媒体教室的教师应进行培训。多媒体教室中的一些设备对操作有严格要求，如多媒体计算机、大屏幕投影机等。大屏幕投影机一般采用遥控开关，特别是关机操作，必须先用遥控器关机，等散热完毕后方可关闭电源。显示器开机时冲击较大，最好先打开它。

(4) 多媒体教室的使用在同样的单位时间内，加大了教学内容，促进了信息量的传播，学生要接受的课程内容和信息量比过去增加近一倍，有时来不及理解消化。因此，教师使用多媒体计算机教学，应该合理控制教学进度。在教学中屏幕内容切换不能太快，各信号源间的切换不宜频繁，并通过电子教鞭、鼠标指针等引导学生观看屏幕的重点、难点内容。

(5) 大屏幕投影机投射到屏幕上的文字不能太小，字数不要太多，合理选用底色和文字颜色，尽量使黑白反差和色差大一些。另外，图形、表格不宜过小或过于复杂。

(6) 教师使用多媒体教室后应填写使用情况登记表，及时反馈使用情况。

4.2 网络在教学中的应用

随着计算机技术和 Internet 网络技术的发展，利用强大的网络功能为教学服务越来越受到教师的欢迎。教师利用网络进行教学的常用方法有网络课件、网上讨论、作业上交、流媒体教学等。

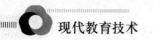

4.2.1 网络课件

1. PowerPoint 课件

PowerPoint 是一款功能强大的用于制作多媒体演示文稿的优秀软件。使用 PowerPoint 制作的课件可以发布成网页，然后放置到 Web 服务器上供学生观看使用，具体操作如下。

(1) 打开要发布的演示文稿，选择"文件"→"另存为网页"命令；输入网页的名称(输入英文文件名)；设置网页的标题。

(2) 单击"发布"按钮，在打开的对话框中根据需要进行设置，最后单击"发布"按钮即可。

发布成功后，会在指定目录下生成一个网页文件和一个文件夹，将文件和文件夹上传到 Web 服务器，学生就可以通过浏览器打开观看课件。

2. Authorware 课件

Authorware 是一个优秀的多媒体软件制作系统，其开发的多媒体课件具有较强的交互性。Authorware 具有 Web 打包功能，可将课件打包之后放在 Web 服务器上供学生使用，具体步骤如下。

(1) 在 Authorware 中选择"文件"→"发布"→"发布设置"命令，在打开的对话框的"格式"选项卡中设置 Web 页保存的路径等内容。

(2) 单击"发布"按钮就可在指定的路径下生成文件夹 Published Files，在该文件夹内有一个 Web 文件夹，里面包含发布成网页后的所有文件；学生在网页中观看 Web 文件必须正确安装 Authorware Web Player，该软件可在 Macromedia 公司官网免费下载，但是该文件较大，学生下载要花大量时间，为了节约学生的时间，可先将该文件放置在 Web 文件夹中，并修改 Web 打包后生成的网页文件，将文件中的代码"codebase="http://download.macromedia.com/pub/shockwave/cabs/authorware/awswax70.cab#version=7,0,0,69""，修改成"codebase=" awswax70.cab""。然后将 Web 文件夹放置到 Web 服务器上，学生就可以通过浏览器观看使用课件了。

3. Flash 课件

Flash 是一款动画编辑软件，用 Flash 制作的课件生动、表现力强，具有简单的交互功能，用 Flash 制作的课件保存成 swf 文件后可以直接放置到 Web 服务器中供学生使用。

4.2.2 网上讨论

通过建立网上辅导站、使用 QQ、E-mail、BBS 论坛、博客等方法进行师生之间的讨论，可弥补在传统课堂教学中辅导答疑时间不足的问题。

1. 建立网上辅导站

通过使用类似于网络论坛的方式，教师可建立网上辅导站。通过辅导站，学生与教师或学生与学生之间可展开讨论，教师还可在辅导站中布置作业，放置上课使用的课件及需要学生阅读的材料。

建立网上辅导站要使用动态网页的制作方法，这需要我们选择一门动态语言进行制作，常用的动态语言有 ASP.NET、PHP、JSP 等。论坛代码编写过程中要考虑安全性，登录论坛及在论坛中的每一步操作都要经过身份验证，并且记录下使用者登录的时间、IP 地址等内容，以便日后查证。

2. 利用 QQ 进行讨论

QQ 是一个即时通信(IM)工具，可以传输文本信息、图像、视频、音频及电子邮件。师生之间利用 QQ 交流具有很好的即时性，学生与教师可进行长时间细致的讨论，也是网络在教学中的一种应用。用户可以使用 QQ 和好友进行交流，信息即时发送和接收，语音视频面对面聊天，功能非常全面。此外，QQ 还具有与手机聊天、聊天室、点对点断点续传传输文件、共享文件、QQ 邮箱、备忘录、网络收藏夹、发送贺卡等功能。QQ 不仅是简单的即时通信软件，它还与全国多家寻呼台、移动通信公司合作，实现传统的无线寻呼网、GSM 移动电话的短消息互联，是国内最流行、功能最强的即时通信软件。

使用 QQ 还有一个非常实用的功能，就是建立"群"，创建了"群"，教师和学生之间就可进行讨论，教师还可发布公告等，建立 QQ 群的具体步骤如下。

(1) 在"群聊"中单击向下箭头，在弹出的下拉菜单中选择"创建一个群"命令，根据向导选择群类别，填写你的群组名称、公告，设置群组成员。

(2) 在已建立的群中可以建立特色讨论组发布群公告等。

3. 利用 E-mail 进行讨论

E-mail 是 Internet 中的一个重要工具，教学中可使用 E-mail 进行讨论，学生有什么问题、建议等，都可通过 E-mail 发送给教师，而教师也可将对问题的答复、作业的布置等通过 E-mail 发送给学生。E-mail 系统的功能通常包括以下几方面。

(1) 收发电子邮件。邮件可以发文本信息邮寄，也可通过添加附件的形式上传各种类型的文件，如文档、图片、视频等。但由于受到不同 E-mail 服务提供商的限制，不少 E-mail 系统中对附件的大小和数量有所限制。

(2) 电子邮件具有群发功能，即可以将一封电子邮件发送给多人。

(3) 电子邮件方便转发和回复，回复时能自动附上接收到的原始信件，例如 QQ 邮件回复。

(4) 电子邮件具有存储功能，电子邮件中发送的附件资料，能够在一定期限内保存在电子信箱所在的网络空间中，使资料不受时间和地点的限制，实现文件的备份和共享。

用户目前比较常用的电子邮箱包括 QQ、新浪、搜狐、163 和 126 邮箱等，登录邮箱服务供应商官方网站可以免费注册并长久使用。

4. BBS 论坛

BBS(Bulletin Board System，电子公告板)是为人们提供的以文字界面为主的交流空间，与论坛具有相似性。像日常生活中的黑板报一样，BBS 按不同的主题分成很多个布告栏，布告栏的设立是以大多数 BBS 使用者的要求和喜好为依据的，向所有人免费开放。使用者可以阅读他人关于某个主题的看法，也可以将自己的想法贴到公告栏中，往往能很快得到对自己观点的回应。还可以将想说的话直接发到 BBS 注册用户的电子信箱中。如果想与在线的某个用户聊天，可以启动聊天程序加入聊天的行列。在 BBS 里，交流打破了空间、时间的限制，与他人进行交往时无须考虑自身的年龄、学历、知识、社会地位、财富、外貌、健康状况等，而这些往往是人们在其他交流形式中无法回避的。参与 BBS 的人能以平等的地位与其他人进行问题的探讨。

5. 博客(Blog)

Blog，俗称"博客"，是 Weblog 的简称。Weblog 是 Web 和 Log 的组合词。Web 指 World Wide Web；Log 原意是"航海日志"，后指任何类型的流水记录。Weblog 是在网络上的一种流水记录形式，所以也称为"网络日志"，简称"网志"。

博客的网页主体内容由不断更新的、个性化的众多"帖子"组成，众多"帖子"按时间倒序方式排列，其主题、外观布局和写作风格各异，但内容必须以"超链接"作为重要的表达方式。博客可以让人们自由地表达观点，进行深度沟通交流，并且具有知识过滤与积累的作用，是个性化的知识仓库。

博客和 BBS 在某些功能上非常相似，比如可以就某个话题展开讨论。博客和 BBS 的区别又是明显的：从使用范围看，BBS 是一个由很多人聚在一起自由交流的公众场所，而群组型 Blog 则是多个用户为了共同的目标而聚集在一起研究和探讨问题的场所，个人 Blog 则是个人的网络日记本，随着知识与思想的积淀，Blog 可以当作个人的知识管理系统；从网络文化的角度看，BBS 是一个开放的、自由的空间，面向的是一个较松散的群组，是服务于公众的，而 Blog 则是一个私密性较强的平台，面向的是个人和较小的、具有共同目标的群组，服务于个人和团体，正因为 BBS 与 Blog 的创设理念各不相同，因此拥有各自的生存空间和服务对象；从交流方式看，BBS 允许用户回复，但一般需要注册，用户在某个 BBS 参加讨论的帖子被关闭后，就很难再找到曾经发过的帖子，而 Blog 不需要注册就可以回复，同时无论是在自己的 Blog 写过的东西还是参与其他 Blog 的讨论，都可以保留在自己的 Blog 中，同时通过原始文章可以找到网络上所有关于该文章的讨论，用户可以对这些发言方便地查找和任意处置。

博客已经成为一种继课件、资源库、教育主题网站等信息化教学模式之后，一种新的网络应用模式，它将互联网过去的通信功能、资料功能、交流功能等进一步强化，使其更加个性化、开放化、实时化、全球化，把信息共享发展到资源共享、思想共享、生命历程共享。

把博客作为网络时代课堂教学的延伸和拓展，让数量不限的学习者能够参与到群体学习和交流过程中，能够让教师写下自己的教学心得，并且与周围的人交流、分享，从而在这一过程中进一步提高认识。

通过博客把研究性学习的进度、学生体会、教师指导建议和外界资源链接等放在博客上，便于学生对知识、资源的筛选和管理，并记录学习者所完成的学习任务的全过程，其过程能够反映出学生的整体学习进程和各个学习阶段的发展过程，从而进行过程性评价。

通过博客构建师生的个体自主学习型组织，形成网络虚拟学习社群，如学科教师教学组博客、师生学科组博客、学生探究性兴趣组博客等。

从博客在教育学习领域的发展前景来看，编者认为博客将成为信息时代人们可以终身应用的学习和知识管理工具，它的出现将改变人们被动阅读和只读不写的学习方式。同时利用博客构建学生电子档案袋，进行过程性评价，这将改变我们对学生学习状况的评价方式。

4.2.3 作业上交

1. 利用 FTP 服务器上交作业

FTP 服务是通过网络进行文件传送的服务。在教学中，教师可要求学生将作业上传至 FTP 服务器，教师可通过 FTP 服务器下载并检查学生的作业情况，教师还可将教学资源放置在 FTP 服务器中供学生下载使用。

在教学应用过程中，教师根据班级使用情况为每个班级创建一个用户，设置该用户只有上传文件的权限，没有删除文件的权限，这样就不会出现学生因误操作而删除其他同学作业的情况；再创建一个教师用户，对学生上传的文件拥有所有权限。

2. 利用 E-mail 上交作业

E-mail 除了能够和教师进行讨论之外，还可以将作业上交，利用 E-mail 的附件功能，学生可以把作业发送至教师的邮箱，教师必须注意自己的邮箱能够接收附件的大小及邮箱容量，如果学生要交的作业容量大，最好还是通过 FTP 服务器上交。

4.2.4 流媒体教学

1. 流媒体课件点播

通过将教师的教学过程、课件使用等进行录像，学习者通过网络随时可点播教师的课程进行自主学习，并且可以控制开始、暂停、前进和后退等，播放过程不仅可以根据其兴趣爱好和实际需要选择重点学习内容，也可以根据自身实际情况安排学习进度，与传统授课方式相比，学习者的学习更加灵活、自由。

2. 实时同步授课

基于流媒体技术的实时授课也是网络在教学中的一种重要应用形式，它借助网络将教师现场授课的语音、数据、图像等以流的方式实时地传送到远端教室或学生的桌面系统，这样不在现场的学生就可以同正在听课的学生一样听老师授课。这样既能实现教学资源的共享，又能获得较好的教学效果，也是解决学校热门课程师资紧缺的重要手段。

3. 建立交互式协作学习环境

利用流媒体系统的音视频交互功能，不同地点的教师、学习者可以通过终端的摄像头、麦克风进行交流、讨论等活动，进行协作式学习。

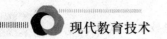
现代教育技术

4.3 网络教学机房

学校的网络教学机房就是由几十甚至上百台联网计算机组成的计算机实验室，是学校进行信息技术理论知识和实践性环节教学的重要场所。

4.3.1 网络教学机房的基本功能

网络教学机房有如下一些基本功能。

(1) 供学习计算机相关课程的学生实习上机操作。如计算机文化基础课程、程序设计课程、多媒体课件制作课程和各种模拟实验课等。

(2) 提供使用各种网络服务和应用的平台。如远程网络教学、教务管理、电子图书馆、信息浏览查询、无纸化考试等众多网络服务和应用。

(3) 开展交互式多媒体教学。在安装了网络电子教室软件之后，教师可以实现多种方式的交互式多媒体课堂教学。

(4) 通过机房管理系统，可以实现按教学安排自动化管理机房的功能。统一建设和管理学校的网络教学机房，可以提高设备的利用率，提高管理效率，发挥更大的综合效益。

4.3.2 网络教学机房的组成

网络教学机房由布置安放在专用房间中的众多计算机和连接这些计算机的网络布线系统及交换机等组成，主要包括以下各部分。

(1) 计算机。最好选择同一型号规格的机器，特别是选择带有硬盘保护和网络复制功能的专为学校机房设计的机器，便于今后维护管理。

(2) 交换机。应使用 100 Mbps 或 1000 Mbps 的以太网交换机，不建议使用集线器，因其网络传输速度太慢。交换机多为 24 口的，所以一个机房要有多台交换机，交换机可集中放置，这样管理维护方便，但双绞线使用量大，为减少布线量，也可分散靠近计算机放置，多台交换机要正确级联到上一级交换机，不可形成环路。

(3) 布线系统。使用超五类以上双绞线，用星形拓扑将计算机连接到交换机。电源线和网络线的布放应在房间土建和装修时就予以考虑，尽量做到规范、美观和便于管理。

(4) 服务器。如需要可设置服务器，将其放置在网络教学机房内，或者放置在校园网的中心机房内，对于使用范围大和重要的服务器，应放置在中心机房内，这样既有好的使用环境，也便于管理。

(5) 软件系统。目前一般使用 Windows 7 或者 Windows 10 操作系统，主要包括一些常用软件和教学所需的各种应用软件，还有电子教室软件和机房管理系统。

4.3.3 网络教学机房的维护和使用

1. 网络教学机房的软件维护

1) 网络教学机房操作系统的安装部署

网络教学机房要便于快速安装部署软件系统，即安装设置好一台机器的软件系统后，通过网络复制功能将系统复制安装到机房的其他所有机器上，安装完成之后机器应自动更改 IP 地址、机器名等相关参数，这样才能大大提高网络教学机房的管理维护效率。所以网络教学机房配置时最好选择同一型号规格的机器，特别是选择带有硬盘保护和网络复制功能的机器，这样便于今后的维护管理。

下面以联想电脑硬盘保护系统为例，介绍网络教学机房操作系统的安装部署流程。

(1) 硬盘分区。联想电脑硬盘保护系统能在一台计算机上安装多个操作系统，各操作系统相互独立，这样就可为学校的不同应用提供多种选择，图 4-8 所示为联想电脑硬盘保护系统分区实例。

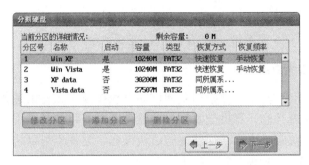

图 4-8　联想电脑硬盘保护系统分区示意图

(2) 网络复制。联想电脑硬盘保护系统能将任意一台计算机分区数据通过网络复制功能复制到多台同一种型号的联想电脑中。图 4-9 所示为联想电脑硬盘保护系统网络复制界面。

图 4-9　联想电脑硬盘保护系统网络复制界面

2) 网络教学机房软件系统的维护

网络教学机房由于使用频繁，使用对象众多且目的各异，所以必须对机器的软件系统进行有效的保护，避免错误操作、故意破坏和计算机病毒的危害，从而保证机器的完好率和使用效率，减少维护的工作量。

对系统的保护可以通过配置硬件和软件的方法实现，硬件保护是在计算机上安装硬件还原卡，软件还原只需安装还原软件即可达到软件保护的目的，比如：还原精灵、冰点等还原软件。一般来说，各大计算机厂家都为其生产的计算机专门设计了保护系统，效果都比较好。

联想电脑硬盘保护系统可方便地设置硬盘分区的保护方式，图 4-10 所示是联想电脑硬盘保护系统分区保护方式的实例图。

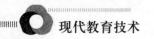

图 4-10　硬盘保护系统分区保护方式实例图

2. 网络教学机房的使用

网络教学机房提供学校和计算机相关课程的上机操作，在使用过程中教师一般要求安装一款能够控制机房内其他计算机的软件，该软件要具有将教师所用计算机的操作过程同步到其他计算机上的功能，这样教师就能边讲边操作，学生也可以边看边操作。为实现这个目的，可以在机房内安装电子教室软件。

1) 电子教室软件简介

电子教室软件是指安装在网络教学机房中的软件系统，该系统能实现教师用机对机房内其他计算机进行广播教学、语音教学、学生演示广播、监控转播、网络影院、文件分发、电子教鞭等功能，是网络教学机房中不可缺少的教学辅助系统。

电子教室系统有硬件版和软件版之分，硬件版的网络电子教室系统投资大、安装维护困难、图像传输有重影和水波纹、线路传输距离有限，随着计算机性能和网络性能的提高，软件版电子教室系统克服了广播效率低、语音延迟大、操作复杂、稳定性兼容性差等方面的不足，是目前应用较广泛的网络电子教室系统。常见的电子教室软件系统有天寓、极域、联想、凌波等。

2) 电子教室软件主要功能介绍

电子教室软件由教师端软件和学生端软件组成，教师端软件主要有以下功能。

(1) 广播教学：教师可以把自己的屏幕画面传送给全体或部分学生，学生可边看演示边操作，支持鼠标指针广播，即在窗口模式下教师鼠标与学生鼠标都能体现，广播方式有全屏广播、区域广播，学生可使用窗口模式接收教师全屏广播。

(2) 语音教学：教师可将自己的讲话或其他声音通过话筒和耳机传给学生，主要用于教师课堂讲解，可以实现真正软件控制的多向双工语音传输。

(3) 屏幕监看学生：教师不用离开自己的座位即可在自己的计算机上观看到每个学生对计算机的操作情况，支持多屏同步实时监看，可对单一、部分或全体学生进行监看。

(4) 远程控制学生机：教师可以远程重启或关闭部分或全体学生的计算机，可以遥控单一、部分或全体学生计算机的键盘与鼠标操作，教师可以对学生机进行黑屏，锁定学生的计算机，让学生安心听教师授课。

(5) 网络影院：将教师用机上播放的图像和声音传送到每一台学生机上，先进的多媒体数据压缩和传输技术，可以实现 VCD、MP3 等流畅播放，支持无声卡、有声卡混合环

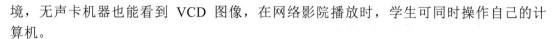

境，无声卡机器也能看到 VCD 图像，在网络影院播放时，学生可同时操作自己的计算机。

(6) 分组教学：教师进入分组教学状态后，各组长机器上自动出现组长操作界面，组长可实现对本组学生的广播、监看、联机讨论、网络画板、电子抢答等十多项教学功能，实现真正的分组教学。

4.4 微格教学系统

4.4.1 微格教学概述

微格教学(Microteaching)是指借助电影电视摄/录像设备培养学生某种技能的教学方法。由于该方法一般是在小教室中对学生的某种技能进行培训，培训时间短，规模小，故称为微格教学或微型化教学，又被译为"微型教学"或"小型教学"等。

微格教学自 1963 年在美国斯坦福大学诞生后，便得到了迅速推广，尤其受到各国师范教育界的重视。微格教学是理论与实践相结合、利用现代教育技术系统训练师范生和在职教师掌握教学技能的方法。在欧美，微格教学已成为教师培训的基本课程。微格教学的主要特点是作为一种小型的简化教学技能的训练，以现代视听技术为基础，由少数学习者组成"微型课堂"（5~8 人），以真实的学生或受训者充当"学生"，使课堂微型化。利用 5~20 分钟的时间训练某一两项教学技能，利用视听设备将教学过程记录下来，进行反馈评价，可以自我评价也可以他人评价。

微格教学具有如下优越性。

(1) 集中性。微格教学可让受训者在规定的时间内，集中练习一两项特定的教学技能，而且可以把教学技能的细节加以"放大"，反复练习，细致观察，可以进行深刻的研究和批判性的讨论。在训练过程中，无须同时兼顾其他技能和方法，这样就可把精力集中放在重点上。

(2) 简单性。由于时间短，学生人数少，并且只集中练习其中一两项技能，所以可以随时进行练习，同时教学环境及条件也容易得到有效控制。

(3) 反馈性。比较全面、准确、清晰、及时的反馈功能是微格教学的一大优势。因为采用录像和录音等手段，微格教学一旦结束，可以立即将所记录的教学情况进行回放。录像设备具有暂停、慢放、重放等功能，可以细致观察和分析受训者的教学情况和学生的反馈，便于作出客观评价。由于采用了内容科学、项目详细的评价表，并利用计算机作为统计工具，因此能够做到量化分析和处理，使教学评价更具科学性、直观性和快速性。受训者自己可以作为第三者来观察自己的教学活动，以收到旁观者的客观效果，即所谓"照镜效应"。

(4) 创新性。根据反馈和分析，加上受训者的想象力，可重新修改教学方法，更好地运用教学技能。因此，微格教学为受训者提供了创新的机会。

(5) 安全性。用微格教学比用其他的传统方式更安全。受训者如果教学失败，对学生没有任何消极影响，相反，还能从学生方面得到有益的帮助。其次，受训者的心理压力较小，可以增强他们的自信心。

4.4.2 微格教学系统的构成

微格教学系统一般由一间或多间微格教室、控制系统、观摩室几个部分构成，如图 4-11 所示。

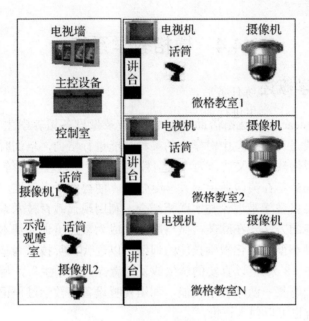

图 4-11 微格教学系统的构成

1. 微格教室

微格教室是开展模拟训练的场所，是缩小的课堂教学教室，配置了进行模拟教学的各种教学设备供训练者使用，同时配置了微格教学设备。话筒、摄像机用于拾取模拟教学过程中的画面和声音，摄像机由控制室进行控制；电视机用于重放已录信息，供教师同步评价分析。

2. 控制室

控制室配置有摄/录像控制系统、监视系统、电视特技切换设备、调音台、实时编辑系统、录制系统、信号切换分配系统等设备。可以控制任一微格教室中的摄像机云台和镜头，可以监视和监听任一微格教室的图像和声音，可随时暂停在某一个微格教室并与之进行电视讲话，向微格教室播放教学录像与电视节目；可以把某个微格教室的情况转播给其他的微格教室，进行观摩示范；可以录制部分或全部微格教室的教学实况供课后讲评等。

3. 观摩室

观摩室主要用于教师现场评述，或让较多学生同时观摩和分析，也可以作为班级教学实况摄像的场所。观摩室内的教学设备按普通教室或多媒体教室配置。配置电视机，把控制室处理后的信号送到电视机上，实时播放教学训练情况，供指导教师现场评述，让较多学生观摩分析。室内一般配置两台摄像机，一台放置在教室讲台前侧拍摄学生，另一台放置在教室的后面，用于拍摄教师评述现场，或用于课堂实况拍摄，亦可只配置单机，采用单机拍摄。

4.4.3 微格教学系统的功能

1. 训练教学技能

教师教学的基本技能包括导入教学技能、讲解教学技能、板书板画教学技能、媒体演示操作教学技能、提问教学技能、反馈强化教学技能、归纳总结教学技能、课堂组织教学技能等。指导教师布置好训练任务后，可将受训者分组，让他们到各微格教室扮演各自的角色，或模拟教师或模拟学生进行训练，时间一般为 5~20 分钟。在训练过程中，指导教师在控制室可以进行全面监控，包括界面的切换、对教学现场的指导、与受训者的实时互动、录制等。

2. 示范观摩功能

教学观摩是教师们进行教学经验、教学技巧交流的有效方式，或组织学生观看优秀教师课堂教学录像，为受训学生或教师提供示范。同时在引领教学、促进教师及师范生成长等方面发挥着巨大作用。在微格教学训练中，为受训者提供多种不同风格的教学示范，再辅以对各种教学技能的详细说明与展示，可使受训者获得直观的感受和认识，模仿、学习并掌握多种教学技能。

3. 反馈评价功能

教学训练结束后，通过重播自己训练的录像，肯定成绩，分析问题，进行自我纠正和评价。同组训练的同学通过听课、一起观看重播录像，可对受训者的模拟教学情况进行讨论、分析和评价，指出值得学习的地方与不足之处。

此外，指导老师也要对模拟教学情况进行全面分析、评价，提出改进意见。这些评价方式，能及时有效地帮助训练者提高教学技能。

4.4.4 微格教学的实施

经过长期的实践和理论研究，微格教学的基本模式可以确定为"备课—授课—反馈—再授课"，它的具体步骤包括以下几部分。

1. 确定训练目标

训练目标即最终要获得的学习结果，包括对各项教学技能原理的认识，各项教学技能的操作程序和执行要求的掌握。训练目标是训练活动的出发点，制约着训练方向，并为评价训练提供行为标准。根据不同的教学环节和不同的教学内容，列出需要训练的教学技能，并将其具体化，再列出更细致的学习目标。

2. 学习和研究教学理论与教学技能

微格教学是在现代教育理论的指导下进行的实践活动。在实际训练之前应学习相关理论,主要内容有教学设计、教材分析、课堂教学观察记录的方法以及教学评价方法等。在每项教学技能训练前,更应学习具体的教学技能,只有对具体的技能进行充分的理论学习和研究,才能在实际训练中收到理想的效果。

3. 提供示范

在正式训练之前,为了使受训者了解规范的教学行为,明确训练目的和要求,通常是以观摩录像或现场听课的方式提供示范。示范的内容可以是一节课的全过程,也可以是课堂教学片段;可以是正例,也可以是反例,两种示范可以对照使用,一般以正例为主。使用录像示范如需要有必要的说明,可在录像带的包装上加上文字说明,也可在播放录像时由指导教师进行现场说明。

4. 编写教案

根据教学目标进行教学设计之后,应写出详细的教案。微格教学的教案不同于一般教案,它应该详细说明教师的教学行为、学生的学习行为以及使用的教学技能、时间分配、所用教学媒体等,使受训者更规范、有效地掌握教学技能。

5. 微格教学实践

(1) 组成微格课堂。微格课堂由受训者、受训者的同学、指导教师和摄像人员(一般由受训者的同学担任)组成。指导教师和受训者的同学既是"学生",又是评价人员。

(2) 教学实践。受训者针对一段教学内容,实践一两项教学技能。在讲课之前,受训者应作一个简短说明,明确所要训练的教学技能、教学内容、教学目标以及教学设计方案。

(3) 现场记录。利用视听设备把教学实践过程记录下来,以便能及时准确地进行反馈。如果设备条件不允许,可由指导教师和同学用文字形式记录下来,但它不如录像记录全面、准确和真实。

6. 反馈评价

当实践活动完成之后,为了使受训者及时获得反馈信息,教师可以即时在控制室对教学情况进行评价,评价的画面和声音可广播到任何一间微格教室,也可在整个实践过程中随时和各微格教室进行双向可视对话,还可回放录像,大家一起观看,以便进一步观察受训者的教学情况。之后,受训者进行自我评价,检查是否实现了自己所设定的目标。在此基础上,大家进行讨论评价,要客观地评价受训者的教学实践过程,指出存在的问题,提出努力的方向。对评价结果的处理,一般有两种方法:一种是根据目标和各种教学技能的指标编制评价表,明确评价内容和标准,对受训者的教学行为进行评价;另一种是将评价项目的结果输入计算机加以处理,画出评价曲线,得出评价结果。

7. 修改方案

受训者根据自我评价和讨论评价或计算机处理得出的结果,对所存在的问题进行修正,并重新编写教学方案,使教学技能的运用不断得到提高和完善。

8. 再实践

已经达到基本要求的受训者可以进入另一教学技能的学习，未达到要求的受训者需要重新进行教学设计，经过修改和补充，进行第二次教学技能练习。

4.4.5 数字化微格教学系统

随着信息技术的发展，数字化的微格教学系统应运而生，它是一个集微格教学、多媒体编辑、影视音像制作、多媒体存储、视频点播和数字化现场直播为一体的数字化网络系统。在这里，观摩和评价系统均采用计算机设备，并通过交换机连接校园网或 Internet。信息记录方式采用硬盘存储或视频服务器，人们可以随时随地通过网络或光盘进行点播、测评与观摩。

1. 系统构成及工作原理

数字化微格教学系统是基于网络和多媒体计算机技术，真正实现了数字化、网络化的教学系统。该系统由一个控制室和多个微格教室组成，如图 4-12 所示。

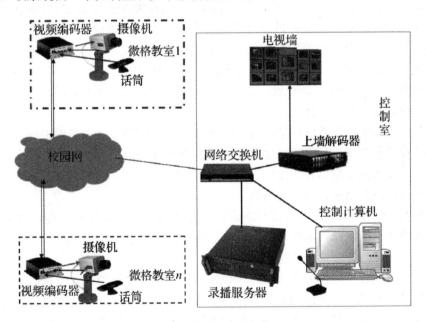

图 4-12 数字化微格教学系统基本结构

微格教室配置普通教室设备、多媒体计算机、中控系统，还配置可远程控制的摄像机。每台摄像机配置一台视频编码器，将摄像机输出的模拟视频信号转换为数字视频信号，然后进入校园网络。配置拾音器拾取教室中的声音，送入视频编码器。控制室配置有系统控制设备、电视墙、录播、点播服务器等。系统控制设备可操控云台转动，控制摄像机镜头的推拉、调焦等，可进行画面切换、信号切换等。此外，控制室中还可配置录播服务器，进行教学录制、直播、点播等。

工作原理：微格教室中的摄像机拍摄现场图像，拾音器(话筒)拾取现场声音，VGA 采集设备采集多媒体计算机显示信号，三种信号经过视频编码器将模拟信号转换为数字信号，通过网络传送到控制室的录播服务器和电视墙；视频录播服务器将每间教室的实时视音频信号进行相关处理后，广播到网络上，各终端计算机可以通过专用客户端软件或IE浏览器收看直播和点播。系统可对终端授予不同的权限，如普通用户可收看直播和点播，指导教师还可进行部分控制操作和下载操作等功能，管理员可以在控制室或网络中的任何一台计算机上进行系统操作和控制微格教室的摄像机等。

数字化微格教学系统基于网络架构，所有信号通过网络传输，布局灵活、扩展方便。系统不受地理位置限制，各微格教室可以集中建设，也可以分散在校园的不同教学区域。在联网的多媒体教室、教研室等计算机上可现场收看直播，或随时进行点播、测评与观摩。

2. 功能及使用

数字微格教学系统除了具备一般的微格教学系统的功能外，还具备以下几项功能。

1) 教学现场录制功能

可将受训者授课、板书、教态、语言、多媒体计算机屏幕、视频与音频信号同步进行组合，实现将视频、音频、VGA信息同屏多画面、同步实时录制成流媒体课件，保存到系统的视频服务器，并能对录制好的课件添加索引和目录，对讲课教师、课程名称、系(院)等信息进行编码，方便课后检索和查找。每间微格教室可独立进行教学现场的录制并存储到系统的视频服务器上。在录制前，各参数(包括视音频格式、帧率、码流；VGA的分辨率配置、帧率、码流等)可灵活设置，并可监看录制效果，操作方便灵活。

2) 流媒体课件制作功能

可以将微格教室内的教学情景，以一路视频、一路VGA、一路音频的同屏多画面显示方式录制流媒体视频课件，并进行编辑处理后保存到视频点播服务器上，师生可单独点播学习，也可以插入到多媒体教学课件或网络课件中使用。

3) 网络现场直播和视频点播功能

校园网内的任何计算机，通过网络连接到服务器，既可以收看直播，也可以视频点播，还可以将其下载存储到本机，供全校师生随时随地进行学习。

4) 监视、控制教学进程功能

在控制室，配置了监视的电视墙，可以同时同步实时监听监视各微格教室教学现场的主画面，以及正在录制中的流媒体课件画面。控制室或授权计算机上可以分别对每间微格教室的摄像机进行远程控制，包括摄像机的上下左右控制、镜头远近的推拉等，还可以对各微格教室的相关设备进行控制，包括设备启动、停止的控制，计算机显示画面和操作的控制等。

4.5 校园计算机网络

4.5.1 校园网概述

一般认为，校园网是一种在大、中、小学利用现代网络技术、多媒体技术，与因特网连接，为学校学习活动、教学活动、科研活动和管理活动服务的校园内的局域网络环境。

校园生活的核心是学习活动，校园生活的主体应该是学生与教师，网络的基本技术特点是开放、交互与共享，它的主要功能是促进学生主动学习，实现资源的交流与共享。因此，校园网络环境必须基于互联网应用。

校园网是一种基于互联网应用的，集相关软件系统和硬件设备于一体，以为学校师生提供教育教学服务为核心，兼顾科研、教育教学管理、办公管理等的计算机局域网络系统。

校园网是学校办学的一种重要基础设施，是学校师生、科研和管理人员所依托的重要资源，许多地区和学校也把建设校园网视为学校办学条件现代化的标志。

校园网可为学校教育提供资源共享、信息交流和协同工作的平台和环境，通过校园网，学校师生、科研和管理人员可实现办公自动化、多媒体计算机辅助教学、资源共享及信息交流，开展远程教学。校园网是沟通校园内部网络和外部因特网的桥梁，通过校园网可以接入外部广域网，与外校、外地甚至国外学校进行信息交流和沟通，为学校的教学与管理创造更有利的条件。

校园网的建设极大地满足了个人、家庭、学校与社会对教育信息计算机管理和教育信息服务的要求，也在很大程度上满足了现代教育教学改革的需要。随着在校园网中将计算机引入教学的各个环节，继而引起教学方法、教学手段、教学工具等方面的革新，进一步引发了教学观念、教学思想、教学过程等方面的一系列变革，这对提高教学质量、推动我国教育现代化的发展有着不可估量的作用。毫无疑问，校园网是学校提高管理水平、工作效率和教学质量的有效手段，也是解决信息时代教育发展问题的基本工具之一。

4.5.2 校园网的功能

校园网应为学校的教学过程、管理、日常办公、内外交流等各方面提供全面的和切实的支持。校园网的主要功能模块包括教与学应用系统、行政管理自动化系统、远程教学与通信服务系统三大部分。

1. 教与学应用系统

教与学应用系统包括学习系统、教学资料库、教学演示系统、网上备课系统、题库管理系统、考试与评价系统、图书馆管理系统、电子阅览室、多媒体教学网等模块。

为学校的教育教学服务是校园网的首要功能，师生应当能通过校园网进行备课、教学、查阅资料，进行多媒体教学软件的开发与演示。校园网为学校提供了一个宽带多媒体网络环境，而这个环境最重要的任务就是发挥其一切潜能为学校的教育教学服务，为学校的教书育人服务。只有充分认识并在日常教学中努力做到这一点，校园网才能发挥其应有的作用，才能具备强盛而持久的生命力。

2. 行政管理自动化系统

行政管理自动化包括学校行政事务管理、教务管理、学生管理、教研管理、后勤管理、信息查询及交换和校园一卡通等模块。

建立在校园网基础上的 MIS(管理信息系统)可以为学校在人事、教务、财务、日程安

 现代教育技术

排、后勤管理等方面,提供一个先进的分布式管理系统;并使原有的管理模式从纵向、单通道的,主要依靠个人的经验、判断和决策的简单模式,发展成为现代的、多向的、多通道的、网络状的复杂模式,从而提高管理效率,获得事半功倍的效果。

3. 远程教学与通信服务系统

远程教学与通信服务包括学校主页、电子函件、电子公告、视频会议、远程教学与教育等模块。师生之间以及与主管部门和兄弟学校之间可实现网上互相通信、浏览因特网,甚至进行个别辅导、小组讨论、远程教学等。

4.6 多媒体网络录播系统

4.6.1 多媒体网络录播系统概述

多媒体网络录播系统是在传统电视实况教学录制系统或教学演播系统的基础上发展起来的一种多功能现代化教学系统,又称网络课件实时录播系统、精品课程教学录制系统等。多媒体网络录播系统是音视频技术、多媒体计算机技术、网络技术、流媒体技术等现代新技术综合应用的产物,主要用于学校进行课堂教学的实时录制、生产流媒体教学课件。该系统可以全真再现课堂教学的全过程,满足学校开展课堂教学直播、点播等远程教育、远程观摩和网络教学的需要。系统由一个主控中心和若干个多媒体教室构成,支持来自教师多媒体计算机的 VGA 信号、来自摄像机的视频信号和来自话筒、多媒体、音响设备的多路音频信号的多流信号进行各种方式的组合,将教师的教学讲稿、教学课件、教师授课的教态、授课场景和学生的听课、问答等场景的多路音视频信号进行采集压缩,以标准的流媒体方式在网络中实时录制、编辑、直播、点播和刻录输出,真正实现在网络环境下对优质课程资源的共享。

多媒体网络录播系统既可用于教学,也可用于会议、培训等现场的录制。师生通过网络连接到录播服务器可以同步收看现场直播,进行远程学习和教学观摩。系统在直播过程中,可以进行同步录制,录制好的视频文件作为学校的数字化教学资源存储在视频服务器中,师生只要在连通网络的地方,任何时间均可点播学习。

4.6.2 多媒体网络录播系统的功能及特点

当视频技术应用于教育以后,课堂实况录像随之出现。早期其作用仅限于将典型课例作为资料保存。随着信息技术的发展,特别是互联网的出现,课堂实录在网络的配合之下,在教育事业中发挥了前所未有的重要作用。多媒体网络录播系统就是为了解决课堂教学的实时录制、直播、数字化教学资源建设、共享等问题而提出的。

1. 多媒体网络录播系统的功能

概括起来,多媒体网络录播系统主要具备三大功能:"播""录""点"。

1) 播

"播"是指直播,即课堂教学现场直播。将教师在计算机上展示的多媒体课件、鼠标

的动作、键盘录入、电子白板上的操作(如操作课件、讲解中的书写、图形绘制等)等 VGA 信号进行播放;教师的教态、讲解的实况、教师使用的传统媒体(如黑板的板书、挂图等)以及师生交互、课堂讨论实况等合成在一个画面中,与课堂教学中的声音(如教师讲解、学生回答、多媒体等现场声音)同步压缩并通过网络传输,其他教室之外的教师和学生只要通过网络连接到系统服务器上,就可以收看教学的现场直播。应用于远程教育,一个老师就可以同时教授几个或者更多的班级,有效地利用师资力量。应用于教学观摩,教师、同行、专家等不需要进课堂就可以进行远程听课、观摩、评课等活动。根据录播系统设计的不同,多路视频可以按电影模式进行手动或自动现场切换,组合成单画面进行传输和直播,也可以让多路视频同步传输,采用画面分割方式或画中画方式单屏多画面显示,并能任意拖动交换画面的位置和改变其大小,或者选择任意一个画面全屏幕观看等,真正做到计算机输出教师讲解的实况、学生听课的实况等现场信息无一遗漏地传输显示,身临其境。

2) 录

"录"是指实时同步录制。系统除了能进行实时现场直播以外,还具有实时录制功能。

系统可以将教学场景包括教师音视频、学生音视频、教室全景、计算机输出的 VGA 和声音等进行实时录制并生成流媒体文件,保存到系统服务器上,供学生课后点播学习;教师也可以将它应用到自己的课程网站中。该系统是学校课堂数字化教学资源建设的有效途径。

现场录制的文件还可以进行后期处理,比如同步编辑、添加教学目录索引、多流分离为几个流媒体文件等。添加目录索引后点播时只要单击相应的内容即可跳转,跳转的同时几个画面在时间上保持同步,极大地方便了对课程的观看。

3) 点

"点"是指课后的点播学习。系统可以将录制生成的文件通过手工或自动的方式上传到点播服务器,并在后台管理系统中生成点播列表或制作成网站。经过授权的终端用户通过 IE 浏览器登录到系统平台,便可根据需要点播相应的课程,随时随地观看自己想看的课件,从而在根本上扩展了课堂教学的概念,实现了教学资源的共享。

2. 多媒体网络录播系统的特点

多媒体网络录播系统具有以下特点。

(1) 能够同步实时地生成网络教学资源。系统的自动化程度和集成度都设计得很高,直播、录制均可保持同步,在直播时能将课堂教学情景全面录制下来,包括教师的音视频、电脑屏幕等,使输入的各种信号自动匹配,快速转换成网络教学课件,图像语音清晰流畅,可以作为一种网络教学资源。

(2) 能够全面地录制教学过程中的相关信息。课件展示的主要是知识点,缺少教师讲解的相关信息,而传统的课堂录像很难再现教学过程中所涉及的所有相关信息。网络课件实时录播系统能很好地弥补这些不足,它兼顾了传统课件和课堂录像的优点,将教学现场的教师、学生、电子课件等信息同步录制并融合在一起,全面再现课堂教学情景。

(3) 系统具备较高的开放性,可以实现网络共享。系统设计具有良好的开放性,用户计算机可以通过网络连接到系统服务器,只要得到授权,即可进行相应的控制和操作。师生可通过网络在任何时间任何地点进行直播收看或点播学习。

（4）录制方式多样化。录制既可采用单画面电影模式,也可采用多画面模式。单画面模式录制出来的文件只有一个画面,或教师,或学生,或计算机屏幕,这几个画面在录制时经过了技术员现场特技切换处理,将突出课堂教学主题的画面显示出来,便于学生理解教师讲解的教学内容。多画面模式一般由 3~4 个画面构成：教师、学生、计算机屏幕、注释或索引,这些画面可同时录制整合成一个多画面的流媒体文件。

（5）收看方式多样化。由于网络录播系统一般是多画面同时录制,在直播或点播的过程中收看方式灵活多变,可由学习者自主选择不同的方式进行收看,或选择收看教师画面听教师讲解教学内容,或选择收看学生画面以观察学生学习状态,或只收看 VGA 屏幕进行学习,也可以同时观看教师画面、学生画面以及 VGA 屏幕。

（6）高效率制作。网络录播系统融会了众多新技术,自动化程度高,系统画面以及声音同步实时录制在服务器中,可以由技术员后台控制操作系统,也可以由授课教师一键完成录制工作。录制完成后即可手动或自动转存到存储服务器中供用户点播与共享。

随着跟踪技术、识别技术等各种新技术不断地被应用到录播系统,录播系统的自动化程度越来越高,目前的全自动录播系统可以在录制过程中同时实现教师、学生、屏幕等教学场景的自动跟踪控制和切换,实现无人值守的高质量课堂教学录制。

（7）可进行远程教育和培训。教育需求不断增长,教育资源相对短缺。虽然近年来我国各级各类教育都取得了很大成绩,但教育发展不能满足现代化建设的需要这一状况并没有发生根本性改变,特别是目前在职教师各类培训的需求,由于数量多,而且要在短时间内学习并掌握大量的知识与技能,课堂教学根本无法满足要求,而通过网络连接到网络录播系统就可解决这个问题。一部分学生或培训者可以坐在现场听老师讲课,而另一部分学生则可以通过网络连接到录播系统收看直播进行学习,而且所有的学生都可通过网络点播对存储在服务器上的文件进行复习或异步学习。

（8）操作人性化。大多数网络录播系统都采用 IE 管理方式,只要能连通网络就可以进行管理。录播教室的摄像机、音量、音调不但可以在控制室里通过硬件设备进行控制,也可以在远端通过系统平台进行远程控制。

（9）权限的设置。管理员可给不同的用户设置不同的用户名、口令以及权限,包括登录权限、接收直播权限、点播权限、下载权限及观看评语信息权限等。这些权限设置有利于对网络资源的管理和充分应用,保障系统和资源的安全。

（10）简单编辑。多媒体录播系统一般可提供如下编辑功能：①裁剪合并编辑,对资源进行合理的裁剪合并等编辑,无论录制的视频是几路,都基于同一时间进行,无论进行怎样的裁剪合并,各路视频都可以做到同步传输和播放。②添加说明,可以在直播和录制的同时添加说明,如课程名称、听这堂课的学生应该具备的基础知识、主讲教师、授课时间等信息。③索引编辑,对录制资源进行索引编辑,形成该课堂流媒体课件的目录索引,播放时作为一路画面显示,可以通过索引引导实现在该课件资源中的快速跳转和定位。④智能剪辑,智能化程度高的录播系统还具备智能剪辑功能,可以进行智能剪辑策略的调度,丰富的智能剪辑可为后期文件的编辑制作提供智能平台。系统依据教师的各种设定,智能地产生剪辑策略；系统按照剪辑策略,自动地根据教师在授课过程中对各种多媒体设备和授课计算机的使用情况以及与学生互动交流的情况,智能地在教师、学生、课件之间进行剪辑,教师通过简单操作就能获得数字化课堂教学资源制作的效果,简单易用;系统遵循授课教师的授课过程和习惯,避免了后台剪辑时技术人员与授课教师的思路发生脱离所带来的问题,形成最贴近授课实况的录像课件。⑤数据备份、资源刻录等。

4.6.3 多媒体网络录播系统的组成及原理

多媒体网络录播系统主要由录播教室端、主控中心和传输网络、存储和点播服务器、客户终端等几个部分构成,如图 4-13 所示。

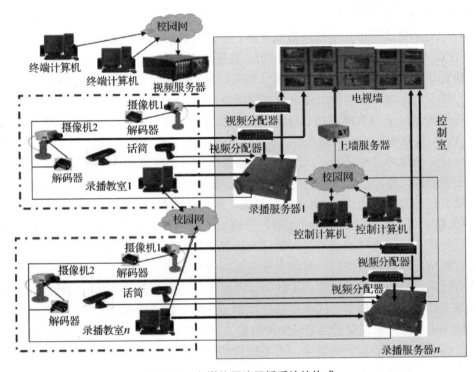

图 4-13 多媒体网络录播系统的构成

1. 录播教室端

多媒体网络录播系统可以包含多间录播教室。录播教室就是在多媒体教室内配置摄像机、话筒等设备的多功能录像教室。教室内一般配置两台摄像机,分别进行教师画面拍摄和学生画面拍摄,摄像机配置三维云台,来自录播服务器(或控制键盘)的控制信号经过解码器,分别控制云台转动、摄像机镜头的推拉、光圈、焦距等;教室内一般配置两路话筒,一路拾取教师讲课的声音,另一路拾取教室内学生讨论、回答问题的声音以及多媒体计算机的声音。教师配置无线领夹话筒便于教师移动,为了保证覆盖和使用方便,学生可配置一套高灵敏度、全向置顶话筒。多路话筒最好配置调音台,便于对各路声音分别控制。多媒体计算机输出的 VGA 信号经过分配器,一路传输给录播服务器。教室内计算机连接到网络,作为系统的一个终端用户。摄像机、话筒等前端设备的输出信号传输到控制室给录播服务器。如果教室与控制室距离太远,为避免音视频模拟传输的损失,也可将录

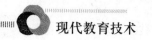

播服务器配置在教室中,由控制室远程控制。

为了兼顾传统的板书教学,教室内可配置黑板,但最好配置无尘黑板,以减少粉尘污染,不建议配置普通白板。近年来,交互式电子白板技术不断发展,价格逐渐降低,功能逐渐完善,已经成为多媒体教室中一种实用的现代综合媒体。交互式电子白板与教师计算机连接后,教师在电子白板直接书写的动作即刻被识别,电子白板就像平时用粉笔在黑板上写字一样,可代替传统黑板进行板书板画;可以代替鼠标操作计算机,将教师从计算机键盘上解放出来;在进行多媒体教学中,可在多媒体课件上进行现场标注和批注;配合电子白板软件,可以实现类似于"几何画板""物理画板"等学科绘图工具的功能。

2. 主控中心和传输网络

主控中心和传输网络主要由录播服务器、控制计算机、控制键盘、音频混合调节设备(如调音台)、电视墙(由监视器组成的阵列)、直播监视服务器、网络交换机等设备构成,主要完成摄像机控制、信号切换、音频调节切换、录制控制、直播控制、教室灯光控制等后台操作,以及后期编辑、文件上传、数据刻盘等工作。

录播服务器是录播系统的核心设备,一般安装嵌入式操作系统,配置有音视频硬件采集卡和 VGA 采集卡,安装录播软件,完成音视频信号采集压缩、VGA 信号采集压缩、多路信号合成、流媒体文件录制、网络直播、摄像机控制、现场切换编辑等功能。

对于音视频信号,录播服务器的关键指标是分辨率、码流和编码方式等。VGA 信号的采集主要有三种方式:通过 VGA/AV 转换卡、软件抓屏和硬件采集。通过 VGA/AV 转换卡,例如 Key300、Key500、Key700 等,把模拟 VGA 转为模拟视频,再采用视频采集压缩卡进行处理,这种方法的优点是对教师的计算机没有影响,实时性高,但信号质量非常差;软件抓屏是通过在教师的计算机上安装抓屏软件实现,其优点是成本较低,且可以做到低失真压缩,缺点是抓屏时要占用教师计算机资源,影响教师计算机的性能,特别是在播放视频文件时,软件抓屏会因在录播过程中无法采集到画面而导致录播文件呈现一个黑窗口;硬件采集是目前课堂录播系统中使用的主流 VGA 采集方式,采用专用的 VGA 硬件采集卡,其采集 VGA 信号种类全,不干扰教师的计算机,采集图像质量好,压缩后可直接生成通用的标准视频流文件。

电视墙是由多台监视器组成的一个阵列,可以由多台 19~21 英寸的专业监视器构成,也可以由几台大屏幕高清电视机加装画面分割器构成,用于监视教室摄像机输出画面,便于进行摄像机控制,监视各教室的直播情况等。监视器数量要保证多个教室能同时监视。直播监视服务器用于接收各教室直播情况并显示到电视墙上,为优化系统,可配置一台高性能计算机,安装分屏软件,多窗口显示各教室直播画面,通过 VGA 传送到电视墙上的大屏幕电视机,如果条件允许,最好能分别接收和监视,这样可以兼顾画面和声音。

录播服务器一般具有云台和摄像机控制的功能,控制计算机登录到录播服务器后即可控制系统直播、录制,通过计算机键盘可以操控教室内的摄像机。

3. 存储和点播服务器

把录制编辑好的流媒体文件上传到存储和点播服务器中,存储在这里的流媒体文件供师生随时随地地通过网络进行点播。录播服务器一般也具有存储和点播功能，可以承担课程数字化资源的保存和点播服务，但为了保障数据安全和点播质量，最好配置专用的视频点播服务器。

由于存储和点播服务器需要处于零停机工作状态，最好将其安装在学校的网络中心机房内，这样可以保证有良好的工作环境和得到专业的维护保养。

录制编辑好的课堂流媒体文件是学校数字化教学资源的重要组成部分，服务器必须可靠稳定，并且有可靠的备份机制。

4. 客户终端

通过校园网或互联网连接到录播系统或点播服务器的授权计算机都是系统的客户终端，师生在客户终端可以收看直播或点播相关课程视频。根据自己的爱好和需要，学习者不但可以学习与本专业相关的课程，还可以学习其他专业的课程。

由于各种品牌的录播系统采用的技术有差异，一般客户端计算机需要安装专门的播放器，才能正常播放单屏多画面的流媒体文件。

控制室的控制计算机也是客户终端，连接到录播系统的任何一个终端，如果授予了控制的权限，均可以成为控制端。如果教研室的计算机具有授权控制功能，各教研室就可以自由组织课堂教学观摩、评课等活动。

4.6.4 多媒体网络录播系统的结构和使用方法

下面以 AVA REN-VI 构成的录播系统为例，简单介绍录播系统的结构和使用方法。

REN-VI 录播服务器是一款 DVD 画质、功能强大的录制和直播设备，具有同步录制、实时直播、在线点播、后期编辑等多种功能，录制的文件存储在本地或自动上传；系统采用嵌入式系统设计，其结构精简、稳定可靠，全部功能集中在一台设备内，基于 IE 浏览器统一管理，简单易用。

REN-VI 提供一路 VGA 输入、两路视频输入和一路话筒输入、两路混合音频输入，配置摄像机、话筒等设备后即可构成一套支出单流电影模式和多流组合模式的多功能高质量录播系统，用于精品课程录制、课堂教学录制、直播以及开展远程教育等。

1. 系统结构

系统由多媒体教室、安装在多媒体教室中的 REN-VI 录播服务器、两路带云台的摄像机、教室拾音设备以及安装在控制室中的监视器、控制计算机等构成，系统组成如图 4-14 所示。

图 4-14 所示为一套录播系统的结构，该系统可录制或直播一间教室的课堂实况。录播教室内安装两套带云台的摄像机，其中一套安装在教室后部，主要摄录教师的教学行为；另一套安装在教室侧前方，主要摄录学生的学习状态。摄像机输出的视频信号经 AV 分配器，一路到录播服务器的视频输入端，另一路到监视器。录播控制计算机通过网络登录录播服务器后，即可控制摄像机。录播服务器输出控制信号，控制云台动作和摄像机变焦、调焦等。从控制计算机上可以监视摄像机画面，只是在控制摄像机过程中画面变化稍微滞

后，在对控制精度要求不高的情况下，监视器 1、2 和 AV 分配器可省略。"直播监视"由一台计算机承担，"监视器 3"是一台大屏幕显示器或带 VGA 输入的大屏幕电视机。如果多套录制直播系统集中到控制室控制，监视器可整合为一套电视墙。在该系统中，调音台有两大功能：多路音频混合调整和幻象电源(教室话筒采用电容式话筒时给话筒供电)，REN-VI 录播服务器提供一路话筒输入和两路混合音频输入，如果采用其他专用话筒，可以不使用调音台。

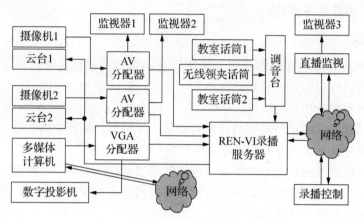

图 4-14　REN-VI 网络录播系统的构成

2. 多流录播模式

多流模式又称为多画面模式、分屏模式等，就是将教师视频、学生视频、声音、VGA 几路信息传送给录播服务器，分别进行采集和压缩，并同时、同步地在一个屏幕中分屏显示。传输中几路信号同步传送，各自独立，互不干扰。教室内的主要教学信息被全部采集、传送和录制，观看者在一个屏幕中可以同时观看，并且可以根据需要对画面进行选择，将自己要关注的画面处于大画面或者全屏显示状态。

多流技术的使用主要表现在多路视频的独立处理，包括主讲教师视频、学生视频和计算机视频。每一路视频都是独立的，可通过编辑软件在后期单独把其中任意一路视频和声音导出，或重新进行组合。

3. 单流录制模式

单流录制模式又称为电影模式，是指主讲教师画面、学生画面、板书、计算机屏幕画面等多路视频经过操作人员现场无缝切换，显示在一个画面上，就像我们平时看的电影或电视。该模式录制的视频格式为微软标准格式 WMV 或 ASF，因此，不需要安装专门的播放软件即可收看直播、进行点播等。

通过单流或多流模式录制好的文件可以保存在录播服务器上，以供点播或下载，也可以经过简单的后期编辑，上传到学校专用的视频服务器上，制作统一的学校教学资源点播网站，或用于学科教学网站。

4.7 远程教育中的技术

4.7.1 网络课程开发平台

1. 课程开发平台及其特点

网络课程开发平台又称网络教学支持平台、网络教学平台，是为网络教学提供全面支持服务的软件系统。从技术开发的角度来看，基于 Internet 的网络课程的主体就是一些互相关联的网页的集合。网络课程开发平台是为开发基于 Internet 的网络课程而提供的专用或通用软件。网络教学平台一般具有课程设计、互动支持和教学管理三大功能。

1) 课程设计功能

(1) 教学设计工具。教学设计工具能够将各种格式的课程材料(如 Word 文档、HTML 文本等)转换为平台本身支持并使用的格式。同时，教师可以方便灵活地运用这类功能对课程的结构、学习单元以及其他资源进行编辑、修改与制作。

(2) 课程设计模板。通过运用课程设计模板，教师可以方便地建设一门网上课程，只需将与课程有关的材料放在事先设计好的模板中，软件系统就能自动地将这些材料组织成一个良好的网上学习环境。不同的课程运用相同的模板可以使各门课程保持一致的外观和结构，避免学生在学习不同的课程时产生混乱。模板可以根据不同用户的需要进行定制。

(3) 课程网站搜索引擎。它能使学生方便地在整个课程网站中搜索其需要的信息。

(4) 学生网页。它能帮助学生在学习过程中相互合作并做学习记录，为学生提供一个存放自主学习内容的"私人空间"。

2) 互动支持功能

互动支持功能主要体现在能够支持教师和学生之间进行交流和合作。由于学习网上课程时教师和学生之间缺乏面对面的交流，网络教学平台需要提供一个环境让教师和学生能够有效地进行互动。主要的互动支持功能有以下几方面。

(1) 异步交流。它包括网上讨论区和课程内部的电子邮件。通过异步交流工具，学生和教师可以不受时空的限制进行交流。这一类型的交流比面授更加灵活，而且它给了教师和学生更充分的时间对他们所收到的信息进行思考，然后作出回应。

(2) 同步交流。它包括基于文本的实时聊天以及网上视频会议系统。要进行同步交流，学生和教师必须同时登录到网上的同一个地点(如聊天室)，以一种虚拟的面对面模式进行交流。

(3) 文件共享。这一功能使学生与学生以及学生与教师能够在网上分享信息并相互合作。例如，学生可以通过文件共享将作业直接提交给老师，同时，教师也可以方便地将批改好的作业返回给学生。教师还可以将时间表、参考文献以及其他与课程有关的文件上传到课程网站，供学生下载。

(4) 工作组功能。它特别适用于小组项目研究。工作组功能包括小组网站、小组讨论区以及小组文件共享区等。如果学生需要进行分组项目研究，他们可以将各自完成的工作上传到课程网站的一个特定的文件共享区域，这样小组中的每一个成员都可以很方便地看

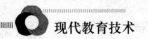

到其他成员的作业。

(5) 电子白板。利用该工具，学生和教师可以同时在屏幕上观看、添加和修改共同的内容，学生也可以将电子白板上的图画保存下来供将来参考。在使用电子白板时，使用者通常会同时通过在线文字聊天或视听会议来加强相互间的交流。

3) 教学管理

对教师来说，管理一门网上课程可能会花费大量的时间。为了尽量节省教师的时间，网络教学平台会运用数据库技术进行半自动化的课程管理和行政管理。网络教学平台管理功能可以分为五种类型。

(1) 课程单元管理。这一功能可以帮助教师灵活地管理学习单元以及其他资源(包括文件、图像、链接等)。一门课程可以分割为一系列单元，而各单元之间可以相互联系。

(2) 自测管理。教师可以通过这一工具创立及管理各种自测练习。一些平台系统甚至可以通过随机地从题库中抽取题目来为每个学生提供不同的自测练习，学生在完成自测后可以立刻知道测试结果，而且可以看到自测结果的数据统计分析。一些网络教学平台还可提供限时测验，学生要在规定的时间内完成测试，时间一到计算机就会自动收卷。

(3) 作业评分管理系统。一些网络教学平台可以通过运用数据库技术自动批改学生的作业并进行评分。学生的分数被存入一个数据库中，教师可以非常方便地进行管理。

(4) 学生网上活动追踪。学生与网上学习系统的互动情况被记录在网络服务器上，这些互动包括访问各网页的次数、自测的成绩、在网上学习和自测的时间长度等。教师可以通过对学生网上活动情况的分析，根据不同学生的需要给予相应的支持和帮助。网上学习系统可以自动生成学生学习模式的数据统计图表，供教师和学生参考。

(5) 用户管理。用户管理主要包括用户注册、信息管理和使用权限分配等。网络教学平台一般会提供给不同的用户群(如学生、教师、课程编辑人员等)不同的使用权限。通过这些限制，课程网站可以尽可能地避免遭到非授权人员的干扰。访问权限的设定可以让学生感到自己处于一个安全的网上学习环境之中，无须担心自己放在网上的学习资料丢失或被外人干扰。

2. 专用平台

网络课程平台是专为开发网络课程而设计的软件。这些软件都包括了常用的课程构件，例如，作为课程引言、学生联系教师用的基本信息页、课程内容页(用来呈现单元目标、课程内容)、课程表页(具体描述学习流程)、信息交流构件(用作实时与非实时交流)、课程的试卷生成构件、成绩评价和学生管理构件等。上述平台软件在复杂程度、框架、系统要求、技术支持、购买费用等方面都不相同，在选择网络课程平台时，必须仔细进行比较和选择。下面简单介绍几款常用的网络课程开发专用平台软件。

1) WebCT

WebCT(Web Course Tools)是一款简单易用的网络课程平台软件，它可以为那些非计算机专业的教师和学生建构一个较为完善的网络学习环境。WebCT 由英属哥伦比亚大学计算机科学系开发。它的服务器运行环境为 Windows NT、 HTTPD、 Unix Operation System，客户端则使用普通的 WWW 浏览器(例如 Netscape 或 IE)作为课程学习的交互界面。WebCT 有利于教师作为课程"建造者"来组织教学材料，其他各种课程工具和构件也能较方便地附加到该课程中。例如，会议系统、在线聊天室、学生进程追踪、群组项目组织、学生自我评价、阶段保持和分类、许可控制、导航工具、测验生成、E-mail、自动搜索引擎、课程表、学生主页、调查研究等。教师在设计建造用户界面时有很大的弹性。

2) Web-Course-in-a-Box

Web-Course-in-a-Box 软件能够帮助开发经验不多的教师建立一门相对简单的网络课程。其中，Course Information(课程信息)可以显示课程的教学目的、课程内容和相关网页链接地址；Class Announcement(课堂公告)用来发布和保存教师的通告；Class Schedule(课程计划)列出课程活动和具体的任务；Student Directory(学生名录)用于存放学生的 E-mail 地址和个人主页等信息；Learning Links(学习链)则允许教师投递课程参考资料，建立主题讨论组；帮助工具(Help Utilities)允许学生更改密码，生成或编辑自己的主页。

Web-Course-in-a-Box 由 MadDuck Technologies affiliated with Virginia Commonwealty University 开发。它的服务器运行环境为 Mac OS 7.1 或 MS Windows，在客户端则直接运行 Web 浏览器。

3) Learning Space

Learning Space 是 Lotus 公司基于知识管理理论推出的网上课程开发平台，旨在提供一个可进行协作学习、便于指导、分布式的网上教学环境。它在企业培训、学院教学和远程教育方面有着极其广阔的应用前景。

目前，Learning Space 软件系列还推出了其他一些软件，包括：用于实时在线教育的 Beam Data Server；用于实现同步、异步、自我安排教育计划的 Anytime Education Solution；专门用于大学、学院远程教育或 ISP/NSP 构建网上教育平台的 Learning Space Campus Solution。

4) Blackboard

由 Blackboard 公司开发的 COURSEINFO 软件，它的服务器端运行环境为 Windows NT，客户端直接运行 Web 浏览器。

目前国内使用的 Blackboard 在线教学管理平台是由赛尔网络与美国毕博(Blackboard)公司共同开发的软件平台。该网络教学平台功能强大、使用方便，为教学人员提供了强大而全面的授课、管理和交流工具，具有提高教师工作效率、发挥网络优势、实现面授学习和在线学习相结合等作用，是一个很好的利用远程教育进行学习的平台。

Blackboard 在线教学管理系统是以课程为中心集成网络"教"与"学"的环境。教师可以在平台上开设网络课程，学习者可以自主选择要学习的课程并自主进行课程内容学习。不同学习者之间以及教师和学习者之间可以根据教与学的需要进行讨论、交流。Blackboard 为教师、学生分别提供了强大的施教和学习的网上虚拟环境，成为师生沟通的桥梁。

5) 中国大学 MOOC(慕课)国家精品课程在线学习平台

中国大学 MOOC(Massive Open Online Course，大规模在线开放课程)是目前一个比较方便教学的在线教育平台，承接教育部国家精品开放课程任务，向大众提供中国知名高校的 MOOC 课程。在这里，每一个有意愿提升自己的人都可以免费获得更优质的高等教育。MOOC 有一套类似于线下课程的作业评估体系和考核方式。每门课程定期开课，整个学习过程包括多个环节：观看视频、参与讨论、提交作业，穿插课程的提问和终极考试。

3. 通用平台

并非所有的网络课程的开发都需要使用专用的平台软件，有时较为简单的网页编辑软件或文字处理软件就能满足需要。

为了方便、高效地进行 HTML 格式的网络课程的开发，可以采用"所见即所得"的可视化 HTML 文档编辑工具，例如采用 FrontPage 等软件来编写网页，然后自动将其保存为 HTML 格式的文本文件，即该网页的 HTML 文档。这样就可以使制作网页变得十分简单，只需像在 Word 文档中写文章一样输入文字、插入图形、制作表格、编辑超链接，就能轻松完成网页的制作。

下面介绍的就是几个最简单的网络课程开发工具。

1) Microsoft Office 套件中的 FrontPage

这是一种专业的 Home Page(网页)编辑器，它既具有可视化的编辑窗口，又可以直接用 HTML 源代码编辑，提供的控件也十分丰富。FrontPage 的用户区包括三个视图：普通视图、HTML 代码视图和预览视图。用户可以在普通视图中以所见即所得的方式进行 HTML 文档制作，也可以切换到 HTML 代码视图直接编辑代码。无论在哪个视图中进行改动，在另一个视图中都会自动生成相应的元素和 HTML 代码，因此，HTML 文档开发者几乎可以不用直接接触 HTML 语言本身。

2) Microsoft Office 套件中的 PowerPoint 与 Word

它们都是 Office 家族中的成员。PowerPoint 是一个优秀的演示文稿制作工具，它可以把网页制作成演示文稿的形式，以便在电脑屏幕或投影银幕上演示。它具有很强的编辑功能，支持对各种对象的插入、编辑和修改，并能轻松实现超级链接。最重要的是，PowerPoint 还可以把它所制作的网页存储为 HTML 格式文件，从而可以在网上显示该网页。

PowerPoint 把演示文稿转换成 HTML 文件时，系统首先生成一个网页的索引封面，而把每一张幻灯片保存为一个静态图像文件.gif，通过自动生成的按钮来切换幻灯片。Word 是我们十分熟悉的文字处理软件，它也可以用于编辑简单的网页，只需在保存文件时选用 HTML 存储格式即可。

4. 网络教学平台的选择

一般来说，在选择网络课程开发的平台时，以下几点是必须考虑的。

(1) 用户部门(学校)对该项目支持的程度如何？工具软件提供商(软件公司)的售后服务是否完善？

(2) 软件是否易于用户登录和管理？软件的安全性能是否符合要求？

(3) 所选用的课程开发软件具有哪种教学交互能力(例如是实时还是非实时的)？

(4) 该软件的功能及实用性如何(例如人机界面是否友好、软件是否易于安装)？

(5) 该软件对学生的学习记录保持、学习效果测试的能力如何？

(6) 该软件是否提供了学生所需要的常用软件工具(如制作学生主页、自我评价及管理用的工具)？

(7) 创立该门网络课程，在技术方面要用到哪些技巧？

除此之外，还应该考虑该门课程的开发成本、系统平台的兼容性、系统的性能要求，以及该软件目前在教育领域中的应用情况等。事实上，提供上述软件的公司一般都列出其用户的网址，这就有助于联系目前正在使用该软件的有关教师，对他们在课程开发、教学应用过程中所遇到的主要问题进行了解。

4.7.2 视频会议与实时教学

1. 视频会议概述

早在 20 世纪 60 年代，人们就开始进行对视频会议系统的研究，目前的视频会议系统实质上是多媒体计算机技术与通信技术相结合的产物。视频会议系统(Video Conferencing System)是指利用视频摄像和显示设备，经过信号压缩及编程解码处理，通过通信线路的传输，在两地或多个地点之间实现交互，实时地将声音、影像及文件资料互传，实现即时且互动的沟通，以完成会议目的的系统设备。视频会议系统不仅可以听到声音，还可以看到会议参加者，共同面对商讨问题，研究图纸、实物等，与真实的会议无异，使每一个与会者有身临其境之感。这套系统还可以同时提供文件传真、静止图文传递等一系列辅助服务项目，还可以广泛用于现场教学、商务谈判等多个领域。

视频会议系统按用户组成模式划分，可分为点对点(2 人)系统和多点群组(多人)视频会议系统两种；按技术实现方式划分，可分为模拟(如利用闭路有线电视系统实现单向视频会议)和数字视频会议(通过计算机和通信技术实现)两种，其中数字视频会议系统又可划分为硬件视频会议系统、软硬件结合视频会议系统和纯软件视频会议系统等。

点对点视频会议系统运用于两个通信节点间，主要产品包括可视电话、桌面视频会议系统等。多点视频会议系统则运用于两个以上地域之间的通信。

2. 视频会议的构成

视频会议主要由三部分组成。

1) 终端设备

终端设备是视频会议系统的输入和输出设备，主要包括音频/视频输入/输出设备、音频/视频编/解码设备、信息处理设备和多路复用/分解设备等，通过这些设备，可实现各会场的与会者能够清晰地看到其他会场的场景，并能相互讨论问题和共享数据信息。它的作用是将音频、视频、数据以及信令等各种数字信号分别进行处理后，合成为一路或多路数字码流，再将其转换成适合于网络传输的数据格式，并发送到信道中进行传输。

2) 传输信道(通信网络)

传输信道是指连接终端设备，使之能够传输视频、音频和数据的各种传输介质的总称。视频会议的传输介质可采用光缆、电缆、微波以及卫星等数字信道，或者其他类型的传输信道。视频会议业务可以在现有的多种通信网络中展开，例如，SHD 数字通信网、DDN、ISDN、ATM 等。现在新的标准还保证视频会议信号可以在计算机网络中传输，如 LAN、WAN、Internet 等。

3) 多点控制单元(MCU)

无论是电信网还是计算机网，视频会议都可利用它们来传送动态或静态图像信号、语音信号、数据信号以及系统控制信号。目前各种网络本身的通信控制机制，还不能完全满足视频会议所要求的多点通信控制功能。因此，除了终端设备、通信线路外，还增设了多点控制单元设备。它可根据一定准则处理视听信号、数据信号，并将它们分配给对应连接的信道。实际上，它是多媒体信息交换机，可以实现多点呼叫和连接、视频广播、视频选择、音频混合及数据广播等功能，完成各终端信号的汇接与切换。在基于硬件的视频会议中，多点控制单元是通过一个硬件单元即多点控制单元来实现的。在基于软件的视频会议中，多点控制单元是通过软件来实现的。

3. 典型的桌面视频会议系统介绍

随着计算机网络在全球范围内的普及与发展，视频会议系统正在向小型化、桌面化发展，出现了简易型的桌面视频会议系统。桌面视频会议系统是在 PC 上综合运用音频、视频和网络通信技术实现不同地点的人之间的相互通信的系统。目前，应用于远程教学的视频会议系统大多采用桌面视频会议系统。

1) CU-SeeMe

CU-SeeMe 是由康乃尔(Cornell)大学及其合作者开发的桌面电视会议系统，既可用于 Macintosh，又可用于 PC。CU-SeeMe 是第一个能够在 Internet 上支持实时多方电视会议(带音频与视频)并适用于 Mac 和 PC 的桌面视频会议系统软件。

2) Netmeeting

Netmeeting 又叫网络会议，是由微软公司开发的，将视频会议、电子白板、实时聊天、电子邮件等功能集于一体的桌面视频会议系统软件。它的最大优点是使用方便，如果你不具备或不需要视频传输的功能，那么你可以利用其白板和其他通信功能来支持远程教学。在这种情况下，不需要附加任何硬件，因此 Netmeeting 又可归入共享工作空间软件之列。

4. 视频会议系统的教育应用

视频会议系统在教育领域主要应用在远程教育、各地教育分支机构会议、远程师资培训、远程分校教育等方面。

视频会议系统不仅可提供流畅的语音，清晰的视频图像，同时还可提供文档共享、Web 共享、协同浏览、电子白板、桌面共享与远程遥控协作等数据处理功能，利用网络让不同地方的师生通过音视频进行实时交互沟通，如置身于同一间教室之中。

1) 视频广播

视频会议系统可以广播视频给学生，让学生上课时既能闻其声，也可见其形。

2) 多人交互

采用多路混音技术，支持 4~16 路混音，实现多人音视频交互，就像在传统教室中师生之间的讨论交谈。

3) 桌面共享和远程遥控

利用桌面共享功能，可以将自己的计算机屏幕实时地显示给远程用户，让他们看到自己的一举一动。利用远程遥控功能，则可以让自己对远程的计算机进行直接操作，就像操作本地计算机一样方便。

4) 电子白板

学生可以在白板上自由地绘制、书写任意可视化信息,方便所有的成员进行交流。

5) 文档共享、Web 共享和协同浏览

通过文档共享和 Web 共享,所有的成员可以共同讨论 Office、PDF、AutoCAD、PowerPoint 等各种形式的文档;协同浏览让所有的成员可以同步地浏览网页,实现更直接的交流。

6) 文字交流和文字私聊

所有的成员能利用一个公共的文字平台进行有效的文字交流和沟通;文字私聊功能为成员间提供了一个点对点的私人空间,两个成员之间可通过文字私聊功能进行二者之间的沟通。

7) 文件传输

与会者可在开会的同时传输文件给某个会议成员或者传输文件给所有的会议成员,即异地文件的在线实时收发。

8) 音视频的录制功能

可以实时录制自己的本地音视频或远程的用户音视频。可以使用常见的视频播放器进行播放或利用常见的视频编辑软件进行编辑。能进行会议录制,把会议信息完全记录下来,任意客户端对多个或某一个分会场的同步同时录像,录像包括会议中展示的讲义文档、图表及标注等交流内容。

一个实际用于教学的视频会议系统,一般都由主播教室和多个远程听课教室组成,即采用了一点到多点的教学模式。

在主播教室中配置有教师计算机、多点控制单元(MCU)、电子白板、实物投影仪,用于板书数据交流和文件、图表的传送,以提高远程教育开展和交流的质量和效果。图 4-15 所示给出了采用 VTEL 远程教育设备的主播教室平面布局的实例,其中安装在天花板底下的麦克风用于接收学生的语音信息。

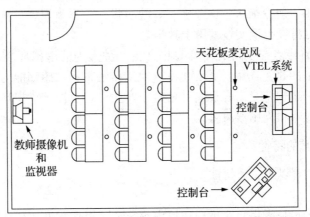

图 4-15 主播教室平面布局

远程多媒体听课教室可以通过因特网或专用通信线路与主播教室中的 MCU 相连接。

在远程多媒体听课教室中，师生之间既可进行双向的视频教学，也可通过因特网与远程教育网站相连，采用VOD方式，下载课件进行播放，从而进行非实时的集中式教学。

用于教学的视频会议系统具有以下几方面特点。

(1) 实时性。主播教室的多种媒体信息可以及时传到异地的听课教室中，分隔在不同地域的师生可以实时交流。

(2) 交互性。主播教室的教师可以及时了解各个远程教室中学生的听课情况，可以提问学生，学生也可以向主播教室中的教师提问。主讲教师与远端学生可以利用视频会议系统的电子白板自由讨论，相互传递多媒体信息，实现真正意义上的交互。

(3) 多媒体性。视频会议系统能同时提供声音、视频流和其他多媒体信息，极大地丰富了教学内容。

(4) 共享性。只要接通基于视频会议系统的远程教学系统，任何人都可以在同一时间听讲同一门课程，使更多的人有机会接受高质量教育。

此外，基于视频会议的远程教学系统还能提供视频点播、教学记录以及课件素材库等，以满足学生自学、复习的需要。

4.7.3 虚拟现实技术

1. 虚拟现实的概念

所谓虚拟现实(Virtual Reality，VR)，就是通过技术或设备模拟出一个可交互的、虚幻的三维空间场景。

虚拟现实技术集成了数字图形技术、计算机仿真技术、人工智能技术、传感技术、显示技术、网络并行处理技术等，能生成逼真地展现视、听、触、嗅觉等多种感官体验的虚拟环境，用户借助必要的设备，如键盘、鼠标或特殊的头盔、数据手套等，便可以进入虚拟空间，成为虚拟环境中的一员，进行实时交互，感知和操作虚拟世界中的各种对象，从而获得身临其境的感受。

虚拟现实技术最早源于美国军方的作战模拟系统，20世纪90年代初逐渐为各界所关注，目前已广泛应用于航空航天、医学实习、建筑设计、军事训练、体育训练、娱乐游戏等领域，一些国家已将虚拟现实技术用于教学。

虚拟现实技术的特点在于可利用计算机产生一种人为的虚拟环境，用户能够与之交互，通过与仿真环境的相互作用，并利用本身对所接触事物的感知能力，全方位地获取事物的各种空间信息和逻辑信息，在感官和心理上产生一种沉浸于虚拟环境的感觉。这就是虚拟现实技术的沉浸感和临场参与感。

2. 虚拟现实技术的特性

虚拟现实技术具有以下主要特性。

1) 交互性

交互性(Interaction)是指用户对虚拟环境内对象的可操作程度和从环境中得到反馈的自然程度(包括实时性)，例如，用户可以用手直接抓取虚拟环境中虚拟的物体，这时手有捏着东西的感觉，并能感觉出物体的重量，视野中抓着的物体也能立刻随着手的移动而移动。

虚拟现实环境比较强调人与虚拟世界间的自然交互,比如通过人的走动、头的转动、手的运动等方式与虚拟环境交互。这与多媒体交互有很大区别,在多媒体技术中,人与计算机主要是利用键盘、鼠标进行的一维、二维交互,而在虚拟现实环境中人甚至感觉不到计算机的存在。

交互性还具有实时性的特点,比如身体方位移动或头转动,所显示的场景会立即产生相应变化,手拿物体时,物体会随手的移动而产生相应物理空间的改变。

2) 沉浸性

沉浸性(Immersion)是指虚拟现实技术能使用户感到自己处于虚拟环境中,成为其中的一员,由观察者变为参与者,沉浸于其中并参与虚拟世界的活动,即身临其境。理想的虚拟世界应达到使用户难以分辨虚实的程度。

沉浸性来源于对虚拟世界的多样感知,如视觉、听觉、触觉、味觉、嗅觉及力量感、运动感等。从理论上讲,虚拟现实环境应具备人在现实世界中所具有的所有感知功能,但是鉴于目前技术上的局限性,相对成熟的技术主要是视觉、听觉和触觉沉浸技术。

3) 想象性

想象性(Imagination)是指最大限度地发挥人类的创造力和想象力。一方面,虚拟的环境是人想象出来的,这体现出设计者的思想;另一方面,用户可从设计好的环境中得到感性和理性上的认识,进而深化概念,产生新意和想象,与设计者产生共鸣。虚拟现实系统既需要设计者的想象力,又离不开参与者的想象力。

3. 虚拟现实的分类

虚拟现实有多种分类方法,从构建情景的合理性来看,可分为合理的虚拟现实、夸张的虚拟现实和虚构的虚拟现实三种;从沉浸程度的高低和交互程度的不同来看,可分为桌面式虚拟现实、沉浸式虚拟现实、增强现实性虚拟现实和分布式(又称共享式)虚拟现实四种形式。

1) 桌面式虚拟现实

桌面式虚拟现实利用个人计算机和低级的工作站进行仿真,将计算机的屏幕作为用户观察虚拟世界的一个窗口,用户借助软件,通过各种输入设备实现与虚拟现实世界的充分交互。输入设备包括鼠标、数据手套、空间追踪球、力矩球等。桌面式虚拟现实要求参与者使用输入设备,通过计算机屏幕观察 360°范围内的虚拟世界,并操纵其中的物体。由于参与者即使戴上立体眼镜,仍然会受到周围现实环境的干扰,不能使参与者完全地沉浸其中,因而桌面式虚拟现实缺乏真实的现实体验,但是它结构简单,成本较低。常见的桌面式虚拟现实技术,有基于静态图像的虚拟现实 QuickTime VR、虚拟现实造型语言 VRML、桌面三维虚拟现实、MUD 等。

2) 沉浸式虚拟现实

沉浸式虚拟现实让使用者头戴头盔、手戴数据手套等传感跟踪装置与虚拟世界进行交互,使用者的视觉、听觉与外界完全隔离,全身心地投入到虚拟现实中去,沉浸感非常强。例如,在消防仿真演习系统中,消防员会沉浸于极度真实的火灾场景并作出不同反应。沉浸式虚拟现实的不足是系统设备,尤其是硬件设备价格昂贵。

3) 增强现实性的虚拟现实

增强现实性的虚拟现实不仅可模拟、仿真现实世界,而且可增强参与者对现实中无法感知或不方便感知的感受,典型的实例是战斗机飞行员的平视显示器,它可以将仪表读数和武器瞄准数据投射到安装在飞行员面前的穿透式屏幕上,使飞行员不必低头读座舱中仪表上的数据,从而可集中精力盯住敌人的飞机或导航偏差。

4) 分布式虚拟现实

分布式虚拟现实系统可以使位于不同物理位置的多个用户或多个虚拟世界,通过网络连接成共享信息的系统,对同一虚拟世界进行观察和操作,达到协同学习、工作及相互交流的目的。分布式虚拟现实的典型是 SIMNET(Simulator Networking)系统。SIMNET 系统由坦克仿真器通过网络连接而成,用于部队的联合训练。通过 SIMNET 系统,位于不同国家或地区的仿真器可以运行在同一个虚拟世界,参与同一场作战演习,学员们能使用各种作战武器与敌人交战。网络游戏是分布式虚拟现实系统的具体应用。

4. 虚拟现实技术的教育应用

从教育发展历程来看,任何一种新技术的出现,都会引起教育的重大革命。毫无疑问,虚拟现实技术与教育的结合,也一定会促使教育领域产生很大飞跃。

虚拟现实技术能将三维空间的意念清楚地表示出来,使学习者可以直接、自然地与虚拟环境中的各种对象进行交互,并通过多种形式参与到事件的发展变化过程中,从而获得最大的控制和操作整个环境的自由度。该技术可应用在教育与培训领域的许多方面,诸如虚拟科学实验室、立体观念、生态教育、特殊教育、仿真实验、专业领域的训练等,具有明显的优势和特点。

国内外的虚拟现实应用主要表现在以下几个方面。

1) 仿真教学与实验

利用虚拟现实技术可以建立各种虚拟实验室,如地理、物理、化学、生物实验室等,创设一种虚拟的学习环境,具有传统实验室无法比拟的优势。

(1) 形象生动。利用虚拟现实技术,可以模拟显现那些在现实中存在但在课堂教学环境下用其他方法很难做到或者要花费很大代价才能显现的各种事物,供学习者学习和探索。主动的交互与被动的灌输有本质区别,学习者亲身去经历、亲身去感受,比空洞抽象的说教更具说服力。

(2) 节省成本。通常受到设备、场地、经费等条件的限制,许多实验无法进行,而利用虚拟现实系统,学习者足不出户就可以做各种实验,获得与真实实验一样的体验,在保证教学效果的前提下将极大地节省成本。

(3) 规避风险。借助虚拟现实技术的各项成果,人们能对危险的、不能失误的、缺少或难以提供真实演练的操作反复地进行十分逼真的练习。例如,虚拟的飞机驾驶教学系统,可免除因学习者操作失误而造成机毁人亡的严重事故。

(4) 打破时空的限制。利用虚拟现实技术可以彻底打破时间与空间的限制,大至宇宙天体,小至原子粒子,学习者都可以"进入"这些物体的内部进行观察。一些需要几十年甚至上百年才能观察到的变化过程,通过虚拟现实技术可以在很短的时间内呈现给学习者观察。

2) 特殊教育

虚拟现实技术是一种自然的交互形式,对特殊教育很有意义。

在虚拟现实技术的帮助下,残疾人能够通过自己的形体动作与他人交流,甚至可以用脚的动作与他人交谈。在高性能计算机和传感器的支持下,残疾人戴上数据手套后,就能将自己的手势翻译成讲话的声音;配上目光跟踪装置后,就能将眼睛的动作翻译成手势、命令或讲话的声音。专门教弱智儿童掌握手势语言的三维虚拟图像的理解和训练系统,可以帮助弱智儿童进行训练,从而使他们能很快地熟悉符号、文字和手势语言的意义。

3) 虚拟仿真校园

虚拟仿真校园是虚拟现实技术在教育培训中最早的具体应用,由浅至深有三个应用层面,分别为适应学校不同程度的需要供游客游览的简单的虚拟校园环境;基于教学、教务、校园生活的功能相对完整的三维可视化虚拟校园;以学员为中心,加入一系列人性化的功能,以虚拟现实技术作为远程教育基础平台。

4) 虚拟远程教育

虚拟现实技术可以为高校的分校和远程教育教学点提供可移动的电子教学场所,通过交互式远程教学的课程目录和网站,可对各个终端提供开放性的、远距离的持续教育,还可为社会提供新技术和高等职业培训的机会,创造更大的经济效益和社会效益。

随着虚拟现实技术的不断发展和完善,以及硬件设备价格的不断降低,虚拟现实技术以其自身强大的优势和潜力,将会逐渐得到教育工作者的重视和青睐,在教育培训领域广泛应用并发挥重要作用。

4.7.4 其他常用技术及应用

1. VRML 及其应用

VRML(The Virtual Reality Modeling Language,虚拟现实建模语言)是应用于 Internet 网页的一种虚拟现实建模语言,也是在 Internet 上建立 3D 多媒体和共享虚拟世界的一个开放标准。VRML 常用于描述三维物体及三维场景,它能够在 WWW 上构建动态的、具有丰富的传感效应的虚拟环境。在描述三维物体及由它们构成的场景时,VRML 能使物体在三维空间中运动(动画),还能够在场景中播放声音和电影,并使观察者能与场景进行交互,从而强化观察者在虚拟场景中的感受。

1) VRML 文档

所谓 VRML 文档,是使用 VRML 组织起来的一个扩展名为.wrl 的文本文件或扩展名为.wrz 的二进制文件(压缩格式),它可以通过 VRML 浏览器向用户展示虚拟现实情景。

2) VRML 编辑软件

由于 VRML 文档是一个普通的文本文件,即纯文本文件,因此它对编辑工具没有特殊的要求。事实上,Microsoft Word、写字板等,都可以用来编辑 VRML 文档。为了更加方便、高效地进行 VRML 文档的编辑,人们通常采用具有"所见即所得"功能的可视化 VRML 文档编辑软件,例如,Internet Space Builder、Canoma 等,它们会自动将所编辑成的结果保存为 VRML 格式的文本文件,从而使制作 VRML 文档变得十分简单,只需像在文字处理软件 Word 中写文章一样,就能轻松完成 VRML 文档的制作。

3) VRML 浏览器

VRML 文档可以在 Internet 上传输，并通过 WWW 浏览器进行演示。

例如，在常用的浏览器 IE 或 Netscape Navigator 中都可以演示 VRML 文档，其中 IE 5.0 或 Netscape Navigator 4.0 以上版本浏览器中都已经预装了 VRML 插件。如果在安装浏览器时未选择预装，也可以单独下载和安装 VRML 浏览插件，如 Cosmo Player。可以从网站 http://cosmosoftware.com/ 下载 Cosmo Player 软件的最新版本，它支持 IE 和 Netscape，是应用最广泛的一种浏览虚拟现实的插件。

2. 全景环视技术

1) 全景环视的基本概念

全景环视技术也称 360°全景环视技术，或基于图像处理的 Panorama(全景摄影)技术，就是把相机环绕 360°拍摄的一组照片拼接成一个全景图像，用一个专用的播放软件在 Internet 上显示。观看者可以通过鼠标控制环视的方向，可上、可下、可左、可右、可近、可远，感觉如身临其境一般，好像在一个窗口前浏览一个现实的场景。在过去，价格昂贵的全景摄影机虽然也可以拍摄出 360°的高质量全景照片，却很难在 Internet 上浏览。现在，飞速发展的计算机多媒体技术使高质量全景照片有了全新的内涵和广泛的应用。事实上，如今有大量的网站可以提供全景照片：从大学校园到旅游公司，从软件厂商到商品广告，从业余爱好者到专业摄影者等。

从严格意义上说，全景环视技术并不是真正意义上的三维图形技术，它发展较快的原因是其具有以下几个优点。

(1) 通过实地拍摄，有照片级的真实感。

(2) 有一定的交互性，可以用鼠标控制环视的方向，可上下、左右、远近控制浏览。

(3) 不需要单独下载插件，自动下载一个小小的 Java 程序后就可以通过浏览器在网上观看全景照片。

近年来，全景环视摄影已经从以往简单的柱形全景，发展到球形全景，直至对象全景。球形全景视角是水平 360°，垂直 180°，即全视角，观看时能让人完全融入虚拟环境之中。全景环视摄影现在的发展方向是动态全景视频，观众甚至可以在一些网站上看到正在进行中的带音响效果的全景球类比赛，比赛中，观众的视角可以随意转动。对象全景则主要是瞄准 e-Commerce(电子商务)业务，用以进行商品展示，例如住宅、工艺品、古代与现代艺术品等。

归纳全景环视摄影的应用领域，大致涉及商品广告与推销(例如电子商务的虚拟商场)、远程教学、旅游业、新闻业、娱乐业、多媒体展示业、建筑业等。

2) 全景环视图像制作工具

目前有不少用于全景环视图像的制作软件工具，如 iPIX、PixMaker、Photovista 等。我们通过相关网站可下载这些软件的共享版本或试用版本。

iPIX 全景 360°图片技术需要利用 iPIX 专利技术的鱼眼镜头拍摄两张 180°的球形图片，再通过 iPIX 软件把两幅图像拼接起来，制作成一个 iPIX 360°全景图片。iPIX 利用上述原理生成一种逼真的 Internet 三维立体图片。在视场中，观众可以通过鼠标的上下、左右移动任意选择自己的视角,或者任意放大和缩小视角,也可以对环境进行环视、俯瞰和仰视,从而产生较高的沉浸度。

PixMaker 是一款全景环视图片制作软件,可以从网站 http://www.pixaround.com 下载它的试用版本。PixMaker 特别注重软件的简易性,界面设计与操作流程更加简化,在无须昂贵专业器材或额外浏览器插件软件 Plug-ins 的情况下,即可在网络上传送互动的网上虚拟环境。PixMaker 软件是全景虚拟环境制作软件中较简单的一款。

Photovista 是一款全新的全景 360° 图片制作软件,它不需要专业训练或者不用附加任何软件和昂贵的硬件,就可以制作出逼真的三维全景图像。利用一台扫描仪或者任何 35 mm 的数码相机、照相机,就可以获得 GIF、JPEG、IVR(Windows)格式的图像文件。把拍摄好的图片放到 Photovista 中,然后依次打开图像、打开镜头、拼接预览、看全景、拼接最后的全景。图片经过自动调整、排列、拼接,就可以创造出无缝拼合的全景图片。

远程教育是一种新型的教学形式,这种形式随着媒体和社会的发展变化而产生了多种多样的模式。从不同的研究角度出发,可以将远程教育划分成不同的教学模式。与此相应,网络课程开发平台是专为开发网络课程而设计的工具软件,这些软件中都包括了常用的课程构件。

视频会议系统是指利用摄像和显示设备,通过通信线路在两地或多个地点之间实现交互式音、视频实时通信的系统。用于远程教学的视频会议系统具有实时性、交互性、多媒体性和共享性等特点。

虚拟现实技术是利用计算机生成一种模拟环境,通过多种传感设备使用户"投入"到该环境中,实现用户与该环境直接进行自然的交互。虚拟现实技术具有交互性、沉浸性等特点。

VRML 是一种虚拟现实建模语言。全景环视技术把相机环绕 360° 拍摄的一组照片拼接成一个全景图像,用一款专用的播放软件在因特网上显示。随着因特网和虚拟现实技术的发展,虚拟现实在远程教育中有十分广泛的应用前景。

当然,远程教育是指师生凭借媒体所进行的非面对面的教育。它的优点在于使学生在时间和空间并不统一的情况下,能与教师进行交流并完成学习任务。现代远程教育是计算机技术和因特网技术在远程教育领域的新兴应用。新的远程教育形态的出现与应用并不意味着否定和抛弃原有的远程教育形态。

小　　结

现代教育技术环境是指将不同种类的现代教育媒体有机地组合在一起,便于开展多媒体教学活动,并能实现特定教学功能的教学环境。现代教育技术环境以多媒体计算机技术、音视频传输处理技术和计算机网络技术为基础,具有教学媒体组合化、集成化、操作使用方便化、信息传输网络化等特点,它是学校现代化的标志,也是学校教学环境建设的重要组成部分。本章讲解的现代教育技术环境主要包括多媒体教学系统与多媒体教室、网络在教学中的应用、网络机房、微格教学系统、校园计算机网络、多媒体网络录播系统和现代远程教育技术。在现代远程教育技术中，主要应用到网络课程开发平台(Learning Space、Blackboard、中国大学 MOOC 等)、视频会议与实时教学、虚拟现实技术等。虚拟现实技术在教育中的应用优势包括仿真教学与实验、创造形象生动的教学环境、节省成本、打破时空的限制等。

第5章

数字化教学资源

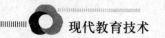现代教育技术

5.1 数字化教学资源概述

教学资源是为教学的有效开展提供的素材等各种可以利用的条件,通常包括教材、案例、影视、图片、课件等,也包括教师资源、教具、基础设施等。

数字化教学资源是指经过数字化处理,可以在多媒体计算机上或网络环境下运行的,可以实现共享的多媒体学习材料。它具有多样性、共享性、扩展性、工具性等特点。数字化教学资源涵盖的内容十分广泛,有多媒体课件库、多媒体素材库、视频资源库、网络课程、数字化图书馆、教师教学网站群、专业课程资源库等多方面。

与数字化教学资源对应的是非数字化教学资源,包括印刷材料、电影电视、录像、投影片、幻灯片等。教学资源数字化能够激发学生通过自主、合作、创造的方式来寻找和处理信息,从而实现数字化学习。需要注意的是,教学资源数字化并不是简单地把一段文字或者图片通过拍照的方式保存在计算机硬盘或上传至网上,数字化教学资源一定是将文本、图像等类型的资源经过数字化处理,然后根据学生的特征进行编辑,可以在多媒体计算机上或网络环境下运行,供学生使用的多媒体资源。

5.1.1 数字化教学资源的类型与特点

按信息的呈现方式划分,数字化教学资源可以分为数字化的幻灯片、投影、音视频及网上教学资源等。数字化教学资源通常具备的特点如下。

1. 获取的便捷性

利用数字化教学资源的学生可以不受时空和传递呈现方式的限制,通过多种设备,使用各种学习平台获得高质量课程的相关信息,可以实现随意的信息的传送、接收、共享、组织和储存。

2. 形式的多样性

数字化教学资源以电子数据的形式表现信息内容,其主要的媒体呈现形式有文本、图像、声音、动画、视频等,极大地丰富了信息内容的表现力。此外,数字化教学资源友好的交互界面、超文本结构极大地方便了学习者的学习,虚拟仿真的应用也更有助于学习者对知识的记忆与理解。

3. 资源的共享性

一般来讲,利用电子读物或网络课程实现的资源共享传播面要比普通信息资源共享的传播面大。

4. 平台的互动性

数字化教学资源与以往传统的教学资源相比较,最大的优势在于其互动性,无论是通过网络媒介进行的学习方式,还是通过光盘等进行的学习方式,其双向交流的方式都得到了越来越多学生的喜爱。一方面学习者可以通过网络上的交流工具,实现与老师或学生之

间的交流互动；另一方面学习者还可以从学习软件的数据库中寻求问题的答案，同时也可将软件数据库自行更新。

5. 内容的扩展性

数字化教学资源的内容扩展性主要表现在可操作性和可再生性两个方面，具体说明如下。

(1) 可操作性：数字化学习过程，既把课程内容进行数字化处理，同时又利用共享的数字化资源融合在课程教学过程中，这些数字化学习内容能够被评价、被修改和再生产，它允许学生和教师用多种先进的数字信息处理方式对它进行运用和再创造。

(2) 可再生性：经数字化处理的课程学习内容能够激发学生主动地参与到学习过程中，学生不再是被动地接收信息，而是采用新颖熟练的数字化加工方法，进行知识的整合、再创造并作为学生的学习成果。数字化学习的可再生性，不仅能很好地激发学生的创造力，而且能为学生创造力的发挥提供更大的可能。

5.1.2 数字化教学资源的构建

在当今的信息化时代，互联网发展迅猛，各种信息资料在互联网上琳琅满目，因此互联网上包含多种类型的网络学习资源，为了方便我们查阅，通常可将网上教学资源分为以下七类，如图 5-1 所示。

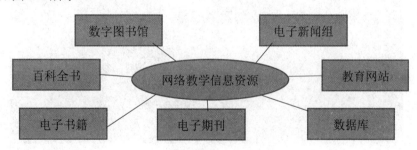

图 5-1 网络教学信息资源分类

1. 数字图书馆

数字图书馆(Digital Library)是用数字技术处理和存储各种图文并茂的文献的图书馆，实质上是一种多媒体制作的分布式信息系统。它把各种不同载体、不同地理位置的信息资源用数字技术存储，以便于跨越区域、面向对象的网络查询和传播。它涉及信息资源加工、存储、检索、传输和利用的全过程。通俗地说，数字图书馆就是虚拟的、没有围墙的图书馆，是基于网络环境下共建共享的可扩展的知识网络系统，是超大规模的、分布式的、便于使用的、没有时空限制的、可以实现跨库无缝链接与智能检索的知识中心。简言之，数字图书馆是一种拥有多种媒体内容的数字化信息资源，能够为用户提供方便、快捷、高水平的信息化服务机制。

数字图书馆具有以下特点。

1) 信息储存空间小且不易损坏

数字图书馆是把信息以数字化形式加以储存，一般储存在电脑光盘或硬盘里，与过去的纸质资料相比占地很小。而且，以往图书馆管理中的一大难题就是资料多次查阅后就会磨损，一些原始的比较珍贵的资料，一般读者很难看到。数字图书馆就避免了这一问题。

2) 信息查阅检索方便

数字图书馆都配备有电脑查阅系统，读者通过检索一些关键词，就可以获取大量的相关信息。而以往图书资料的查阅，需要经过检索、找书库、按检索号寻找图书等多个步骤，烦琐且不便。

3) 远程传递信息迅速

传统型图书馆位置固定，读者往往要花费大量的时间在去图书馆的路上，数字图书馆则可以利用互联网迅速传递信息，读者只要登录网站，轻点鼠标，即使和图书馆所在地相隔千里，也可以在几秒内看到自己想要查阅的信息，这种便捷是以往的图书馆所不能比拟的。

4) 同一信息可多人同时使用

众所周知，一本书一次只可以借给一个人使用。数字图书馆则可以突破这一限制，一本"书"通过服务器可以同时借给多个人查阅，大大提高了信息的使用效率。

在我国，比较有名的数字图书馆有中国国家数字图书馆、中国科学院国家科学数字图书馆、中国数字图书馆、中国知网数字图书馆等。图 5-2 所示为中国数字图书馆官方首页。

图 5-2　中国数字图书馆首页

2. 百科全书

百科全书是指一种大型参考书，采用词典的形式编排，收录各科专门名词、术语，分列条目，详细解说，具有比较完备的介绍文化科学知识，有包罗万象的综合性的百科全书，也有专科性的百科全书，如医学百科全书、工程技术百科全书等。从上古时代算起，百科全书已有 2000 多年的编撰历史了，而电子百科全书是近年才发展起来的新事物，不过著名的《大英百科全书》1996 年就已经有了在线服务。知名的电子百科网有韦氏在线词典、辞典网、《英汉-汉英科技大辞典》网络版、《大不列颠百科全书》、知识在线、网络知识百科全书等。

3. 电子书籍

目前有比较多的网站都提供电子书下载，常见的电子书籍的格式有 EXE、PDF、

CHM、HLP、EBK 等。其中 EXE 格式的电子书籍制作简单，也无须专门的阅读器支持阅读，但是大多需要 IE 支持；CHM、HLP 文件格式的电子书一般不用单独安装阅读工具，其支持文件在用户安装 Windows 操作系统时已经安装；其他文件格式的电子书由于版权等原因，基本都要安装相应的阅读器才能使用。目前比较知名的电子书网站有鸠摩搜索(见图 5-3)、书格、中国典籍网、超星电子图书、图灵社区等。

图 5-3　鸠摩搜索首页

4. 电子期刊

电子期刊是以高新技术，包括光盘、网络通信技术为载体，经过信息技术人员加工处理，运用现代技术检索手段，以满足信息需求的出版物。电子期刊融入了图像、文字、声音、视频、游戏等相互动态结合呈现给读者，此外，还有超链接、及时互动等网络元素，是一种很享受的阅读方式。就广义而言，任何以电子形式存在的期刊皆可称为电子期刊，包括通过联机网络可检索到的期刊和以 CD-ROM 形式发行的期刊。和电子杂志一样，以 HTML 5 为主要载体独立于网站存在。电子期刊是一种非常好的媒体表现形式，它兼具了平面与互联网两者的特点。国内知名的电子期刊有中国知网、中国期刊网、万方数字化期刊等。

5. 数据库

数据库是指大量信息对象的集合，允许用户根据某些属性进行检索。数据库通常包括图书馆目录和专门用途的数据库，前者一般免费，可以辅助教师和学生对各种题目进行研究，也可以帮学生收集文献资料以完成作业或学期论文；专门用途的数据库一般按次计费，它包含用户所需期刊上的文章，可以对它们进行搜索，然后生成一个以超文本形式输出的符合用户需要的文章列表。较为有名的数据库有美国的教育资源信息中心(Education Resources Information Center，ERIC)、世界大讲堂和全球校园等。

6. 教育网站

教育网站包括全国各大高校官方网站、教育机构等教育类网站。由于教育系统信息化平台的发展应用，根据教育部的"十三五"规划，较多教育网站融入整体的教育云平台中，以学校教育社区为现有的教育网、校园网升级，为无网站的学校提供新一代教育网、校园网和班级网，必然成为其升级和新建的最佳选择。教育机构通过教育网站发布自己的

数据资源，用于存放课堂教学的教案、附加材料甚至完整的网上课程等。国内较为有名的教育网站有新东方教育在线、中国教案网、精品开放课程共享系统、国家基础教育资源公共服务平台等。随着教育技术手段在全社会化媒介和移动设备中逐渐成为主流，通过新技术来提高学习效率和教学效果是当前研究的趋势。

7. 电子新闻组

电子新闻组是世界范围内通过 ISP 的一个公共电子公告板系统，它是讨论主题的巨大集合，或者是任何人都能发布观点和建议的新闻组。新闻组是一个完全交互式的超级电子论坛，是任何一个网络用户都能进行相互交流的工具。在教育环境中，新闻组的作用包括以下两方面。

（1）帮助查找信息，例如阅读张贴在新闻中的关于某一课题的文章或者通过张贴文章寻求帮助。

（2）支持不同文化间的交流和跨地区的学生/学校之间的合作，如较大的项目和作业课题的完成需要共同合作。

国际新闻组在命名、分类上有其约定俗成的规则。新闻组由许多特定的集中区域构成，组与组之间呈树状结构，这些集中区域就被称为类别。当前，在新闻组中主要有以下几种类别。

- comp：关于计算机专业及业余爱好者的主题，包括计算机科学、软件资源、硬件资源和软件信息等。
- sci：关于科学研究、应用或相关的主题，一般情况下不包括计算机。
- soc：关于社会科学的主题。
- talk：一些辩论或人们长期争论的主题。
- news：关于新闻组本身的主题，如新闻网络、新闻组维护等。
- rec：关于休闲、娱乐的主题。
- alt：比较杂乱、无规定的主题，任何言论在这里都可以发表。
- biz：关于商业或与之相关的主题。
- misc：其余的主题。在新闻组里，所有无法明确分类的东西都称为misc。

奔腾新闻组是国内最大的新闻组服务器，有 20000 多个讨论组，是国内唯一一家可以和国外新闻组服务器转信的一个新闻组，虽然转信是经过筛选的，不是全部都转到国外新闻组服务器，但在那里你可以感受一下真正的新闻组是什么样子。

5.2 数字化教学资源的获取

5.2.1 数字化教学资源检索工具

在信息化时代，我们可以从网络中检索到海量的信息化教学资源，因此就需要我们能够熟练使用信息检索工具。网络信息检索工具是指在因特网上提供信息检索服务的计算机系统，其检索的对象是存在于因特网信息空间中各种类型的网络信息资源。常见的数字化教学资源检索工具主要为搜索引擎，分为以下几种。

1. 全文搜索引擎

全文搜索引擎是目前广泛应用的主流搜索引擎。它的工作原理是计算机索引程序通过扫描文章中的每一个词，对每一个词建立一个索引，指明该词在文章中出现的次数和位置，当用户查询时，检索程序就根据事先建立的索引进行查找，并将查找的结果反馈给用户的检索方式。这个过程类似于通过字典中的检索字表查字的过程。最常用的全文搜索引擎有百度、谷歌(Google)等。图 5-4 所示为百度搜索引擎首页。

图 5-4　百度搜索引擎首页

2. 目录搜索引擎

目录搜索引擎是由信息管理专业人员在广泛收集网络资源与加工整理的基础上，按照某种主题分类体系编制的一种可供检索的等级结构式目录。在每个目录下提供相应的网络资源站点地址，使用户能够通过该目录体系的引导，不依靠关键词就能查找到相关信息。其本质是按目录分类的网站链接列表。常见的目录搜索引擎有新浪、搜狐、网易等。图 5-5 所示为新浪网首页。

图 5-5　新浪网首页

3. 元搜索引擎

元搜索引擎是通过一个统一的用户界面帮助用户在多个搜索引擎中选择和利用合适的(甚至是同时利用若干个)搜索引擎来实现检索操作，是对分布于网络的多种检索工具的全局控制机制。元搜索引擎在接受用户的查询请求后，同时在多个搜索引擎上搜索，并将结

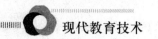

果返回给用户。这种搜索引擎可以自动分类整理、自动去掉重复结果、汇集多个搜索引擎结果、网络收藏夹和智能分类等，减少了整合资料的时间。较有名的元搜索引擎有Dogpile、360 综合搜索、觅搜、我搜搜索等。Dogpile 是直接按来源排列搜索结果，另外，有的元搜索引擎则按自定的规则将结果重新排列组合。

5.2.2　数字化教学资源搜索方法、策略与技巧

随着网络信息的爆炸式发展，要想提高我们平常对信息资源的检索效率，避免或减少信息检索过程中所走的弯路，用户应掌握一定的网上信息检索的策略和技巧。影响网络信息检索效率的因素有很多，比如网络信息源因素、网络信息检索工具的问题等。

1. 检索方法

1) 目录分类检索法

用户通过逐层点击网络信息主题目录，直到找到需要的信息为止。该方法适用于分类明确的信息查找。

2) 关键词检索法

当需要查找一个特定信息时，使用关键词来查询搜索引擎的数据库，通常能得到较满意的结果。适当地掌握关键词的使用方法和技巧，能获得更加精确的查询结果，大大提高信息的查找效率。

3) 分类目录加关键词检索法

当用户对究竟采用分类目录检索还是关键词检索犹豫不定时，使用分类目录加关键词混合检索通常是最佳选择。其具体做法是：先通过网络分类目录查找所需信息所在范围较窄的类别，再在该类别下应用关键词做进一步检索。

4) 元搜索引擎检索法

经常在网上查资料会发现，用某个搜索引擎查找时，搜索到的信息较少，为使搜索到的信息全面而丰富，往往不得不用多个搜索引擎逐个进行查找，这样就浪费了不少时间和精力。元搜索引擎的出现大大提高了检索的成功率。当用户输入关键词后，它会将关键词同时提交给多个搜索引擎进行检索，从而快速、准确、全面地找到所需信息。

5) 专门搜索引擎站点检索法

专门搜索引擎(如人物搜索引擎、旅行路线搜索引擎、域名搜索引擎、网址搜索引擎、主机名搜索引擎、商业搜索引擎、FTP 搜索引擎等)往往具有专一的特点，用户如果要查找某方面的信息，使用专门搜索引擎可以更快速、更准确地查到所需信息。专门搜索引擎在某一行业的信息较之综合性的搜索引擎更全、更新，而且因信息相对集中，检索起来也能够节省很多时间，查准率也有保证。在进行信息检索的过程中，应根据课题的学科领域、专业范围、所需要的信息形式有针对性地选择搜索引擎和检索工具。

2. 检索策略与技巧

有效地提高数字化教学资源搜索的策略和技巧包括以下几方面。

(1) 针对需求选择搜索引擎。在外文信息搜索过程中，我们选择谷歌搜索较为合适；而在进行中文检索时，选择百度搜索较为合适。

(2) 适当地扩大检索范围。有时我们输入的关键词无法搜索到所需相关内容时，就可以考虑扩大检索范围，例如使用同义词、近义词或相关词，也可使用通配符(*)，还可使用某些搜索引擎的自动扩检功能进行相关检索。

(3) 适当地缩小检索范围。缩小检索范围的目的通常是因为我们的搜索内容太过笼统或者过于宽泛，导致搜索出的内容或无用信息太多，这时就可适当地缩小检索范围。其具体方法有：使用双引号精确查找、使用逻辑"与"、使用检索词的全称、利用某些搜索引擎的进阶检索功能。

(4) 构造恰当的检索表达式。此策略主要是将布尔逻辑检索符(AND、OR、NOT)大写，或者简化布尔逻辑检索符(+、-、&、|)，以及空格必须用半角。

(5) 使用高级检索语句。此策略主要使用 Intile、Site、Filetype。Intile 表示搜索范围限定在网页标题中；Site 表示搜索范围限定在特定的站点中；Filetype 表示搜索范围限定在特定的文件类型中。

5.2.3　数字化教学资源的获取

在信息化教学过程中，教师可以利用的数字化教学资源包括数字化的文本、图片、音频、视频、动画等多媒体素材。教师一般可以通过教材所附带的数字化教学资源包(如包含电子课件、教案、微视频、习题库、习题答案等)、教师自制数字化教学资源来达到自身的教学目的。在教师尚无数字化教学资源的时候，获取各类资源的方法如下。

1. 获取文本资源

教师获取文本的主要方法有：用键盘直接输入；采用光学字符识别(Optical Character Recognition，OCR)技术将图像文本转换为文本文字(如用扫描仪、数码相照获取的文字图像)；通过腾讯 QQ 的组合键 Ctrl+Alt+O；利用语音录入技术输入文字素材；从现有的文件中复制(网络或其文件中)。

2. 获取图片资源

教师想要获取图片资源的方法主要有以下三种。

(1) 网络下载图片资源。教师可用百度、谷歌等图片的常用搜索引擎进行图片的搜索，方法是在打开相关的图片素材网站(如昵图网、千图网、素材中国等，其中部分图片素材涉及收费)，然后右击选择图片另存为即可。

(2) 屏幕图片的捕捉。教师要想捕捉屏幕图片，可按 Alt+Print Screen 组合键截屏，或者使用腾讯 QQ 截图(Ctrl+Alt+A 组合键)，也可使用专门的截图软件截图。

(3) 使用数码相机或者扫描仪等设备获取。这种方法是教师通过数码相机拍照或者扫描仪扫描成图片即可生成想要的图片。数码相机拍照时最好选用像素较高、拍摄效果较好的相机进行，并注意拍摄的相关技巧，同时根据图像的用途，合理设定图像的分辨率；扫描仪是利用光电技术和数字处理技术，以扫描的方式将图像信息转换为数字信号的装置。

3. 获取音频资源

音频的采集方式包括以下几种。

(1) 网络下载。教师要下载音频资源一般可通过音乐播放软件，如酷狗、QQ 音乐、百度 MP3、网易云音乐等。

(2) 从一些软件光盘中提供的声音文件进行获取。

(3) 通过计算机中声卡的 MIDI 接口，从带 MIDI 输出的乐器中采集音乐，形成 MIDI 文件；或者利用连接在计算机上的 MIDI 键盘创作音乐，形成 MIDI 文件。

(4) 通过声音编辑软件，将光盘中或从网络上下载的音频素材进行编辑处理，得到最终所需的音频资源。

(5) 通过数码录音笔录制。

(6) 通过计算机中的声卡，从麦克风中采集语音生成 WAV 文件。用 Windows 系统录音机(Windows 10 系统环境下，执行"开始"→"录音机"命令，即可打开录音机程序)，通过计算机中的声卡，从麦克风中采集语音生成音频文件。

4. 获取视频资源

教师获取视频资源的方法通常有网络下载视频、数码相机或手机拍摄、视频编辑软件截取数字视频片段和通过录屏软件录屏等。

(1) 网络下载视频：一些视频网站如优酷、土豆等，以及有些视频播放器均可搜索下载所需的视频资源，此外还可通过迅雷等下载工具进行下载。

(2) 数码相机或手机拍摄：此方法就是利用数码相机或手机的摄像功能进行视频的拍摄。

(3) 视频编辑软件截取数字视频片段：即利用视频编辑软件对已有的视频进行剪辑等处理，以获取到目标视频。目前常用的视频编辑软件包括爱剪辑、Premiere、Movie Maker、Edius、会声会影等。图 5-6 所示为爱剪辑软件界面。

图 5-6　爱剪辑软件界面

(4) 通过录屏软件录屏：使用录屏软件(EV 录屏、Camtasia Studio、腾讯 QQ 组合键 Ctrl+Alt+S 录屏、录屏大师、超级录屏、PowerPoint 自带视频录制功能等)可以很方便地录制我们在电脑屏幕上显示的操作，同时通过耳麦接入电脑，这样我们边讲边操作的过程通过录屏软件就能录下相应的视频。录制好的视频如果不满意，还可通过视频剪辑软件进行剪辑等处理。

5. 获取动画资源

获取动画资源的方法也可通过网络下载(使用动画下载软件 Flash Get 等)，或者使用动画制作软件(Flash CS6、3ds Max、Gif 动画制作软件 Ulead Gif Animator)进行制作。

5.3 数字化教学资源的处理

数字化教学资源的处理是教学准备过程中的重要环节，涉及许多技巧与方法，熟练地掌握这些技巧与方法有助于提高我们教学准备工作的效率。本节主要介绍各类数字化教学资源素材的处理方法。

5.3.1 图片资源的处理

图片分为矢量图(图形)和位图(图像)。矢量图的特点是文件小，在缩放过程图像不会失真；位图的特点是文件大，能够制作出色彩丰富的图像，但是缩放和旋转容易使图像失真。

矢量图的常见文件格式有 ai(Adobe Illustrator 图形文件存储格式)、cdr(CorelDRAW 文件存储格式)、dxf(AutoCAD 图形文件格式)等；位图的常见文件格式有 jpg/jpeg(常见图像格式)、bmp(Windows 中的标准图像格式)、png(较不易失真的图片格式)、gif(文件小，适宜网络传输)等。能够进行数字图像处理的软件较多，这里主要介绍常用的图像处理软件 Adobe Photoshop CS6。

1. Adobe Photoshop CS6 的安装与使用

Photoshop 是由 Adobe 公司推出的图形图像处理软件，它具有强大的图像处理功能，是目前使用最广泛的图形图像处理软件。下面介绍 Adobe Photoshop CS6 的安装与使用。

1) Adobe Photoshop CS6 的安装

(1) 进入存放已下载好的 Photoshop CS6 安装软件的计算机硬盘中(或将 Photoshop CS6 安装光盘放入光驱)，在目录文件夹中双击 Setup.exe 文件，运行安装程序并初始化。

(2) 初始化完成后，显示欢迎窗口，单击"接受"按钮。

(3) 在窗口中输入安装序列号。

(4) 单击"下一步"按钮，显示安装选项，选择 Photoshop CS6，并选择安装位置，单击"安装"按钮开始安装，安装过程中会显示安装进度和剩余时间。

(5) 安装完成后，单击"完成"按钮，再单击"下一步"按钮，即可完成安装。

2) Adobe Photoshop CS6 的使用

安装完成 Photoshop CS6 软件后，执行 Windows 桌面上的"开始"→"程序"→Adobe Photoshop CS6 菜单命令，或者双击桌面上的 Photoshop CS6 快捷图标，即可启动进入 Photoshop CS6 软件主界面，如图 5-7 所示。

图 5-7 Photoshop CS6 软件主界面

Photoshop CS6 软件主界面主要包括菜单栏、工具选项栏、工具箱、图像窗口、控制面板等。

(1) 菜单栏。

Photoshop CS6 的菜单栏如图 5-8 所示。

图 5-8 菜单栏

每个菜单内都包含一系列命令,单击一个菜单即可打开该菜单,选择菜单中的一个命令即可执行该命令。下拉菜单中的命令如果显示为黑色,表示此命令目前可用;如果显示为灰色,则表示此命令目前不可用。在文档窗口的空白处,在一个对象或面板上右击,可以弹出快捷菜单。

(2) 工具箱。

Photoshop CS6 的工具箱中包含了用于创建和编辑图像的各种工具按钮。每组工具中当工具图标右下角有一个三角形时,表示该项目中还有多个隐藏工具。用鼠标右击该工具按钮,就可以和弹出工具组中的其他工具进行切换。将鼠标指针移动到工具按钮上并稍停片刻,就会显示工具的名称,括号内的字母即为该工具的快捷键。工具箱位于操作界面的左侧,单击工具箱左上角的两个三角形图标,即可以进行两种形式之间的切换,Photoshop CS6 工具箱如图 5-9 所示。

在工具箱的上面部分为编辑图像用的工具,在下面部分还包括了"前景色/背景色控制"工具、"以快速蒙版模式编辑/以标准模式编辑"工具以及"更改屏幕模式"工具。

"前景色/背景色控制"工具用于设定前景色和背景色,单击色彩控制框将出现"拾色器"对话框,如图 5-10 所示。用户可以从中选取颜色作为前景色和背景色。单击(交换)

按钮或按 X 键可以将前景色和背景色进行互换。拾色器也可对素材中已有色彩进行吸取，如图 5-11 所示，用吸管吸取向日葵花瓣上某一处的色彩，则拾色器的颜色也被自动替换成相对应的同一种颜色。

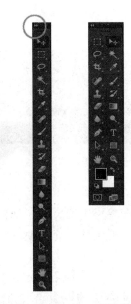

图 5-9　Photoshop CS6 的工具箱

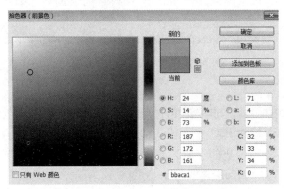

图 5-10　"拾色器"对话框

图 5-11　吸取图片颜色

"以快速蒙版模式编辑/以标准模式编辑"工具其实是一个按钮,单击即可在两种状态下切换,"标准模式"可以使用户脱离快速蒙版状态;"快速蒙版模式"允许用户轻松地创建、观察和编辑选择区域。按 Q 键可在这两种状态中进行切换。

更改屏幕模式中包括三种模式,直接单击按钮即可切换,或在按钮上按住鼠标左键不放,如图 5-12 所示。

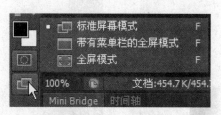

图 5-12 更改屏幕模式

- 标准屏幕模式:默认状态下的模式。
- 带有菜单栏的全屏模式:能够将可用的屏幕全部扩充为使用区域。
- 全屏模式:同样能将可用的屏幕全部扩充为使用区域,但不包括"开始"菜单。

(3) 工具选项栏。

工具选项栏是用来设置工具的选项,它会随着所选工具的不同而变换选项内容。在使用工具箱中的工具进行图像处理时,工具选项栏会出现当前使用工具的相应参数,可以根据自己的需要设置工具的具体参数。图 5-13 所示为"椭圆工具"选项栏。

图 5-13 "椭圆工具"选项栏

(4) 面板。

Photoshop CS6 中的面板是非常重要的组成部分,灵活好用,包含多个面板,在"窗口"菜单中选择需要的面板将其打开。默认情况下,面板以选项卡的形式成组出现在主窗口右侧。面板能够控制各种参数的设置,设置起来非常直观,并且颜色的选择以及显示图像处理的过程和信息也在控制面板中体现,如图 5-14 所示。

控制面板左侧的按钮是一些隐藏的控制面板,单击后即可显示出来,如图 5-15 所示。

单击面板组右上角的 按钮,可以将面板折叠为图标状;单击面板右上角的 按钮,可以将其折叠回面板组。拖动面板边界,可以调整面板组的宽度。

选中一个面板标签,将其从面板组拖动至窗口的空白位置处,再释放鼠标,即可将其移出面板组,成为浮动面板。

将一个面板标签拖动到另一个面板的标题栏上,当出现蓝色框时释放鼠标,可以将它与目标面板组合。

将光标放在面板标签上,将其拖动至另一个面板下,当两个面板的连接处显示为蓝色时释放鼠标,可以连接两个面板,连接的面板可以同时折叠或移动。

如果面板的右下角有 按钮,则拖动该按钮可以调整该面板的大小。单击面板右上角的 按钮,可以打开面板菜单,菜单中包含了与当前面板相关的各种命令。

 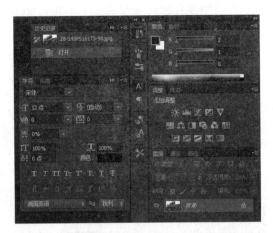

图 5-14　面板　　　　　图 5-15　隐藏的"历史记录"和"字符"等面板

在一个面板的标题栏上右击，在弹出的快捷菜单中执行"关闭"命令，可以关闭该面板；执行"关闭选项卡组"命令，可以关闭该面板组。对于浮动面板，可单击它右上角的 ✕ 按钮将其关闭。用户可以在需要时打开面板，不需要时将其隐藏，以便节省窗口空间。

(5) 状态栏。

状态栏可以提供当前文件的显示比例、文档大小、当前工具、暂存盘大小等提示信息。

(6) 程序栏。

程序栏位于 Photoshop 软件主界面的顶部。其左侧的按钮可用于打开 Bridge、MiNi Bridge，调整窗口显示比例，显示标尺、参考线和网格，以及按照不同的方式排列文档；右侧的按钮可用于切换工作区，将窗口最大化、最小化或关闭。

(7) 文档窗口。

当同时打开多个图像时，各个文档窗口会以选项卡的形式展示(与浏览器选项卡类似)。用户单击其中一个文档，就会将此文档置于工作窗口，也可通过按 Ctrl+Tab 组合键或者 Ctrl+Shift+Tab 组合键进行各个窗口的切换。

(8) 标题栏。

标题栏可以显示文档名称、文件格式、窗口缩放比例和颜色模式等信息。如果文档包含多个图层，还会显示当前工作图层的名称。

2. Photoshop CS6 处理图像的常用技巧

常用的图像处理技术包括修改图像尺寸和分辨率、裁剪、修复、选择、图层、调色等。

1. 修改图像尺寸和分辨率

要修改图像的像素大小、打印尺寸和分辨率，可以使用"图像大小"对话框来进行设置。

位图图像在高度和宽度方向上的像素总量称为图像的像素大小。图像的分辨率由打印在纸上的每英寸像素(ppi)的数量决定。

更改图像打印尺寸和分辨率的操作如下。

(1) 执行"图像"→"图像大小"菜单命令,打开"图像大小"对话框,如图 5-16 所示。

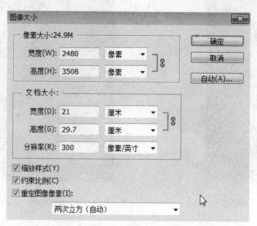

图 5-16 "图像大小"对话框

(2) 更改打印尺寸或图像分辨率(或同时更改两者):如果只更改打印尺寸或只更改图像分辨率,并且要按比例调整图像中的像素总量,则一定要选中"重定图像像素"复选框,然后选取插值方法。如果要更改打印尺寸和分辨率而又不更改图像中的像素总数,取消选中"重定图像像素"复选框。

(3) 如果要保持图像当前的宽高比例,选中"约束比例"复选框。更改高度时,该选项将自动更新宽度。

(4) 在"文档大小"选项组中输入新的高度值和宽度值,也可以选取一个新的度量单位。

- "邻近"方法速度快但精度低。
- 对于中等品质方法可以使用两次线性插值。
- "两次立方"方法速度慢但精度高,可得到最平滑的色调层次。
- 放大图像时,建议使用"两次立方(较平滑)"。
- 缩小图像时,建议使用"两次立方(较锐利)"。

(5) 在"分辨率"输入框中输入一个新值。如果需要,选取一个新的度量单位。

如果要恢复"图像大小"对话框中显示的原始值,按 Alt 键,然后单击"复位"按钮(原"取消"按钮所在位置)。

2. 裁剪

对图像的裁剪主要是为了删除图像多余的部分,使图像整体画面构图更完美。"裁剪工具"可以针对选区的框型裁剪,也可以对图像进行自定义裁剪,重新定义画布的大小,同时,用户也可以对图像素材进行具体尺寸的精确裁剪。

1) "裁剪"命令

(1) 创建一个选区,选取要保留的图像部分。如果未创建选区,则无法进行下一步操作。

(2) 执行"图像"→"裁剪"菜单命令，即可对选区以外的部分进行裁切，如图 5-17 所示。

图 5-17 执行"裁剪"命令后的效果

2) 裁剪工具的使用

(1) 单击 ▣ (裁剪工具)按钮，在图像中要保留的部分上拖动鼠标，以便创建一个选框。选框不必十分精确，可在后续进一步调整，如图 5-18 所示。

图 5-18 创建裁剪框

(2) 可以调整裁切选框。将鼠标指针移到裁剪框上即可进行调整。

如要将选框移动到其他位置，可将指针放于框内并拖曳。

如果要改变选框大小，移动鼠标使指针指向选框边界处，指针样式改变后，拖动至合适位置。如果要在改变选框大小的同时约束比例，在拖动鼠标的同时按住 Shift 键。

如果要旋转选框，将指针放在选框边界外(待指针变为弯曲的箭头)并拖移。

(3) 按 Enter 键；或单击选项栏中的"提交"按钮；或在裁切选框内双击即可完成裁剪。若要取消裁切操作，可按 Esc 键，或单击选项栏中的"取消"按钮 ；也可在待处理图像上右击，在弹出的快捷菜单中选择"取消"命令。图 5-19 为调整后的裁剪效果。

图 5-19　调整后的裁剪效果

3. 修复

Photoshop 中的修复技能主要通过局部修复工具组(污点修复画笔工具、修复画笔工具、修补工具和红眼工具)和图章工具组(仿制图章工具、图案图章工具)完成。

1) 污点修复画笔工具

污点修复画笔工具是 Photoshop 中处理照片常用的工具之一，污点修复画笔工具可以快速移去照片中的污点和其他不理想部分。污点修复画笔工具的具体使用方法如下。

(1) 单击工具箱中的污点修复画笔工具按钮 ，此时显示工具选项栏，如图 5-20 所示。

图 5-20　污点修复画笔工具选项栏

(2) 在选项栏中选取一种画笔。通常我们选择比要修复的区域稍大一点的画笔最适合。

(3) 在选项栏的"模式"菜单中选取混合模式，如图 5-21 所示，选择"替换"可以在使用柔边画笔时，保留画笔描边边缘处的杂色、胶片颗粒和纹理。

(4) 在选项栏中选取一种"类型"选项。

- "近似匹配"：使用选区边缘周围的像素来查找要用作选定区域修补的图像区域。如果此选项的修复

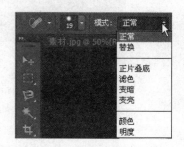

图 5-21　设置模式

效果不能令人满意，可以还原修复并尝试"创建纹理"选项。

- "创建纹理"：使用选区中的所有像素创建一个用于修复该区域的纹理。如果纹理不起作用，可以再次拖过该区域。
- "对所有图层取样"：可从所有可见图层中对数据进行取样。如果取消选中"对所有图层取样"复选框，则只从现用图层中取样。

(5) 单击要修复的区域，或单击并拖动以修复较大区域中的不理想部分。

2) 修复画笔工具

修复画笔工具主要选取图像中相关部位的样本像素来对修复区域进行绘画，适合修复大片区域的污点，实际应用中常用于修复污损的照片等。修复画笔工具还可将样本像素的纹理、光照、透明度和阴影与所修复的像素进行匹配，从而使修复后的像素不留痕迹地融入图像的其余部分。

修复画笔工具的具体使用方法如下。

(1) 单击工具箱中的修复画笔工具按钮 ，显示工具选项栏，如图 5-22 所示。

图 5-22 修复画笔工具选项栏

(2) 单击选项栏中的"画笔"下拉按钮，并在下拉面板中设置画笔选项。

(3) 模式：指定混合模式。选择"替换"可以在使用柔边画笔时，保留画笔描边的边缘处的杂色、胶片颗粒和纹理。

(4) 源：指定用于修复像素的源。"取样"可以使用当前图像的像素，而"图案"可以使用某个图案的像素。如果选择了"图案"，可从"图案"面板中选择一个图案。

(5) 对齐：连续对像素进行取样，即使释放鼠标，也不会丢失当前取样点。如果取消选中"对齐"复选框，则会在每次停止并重新开始绘制时使用初始取样点中的样本像素。

(6) 样本：从指定的图层中进行数据取样。要从现用图层及其下方的可见图层中取样，请选择"当前和下方图层"。要仅从现用图层中取样，请选择"当前图层"。要从所有可见图层中取样，请选择"所有图层"。要从调整图层以外的所有可见图层中取样，请选择"所有图层"，然后单击"取样"弹出式菜单右侧的"忽略调整图层"图标。

可通过将指针定位在图像区域的上方，然后按住 Alt 键并单击鼠标左键来设置取样点。

综上所述，污点修复画笔与修复画笔工作方式的异同如下。

相同点：使用图像或图案中的样本像素进行绘画，并将样本像素的纹理、光照度、透明度和阴影与所修复的像素相匹配。

不同点：修复画笔需指定样本点，污点修复画笔不要求指定样本点，而是根据修复区域的周围自动匹配取样；污点修复画笔宜修复小面积污点，修复画笔宜修复大面积污迹。

3) 修补工具

修补工具是将图像中其他区域的像素用来修补选中的区域，也是将样本像素的纹理、光照度和阴影与源像素进行匹配。

修补工具的具体使用方法如下。

(1) 单击工具箱中的修补工具按钮 ▦，显示工具选项栏，如图 5-23 所示。

图 5-23　修补工具选项栏

(2) 用户使用选项栏左侧的 4 个按钮可调整创建选区，然后将选区拖放到要复制的区域上，那么先选择区域上的图像将替换原选区上的图像。

(3) 使用样本像素修复区域。用户将鼠标指针置于选区内，然后按以下任一方法操作。

① 如果在选项栏中选择"源"，可将选区边框拖动到想要从中进行取样的区域。释放鼠标时，原来选中的区域被使用样本像素进行修补。

② 如果在选项栏中选择"目标"，可将选区边界拖动到要修补的区域。释放鼠标按键时，将使用样本像素修补新选定的区域。

(4) 从选项栏的"图案"调板中选择一个图案。

4) 红眼工具

红眼工具主要用于去除人像或动物照片中的红眼效果，同时也可以去除用闪光灯拍摄的动物照片中的白色或绿色反光。红眼工具的具体使用方法如下。

(1) 单击工具箱中的红眼工具按钮 ▦，显示红眼工具选项栏，如图 5-24 所示。

图 5-24　红眼工具选项栏

(2) "瞳孔大小"选项可以增大或减小受红眼工具影响的区域。"变暗量"选项可以设置校正的暗度。

(3) 设置完毕后，在照片中红眼的部分拖动鼠标，即可消除人像或动物的红眼。

5) 仿制图章工具

仿制图章工具主要用于将图像的一部分绘制到同一图像的另一部分，或绘制到具有相同颜色模式的其他打开图像的另一部分。用户也可以将一个图层的一部分仿制到另一个图层上。仿制图章工具对复制对象或移去图像中的缺陷作用较大。仿制图章工具的具体使用方法如下。

(1) 单击仿制图章工具按钮 ▦，如图 5-25 所示，此时弹出工具选项栏，仿制图章工具的相关属性意义如下。

图 5-25　仿制图章工具选项栏

- "画笔"：在下拉列表中可选择任意一种画笔样式并可对选择的画笔进行编辑。
- "模式"：在下拉列表中可设置复制生成图像与在底图的混合模式，还可设置其不透明度、扩散速度和喷枪效果。

- "对齐":连续对像素进行取样,即使释放鼠标,也不会丢失当前取样点。若取消选中"对齐"复选框,则会在每次停止并重新开始绘制时使用初始取样点中的样本像素。
- "样本":从指定的图层中进行数据取样。要从现用图层及其下方的可见图层中取样,请选择"当前和下方图层";要仅从现用图层中取样,请选择"当前图层";要从所有可见图层中取样,请选择"所有图层";要从调整图层以外的所有可见图层中取样,请选择"所有图层",然后单击"取样"弹出式菜单右侧的"忽略调整图层"图标。

(2) 用户可将指针放置在任意打开的图像中,然后按住 Alt 键并单击鼠标左键来设置取样点。

(3) 如图 5-26 所示,用图章工具仿制位于最中间的花朵,并向左上方拖移,被仿制成功的图形部分与被所取的原图部分完全一致。

图 5-26 仿制图像部分

在设置取样点作为仿制源时,可在"仿制源"面板中进行设置,如图 5-27 所示。最多可以设置五个不同的取样源。"仿制源"调板将存储样本源,直到关闭文档为止,其中各项含义如下。

- 设置样本源:要选择所需样本源,单击"仿制源"调板中的仿制源按钮,包括五个仿制源按钮,表示最多可以设置五个不同的样本源,如图 5-28 所示。单击按钮即可在左下方显示出样本源所在的文件。

图 5-27 "仿制源"面板

图 5-28 添加的五种样本源

- 位移：要缩放或旋转所仿制的源，输入 W(宽度)或 H(高度)的值，或输入旋转角度。
- 显示叠加：要显示仿制的源的叠加，选中"显示叠加"复选框，并在下面的区域中指定叠加选项。

6) 图案图章工具

图案图章工具主要是将 Photoshop 自带的图案或定义的图案填充到图像中(也可在创建选择区域进行填充)。图案图章工具取样时不用按 Alt 键，其工具选项栏如图 5-29 所示。

图 5-29 图案图章工具选项栏

- "图案"：在其下拉列表框中包含 Photoshop 自带的图案，用户可选择其中一个图案，然后在图像中拖动鼠标即可复制图案。
- "印象派效果"：使复制的图像效果具有类似于印象派艺术画的效果。
- "对齐"复选框：当勾选时，无论在拖动过程中停顿多少次，产生的自制对象始终是对齐的；不勾选时，在拖动过程中断后，产生的复制就无法按最初的顺序排列。

4. 选择

"选择"菜单中主要包含 Photoshop 中的一些选区相关命令(包括"全部""反向""取消选择""重新选择"等)，是用户在对图像局部进行处理前需要选择创建的一个区域，这个区域指定了用户需要操作的范围。

1) 选框工具

选框工具中包含矩形选框工具、椭圆选框工具、单行选框工具和单列选框工具。在实际使用中根据需要在选框工具中选择合适的工具。

- 矩形选框工具用于创建矩形的选区，选区以虚线的形式显示，在默认状态下只要拖动鼠标即可创建矩形选区。此外，用户还可以创建固定比例和固定大小的选区。

固定比例的选区绘制方法是在单击矩形选框工具后，在其工具选项栏中单击"样式"下拉按钮，再选择"固定比例"选项，然后在"宽度"和"高度"文本框中输入比例值，这样在绘制矩形选区时就能绘制出设定比例大小的选框。

固定大小的选区绘制方法与上述方法类似。

- 椭圆选框工具用于选取圆形或椭圆形选区的工具，操作方法与矩形选框工具类似。
- 单行选框工具和单列选框工具经常用于对齐图像或描边，用户只需在工具箱中选取单行选框工具或单列选框工具，然后在图像窗口单击即可，主要参数有新(建)选区、添加到选区、从选区中减去、与选区交叉、羽化等。

2) 套索工具

套索工具主要用于不规则图像或者手绘线段的选择，它包括套索工具、多边形套索工具和磁性套索工具三种。

(1) 套索工具。用户可以选取不规则形状的曲线区域。其方法如下。

① 在工具箱中单击套索工具按钮，也可在工具选项栏中设置参数。

② 在图像窗口中，拖动鼠标选取需要选定的范围，当鼠标指针回到选取的起点位置时释放鼠标，这样即可完成选区的绘制，如图 5-30 所示。但是，套索工具因为是用鼠标手动绘制，所以绘制出来的线条不规则。

图 5-30　套索工具绘制选区效果

(2) 多边形套索工具。它可以选择不规则形状的多边形区域，具体使用方法如下。

① 在工具箱中单击多边形套索工具按钮，如果工具栏中没有显示多边形套索工具，用鼠标右键长按套索工具，这时会出现套索工具组，选择多边形套索工具即可。然后将鼠标指针移到图像窗口中确定好绘制起点。

② 确定绘制起点后，单击鼠标左键，然后将鼠标移动到下一转折点单击。当确定好全部的选取范围并回到开始点时，光标右下角出现一个小圆圈，然后单击即可完成选取操作，如图 5-31 所示。

图 5-31　使用多边形套索工具

(3) 磁性套索工具。磁性套索工具是相对比较精确的选区工具,在绘制过程中会出现自动跟踪的线,这条线总是走向颜色与颜色边界处,边界越明显磁力越强,将首尾连接后可完成选择,一般用于颜色与颜色差别比较大的图像选择。其具体使用方法如下。

① 在工具箱中单击磁性套索工具按钮,如果工具栏中没有显示磁性套索工具,用鼠标右键长按套索工具,这时会出现套索工具组,选择磁性套索工具即可。

② 移动鼠标指针至图像窗口中,单击"确定"按钮绘制起点,然后沿着要选取的物体边缘移动鼠标指针。当选取终点回到起点时,光标右下角会出现一个小圆圈。此时单击即可完成选取操作。

磁性套索工具的选项栏如图 5-32 所示。

图 5-32 磁性套索工具的选项栏

- "羽化":取值范围为 0~250 像素,设置此功能主要是在选取范围的边缘产生渐变的柔和效果。用户也可以设置反向羽化,在选项面板里单击"选择",在下拉菜单里选择"反向"即可,这样就会将选区以外的部分进行羽化。
- "消除锯齿":勾选此项后,对选区范围内的图像进行处理时,可使边缘较为平顺。此项在矩形选框工具中是不可选的。
- "宽度":用于设置磁性套索工具选取时的探查距离,数值越大,探查范围越大。
- "对比度":用来设置套索的敏感度,其数值在 1%~100%,数值大可用来探查对比锐利的边缘,数值小可用来探查对比较低的边缘。
- "频率":用来指定套索边节点的连接速度,其数值在 1~100,数值越大,选取外框速度越快。
- "光笔压力":用来设置绘图板的画笔压力。该项只有安装了绘图板和驱动程序才变为可选。

3) 魔棒工具

魔棒工具主要用于选择出颜色相同或相近的区域。它是一种比较快捷的抠图工具,对于一些分界线比较明显的图像,通过魔棒工具可以快速地将图像抠出。魔棒的作用是可以知道用户单击哪一处的颜色,并自动获取附近区域相同的颜色,使它们处于选择状态。如图 5-33 所示,选择魔棒工具后在白色背景区域单击鼠标,这样选区和蚂蚁线就出现了。然后按下 Delete 键(删除背景),再按下 Ctrl+D 组合键(取消选区),这样就能实现抠图的效果,如图 5-34 所示。

魔棒工具使用工具选项栏上输入的容差值来制作选区。当"连续"复选框处于选中状态时,单击图像内任一位置,程序都会自动检查单击处周围的像素值,若其颜色值在容差范围内,则这一范围可以被包括在选区内。若超出容差范围值,则不被选中,通常容差值大小和选取范围大小是成正比的。用魔棒工具选择选区的操作方法如下。

(1) 在工具箱中单击魔棒工具按钮,如果工具栏中没有显示魔棒工具,用鼠标右键长按快速选择工具,这时会出现快速选择工具框,选择魔棒工具即可。用户还可以通过工具选项栏设定颜色的近似范围。

(2) 在工具选项栏中设置相关的参数,如图 5-35 所示。

图 5-33　魔棒工具选中白色背景效果　　　　　图 5-34　删除背景后效果

图 5-35　魔棒工具的选项栏

- "容差":用来确定选取时颜色比较的容差值,单位为像素,取值范围在 0～255,值越小,选取范围的颜色越接近,相应的选取范围也越小。
- "消除锯齿":勾选后,可使边缘较为平滑。
- "连续":勾选后,在容差值范围内的像素检测会遍及整幅图像;如果不勾选此项,则只检测单击处邻近区域。
- "对所有图层取样":勾选后,对所有图层均起作用,即可以选取所有图层中相近的颜色区域。

(3) 单击图像中要选择的颜色值所在的区域即可。

4) 快速选择工具

用户使用快速选择工具,能利用可调整的圆形画笔笔尖快速绘制选区。拖动时,选区会向外扩展并自动查找和跟随图像中定义的边缘。其具体操作如下。

(1) 在工具箱中单击快速选择工具按钮，此时鼠标指针变为○形状。

(2) 在工具选项栏中设置工具的属性参数,其中各项参数的含义如下。

- "新建选区":是在未选择任何选区的情况下的默认选项,创建初始选区后,此选项将自动更改为"添加到选区"按钮。
- "添加到选区":选中此项,在图像中单击即可将当前选区添加到原选区中。
- "从选区减去":选中此项,在图像中单击区域即可从当前选区中减去。
- ：此下拉列表框用来更改快速选择工具的画笔笔尖大小,单击选项栏中的画笔下拉列表并输入像素大小或移动"直径"滑块。使用"大小"弹出下拉列表,使画笔笔尖大小随钢笔压力或光笔轮而变化。
- "自动增强":选中此复选框可减少选区边界的粗糙度和块效应。"自动增强"功能自动将选区向图像边缘进一步流动并应用一些边缘调整,也可以通过在"调整边缘"对话框中使用"平滑""对比度"和"半径"等选项手动应用这些边缘调整。

(3) 在要选择的图像部分中绘画。选区将随着绘画而增大。如果更新速度较慢,应继续拖动以留出时间来完成选区上的工作。在形状边缘的附近绘画时,选区会扩展以跟随形状边缘的等高线。

如果停止鼠标拖动的操作,而是改用在附近区域位置单击或拖动,选区将增大,也就是包含单击的新区域。Photoshop 中的快速选择工具常用于抠图,它是一种简便且容易掌握的技能。

5) 通过色彩范围创建选区

魔棒工具和快速选择工具都是非常有用的工具,但是通过目测来划分颜色选区是不准确的。因此,Photoshop CS6 提供了更好的"色彩范围"命令工具,"色彩范围"命令的使用方法如下。

(1) 打开一幅图像,执行"选择"→"色彩范围"菜单命令,即可打开"色彩范围"对话框,如图 5-36 所示。

图 5-36 "色彩范围"对话框

(2) 该对话框的各个选项可对选取范围实现精确调整,在"选择"下拉列表框中我们可以选择一种颜色范围的方式,如默认的"取样颜色",选中此项我们就可以采用吸管工具来确定选取的颜色范围,方法是把鼠标指针移动到图像窗口单击鼠标左键,即可选取一定的颜色范围,其他还有红、绿、蓝、高光等选项。

(3) 和魔棒工具类似,我们可以设置相关的颜色容差,只需拖动滑块即可,图像选取范围的变化会在其下的预览框中显示出来。

(4) 预览框下方有两个单选按钮,分别是"选择范围"和"图像",若选中"选择范围"单选按钮,在预览框中只会显示被选取的范围;若选中"图像"单选按钮,在预览框中则会显示整幅图像,如图 5-37 所示。

图 5-37　显示选择范围

（5）若要对选取的范围进行进一步处理，如进行加选或减选操作时，可使用"色彩范围"对话框中的"添加到取样"按钮和"从取样中减去"按钮。

（6）使用该对话框中的"反相"复选框可实现对选取范围的反选功能，与"选择"菜单中的"反向"命令功能相同。

（7）在"选区预览"下拉列表框中可以选择一种选区在图像窗口中的显示方式，包括"无""灰度""黑色杂边""白色杂边""快速蒙版"等，如图 5-38 所示。

图 5-38　选中的部分

（8）设置完成后，单击"确定"按钮，即可完成范围的选取。

5. 图层

Photoshop 中的图层，简单来说就是将图像的各个部分放在不同的图层上，每个图层上除了有图像的地方外其他区域为透明的，当每个图层上的图像元素都绘制好后，将所有图层叠放在一起，这样就形成了一幅完整的图像。用户在对任意一个图层的操作时是独立的，丝毫不影响其他图层。

用户对图层的编辑处理通常可通过图层菜单中的命令来实现，但大多会使用"图层"面板进行操作。当"图层"面板没有显示时，用户可以通过执行"窗口"→"图层"菜单命令进行显示。"图层"面板上的各选项含义如下。

- 图层混合模式 [正常]：在此下拉列表框中可以选择不同图层混合模式，来决定这一图层图像与其他图层叠合在一起的效果。
- 不透明度 [不透明度：100%]：用于设置图层总体不透明度。当切换作用图层时，不透明度显示也会随之切换为当前作用图层的设置值。
- 锁定透明像素 [图]：用来锁定当前图层的透明区域，使透明区域不能被编辑。
- 锁定图像像素 [图]：单击此按钮，将使当前图层和透明区域不能被编辑。
- 锁定位置 [图]：单击此按钮，将使当前图层不能被移动。
- 锁定全部 [图]：单击此按钮，将使当前图层或序列完全被锁定。
- 设置图层的内部不透明度 [填充：100%]：用于设置图层的内部不透明度。

在"图层"面板的下方有一排按钮，从左至右依次为：链接图层、添加图层样式、添加蒙版、创建新组、创建新的填充或调整图层、创建新的图层和删除图层。

- 链接图层 [图]：单击此按钮将两个或两个以上的图层进行链接，链接后的图层可以同时进行移动、旋转、变换等操作。
- 添加图层样式 [fx]：单击此按钮可以打开一个菜单，从中选择一种图层样式应用于当前所选图层。
- 添加蒙版 [图]：单击此按钮将在当前图层上创建一个蒙版。
- 创建新的填充或调整图层 [图]：单击此按钮可以打开一个菜单，从中创建一个填充图层或者调整图层。
- 创建新组 [图]：单击此按钮，将新建一个文件夹，可放入图层。
- 创建新图层 [图]：单击此按钮，将在当前图层的上面创建一个新图层。
- 删除图层 [图]：单击此按钮可以将当前所选图层删除，或者拖动图层到该按钮上也可以删除图层。

除上述按钮外，在"图层"面板中还会有一些显示图层当前状态的图标，其具体含义如下。

- 图层名称 [图层2]：在图层中定义出不同的名称以便区分，如果在建立图层时没有命名，Photoshop 会自动依次命名为"图层 1"、"图层 2"，依次类推。
- 图层缩览图 [图]：显示当前图层中的图像缩览图，通过它可以迅速辨识每一个图层。
- 眼睛图标 [图]：单击眼睛图标可以切换显示或隐藏状态。
- 图层链接 [图]：单击此按钮后，将在图层名称后显示链接的图标。

对图层进行操作时，一些常用的控制命令，如新建、复制、删除图层等可以通过"图层"面板菜单中的命令来完成。

1) 创建图层

创建图层的方法有三种：①单击"图层"面板上的 [图] 按钮，可在当前图层的上面创建一个新图层，双击图层操作平台上图层的名字可以将其重命名；②执行"图层"→"新建"→"图层"菜单命令，将弹出"新建图层"对话框，可在"新建图层"对话框中设置图层名称以及其他几项设置；③通过粘贴图像创建新图层，此方法在向某一图层中直接粘贴剪贴板的图像时，这幅图像将会在该图层上面形成一个新的图层。如果在粘贴之前在原有的图层上没有选区，则剪贴板的图像会位于整个新图层的中央，如果在原来的图层上有选区，则剪贴板的图像会位于选区的中央。

2) 删除图层

删除图层的方法有三种：①选择所要删除的图层，将其拖到图层右下角的 按钮上，即可删除该图层；②选中所要删除的图层后，单击 按钮，此时弹出询问对话框，单击"是"按钮即可删除该图层；③在"图层"面板菜单中，包括"删除图层"和"删除链接图层"两种删除图层命令，其意义分别是删除当前图层、删除具有链接关系的图层和删除所有隐藏的图层。

3) 移动图层

要移动图层中的图像，可以使用移动工具来移动。如果要移动整个图层内容，只需要将移动的图层设为作用层，然后用移动工具，就可以移动图像；如果要移动图层中的某一块区域，则必须先选取要移动的区域，再使用移动工具进行移动。

4) 复制图层

复制图层的方法有两种。

(1) 将要复制的图层拖到 按钮上，即可复制图层，图层名称为原图层名后面加上"副本"，按快捷键 Ctrl+J 也可以实现图层复制。

(2) 选择要复制的图层，通过右键弹出的快捷菜单中的"复制图层"命令，或执行"图层"→"复制图层"菜单命令，弹出"复制图层"对话框，在"为"文本框中设置新图层的名称。在"文档"下拉列表框中选择将新图层复制到哪个文档中，默认为原图层所在的文档，"复制图层"对话框如图 5-39 所示。

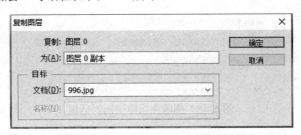

图 5-39 "复制图层"对话框

5) 调整图层叠放顺序

调整图层叠放顺序的方法有：①先选定要调整次序的图层，再执行"图层"→"排列"菜单命令来调整图层次序。②在"图层"面板中选择要调整次序的图层，然后拖动鼠标至适当的位置，也可以完成图层的次序调整。

6) 图层的链接

我们将相关的图层链接到一起，可以将某些操作同时应用于具有链接关系的图层。链接图层的方法是：在"图层"面板中选定要链接的多个图层，单击"图层"面板下方的 按钮，即可完成链接。

如果要取消图层的链接，则单击该图层操作状态区域的 图标，使其消失，即表明已取消了该图层与当前图层的链接关系。

7) 图层的合并

图层的合并主要给一些不必要拆分的图层可以合并到一起，使操作简便，同时也可以节省磁盘空间。图层的合并主要通过菜单命令来完成，打开"图层"面板菜单，单击其中的合并命令即可，合并的方式包括以下几种。

(1) "向下合并"：用来把当前图层和其下方的图层合并，合并后的新图层的名称为下边图层的名称。

(2) "合并可见图层"：将所有可见图层合并，即所有带 图标的图层合并。合并后的名称也为当前图层的名称。

(3) "拼合图像"：合并所有的图层，包括可见图层和不可见图层。合并后的图像将不显示那些不可见的图。

8) 图层组

"图层组"是将多个图层组成一组，在图层组中的图层关系比链接的图层关系更紧密，基本与图层接近。

用户通过执行"图层"→"新建"→"图层组"菜单命令，在弹出的"新建组"对话框中，设置组名称等选项后，单击"确定"按钮，这样在"图层"面板中就会出现一个文件夹图标，然后将需要放入组中的图层拖进文件夹即可。

对图层组的其他操作与对图层的操作基本相同，所不同的是不能直接对图层组套用图层样式。另外，当删除图层组时，系统会弹出询问对话框，如图 5-40 所示。单击"组和内容"按钮，则删除图层组及其中的图层；单击"仅组"按钮，只删除图层组；单击"取消"按钮则取消删除。

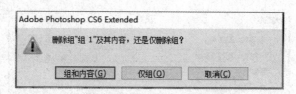

图 5-40　删除图层组询问对话框

9) 使用图层样式

用户利用图层样式可以直接制作不同形状却具有相同样式的对象。图层样式的使用方法如下。

(1) 打开一幅图像，再选中要应用图层样式的图层。

(2) 执行"图层"→"图层样式"命令，弹出子菜单，如图 5-41 所示。或者单击"图层"面板中的 按钮，如图 5-42 所示。用户也可以双击图层弹出对话框。

(3) 打开"图层样式"对话框后，可在对话框中设置投影效果的参数。

(4) 完成设置，单击"确定"按钮，即可得到相应的样式效果。

10) 图层蒙版

图层蒙版是不同于 Alpha 通道和快速蒙版的另一种蒙版，图层蒙版的作用是根据蒙版中颜色的变化使其所在层图像的相应位置产生透明效果。

图层中与蒙版的白色部分相对应的图像不产生透明效果；与蒙版的黑色部分相对应的图像完全透明；与蒙版灰色部分相对应的图像根据其灰度产生相应程度的透明效果。

第 5 章 数字化教学资源

图 5-41 "图层样式"命令

图 5-42 "图层"面板中的命令

图层蒙版可以控制当前图层中的不同区域如何被隐藏或显示。通过修改图层蒙版，可以制作各种特殊效果，而实际上并不会影响该图层上的图像。

图层蒙版的使用方法如下。

(1) 打开两幅图像文件，执行"选择"→"全部"菜单命令，再执行"编辑"→"拷贝"菜单命令。

(2) 回到另一个文件，执行"编辑"→"粘贴"菜单命令，将该图像文件当前图层复制到另一个文件中，如图 5-43 所示。

(3) 按住 Ctrl 键，在"图层"面板中单击"图层 1"缩览图，此时图像窗口中出现一个与"图层 1"中的花外轮廓相同的花形选区。

(4) 单击"图层 1"左侧的 按钮，将该层隐藏。选中"图层 2"，单击"图层"面板中的 按钮，利用当前选区创建一个蒙版，如图 5-44 所示。

图 5-43 将图像组合在一起

图 5-44 创建蒙版

6. 调色

Photoshop 中提供了丰富的色彩校正工具，充分利用这些工具可实现对图像的各种色彩校正及色彩改变。在"图像"→"调整"子菜单中包含多种色彩调整命令，如色彩平衡

(调整色彩在图像中的混合效果)、亮度/对比度(即调整图像的亮度和对比度)、色相/饱和度(即调整图像的色彩颜色、色彩纯度、黑白颜色的百分量)等。

1) 调整图像的亮度/对比度

亮度/对比度的调整主要针对灰暗的图像进行操作调整，使照片经过调整后能够更加明亮并且色彩对比更加明显。亮度、对比度的调整主要是通过"色阶"和"曲线"两个常用工具。

(1) 色阶。执行"图像"→"调整"→"色阶"菜单命令，打开"色阶"对话框，如图 5-45 所示。

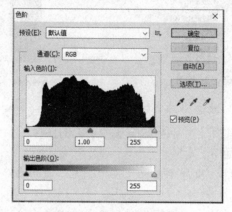

图 5-45 "色阶"对话框

在"通道"下拉列表框中选择 RGB 则调整对所有通道起作用，选择红、绿、蓝则对单一通道起作用。

在"输入色阶"这个选项位置，用户可以直接输入数值，或拖动下面的滑块进行调整。左侧文本框中的数值可增加图像暗部的色调，原理是将图像中亮度值小于该数值的所有像素都变成黑色；中间文本框中的数值可调整图像的中间色调，数值小于 1 时中间色调变暗，数值大于 1 时中间色调变亮；右侧文本框中的数值可增加图像亮部的色调，它会将所有亮度值大于该数值的像素都变成白色。一幅色调好的图像，"输入色阶"的上述 3 个滑块对应处都应有较均匀的像素分布。

"输出色阶"主要是限定图像输出的亮度范围，它会降低图像的对比度。左侧文本框中的数值可调整亮部色调；右侧文本框中的数值可调整暗部色调。

"吸管工具"：从左至右依次为黑色、灰色和白色吸管，单击其中一个吸管后，将鼠标指针移至图像区域，会变成相应的吸管形状。黑色吸管使图像变暗；白色吸管使图像变亮；灰色吸管使图像的色调重新调整分布。图 5-46 所示展示了一幅色阶调整后的图像对比。

(2) 曲线。"曲线"命令比"色阶"命令功能更强，它可以调整图像的亮度，还能调整图像的对比度和色彩。打开一幅图像，执行"图像"→"调整"→"曲线"菜单命令，打开"曲线"对话框，如图 5-47 所示。

图 5-47 中直线代表了 RGB 通道的色调值，中部的垂直虚线格代表了中间色调分区(按 Alt 键的同时单击虚线区域，虚线格将实现 4 个与 10 个的切换，便于精确控制)，表格横坐标代表输入色阶，纵坐标代表输出色阶，和色阶图中的输入输出色阶相似。

图 5-46　原图与色阶调整后的效果图

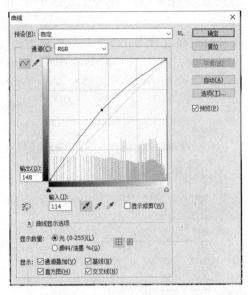

图 5-47　"曲线"对话框

改变图中的曲线形态就可改变当前图像的亮度分布。选择表格右下方的曲线工具，可拖曳曲线改变形态，在曲线上单击会产生小节点，拖曳这些小节点会改变曲线形态；如需删除某节点，可将节点拖至表格外。选择铅笔工具，可自由绘制曲线，此时"平滑"按钮被激活。

在亮度杆的正常方向下，色阶曲线越向左上凸起，图像会越亮，反之则越暗。

前面已介绍过"亮度/对比度"，在"图像"→"调整"子菜单中还有一项"自动对比度"命令，用于自动调整图像的对比度。

2) 调整图像的色相与饱和度

调整图像的色相与饱和度包括"去色""替换颜色""可选颜色"和"变化"等。

(1) 去色。通过执行"图像"→"调整"→"去色"命令，就能把彩色图像中所有颜色的饱和度变为 0，即将彩色图像转化为黑白图像。"去色"命令和将图像转换成"灰度"图不同，它不会改变图像的色彩模式。

(2) 替换颜色。通过执行"图像"→"调整"→"替换颜色"菜单命令，就能将一幅图像的某一特定颜色进行色彩的调整。

(3) 可选颜色。它可用于对 RGB、CMYK 和灰度等色彩模式的图像进行色彩的调整，即用来校正输入和输出时的色彩含量。打开一幅图像，执行"图像"→"调整"→

"可选颜色"菜单命令，会弹出"可选颜色"对话框，用户可在对话框中进行设置操作。

(4) 变化。打开一幅图像后，执行"图像"→"调整"→"变化"菜单命令，即弹出"变化"对话框。"变化"命令可直观地调整图像或选区的色彩平衡、对比度和饱和度，是调整图像色调的快捷方法，但注意它不能用于索引模式。

在"变化"对话框中，可以设置"阴影""中间调""高光"或"饱和度"，也可拖动"精细-粗糙"滑块以确定每次调整的程度大小，精细表示细微调整。勾选"显示修剪"复选框时，将高亮显示图像的溢色区域，以防止调整后出现溢色现象。

在调整时，按要求单击相应的缩略图即可，单击左上角的"原稿"选项可恢复原始状态。

3) 调整图像的局部颜色

调整图像局部颜色的方法有通道混合器、渐变映射等。

(1) 通道混合器。

打开需要调整的图像，执行"图像"→"调整"→"通道混和器"菜单命令，打开如图5-48所示的对话框。

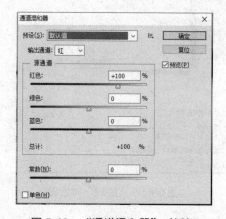

图5-48 "通道混和器"对话框

在"输出通道"下拉列表框中可选择要调整的通道，"源通道"可在文本框中输入数值或拖动滑块改变所选通道的颜色，"常数"选项用来指定通道的不透明度，"单色"复选框可用于制作灰度图像。

(2) 渐变映射。

打开需要调整的图像，执行"图像"→"调整"→"渐变映射"菜单命令，打开如图5-49所示的对话框。

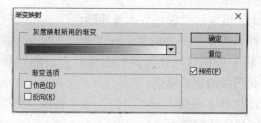

图5-49 "渐变映射"对话框

在"渐变选项"选项组中，用户如果勾选"仿色"复选框将使色彩过渡更平滑；如果勾选"反向"复选框将使现有的渐变色逆转方向。

【实例 5-1】给一张照片做出光晕效果。

(1) 打开一张图像,单击"图层"面板中的 按钮,在弹出的菜单中选择"渐变映射"命令,如图 5-50 所示。

图 5-50 选择"渐变映射"命令

(2) 弹出"渐变映射"属性面板,如图 5-51 所示。

图 5-51 "渐变映射"属性面板

(3) 双击渐变颜色条,弹出"渐变编辑器"对话框,设置颜色为:0%;#000000、41%;#330000、70%;#ff7c00、100%;#f8eee4,如图 5-52 所示。

图 5-52　设置渐变颜色

(4) 在"图层"面板中设置图层模式为"叠加",得到的最终效果如图 5-53 所示。

图 5-53　最终效果

5.3.2　音频资源的处理

音频资源的处理也就是对声音的处理,声音包括语言、音乐和声响。语言就是指人说话的声音;音乐指的是歌声和乐曲声一类;声响通常是自然界的声音或人的笑声等,自然界的声音有风、雨、雷、虫鸣声等。在多媒体课件等教学资源中,这几种音频资源我们常常需要使用。

在制作多媒体作品时,用户常常需要对各种音频文件格式的处理以及进行格式之间的转换,常见的音频文件格式有以下几种。

- MP3:MP3(Moving Picture Experts Group Audio Layer Ⅲ,动态影像专家压缩标准音频层面 3)是一种以高保真为前提实现的高效音频压缩技术。它被设计用来大幅度地降低音频数据量。利用 MP3 技术，将音乐以 1∶10 甚至 1∶12 的压缩率，压缩成容量较小的文件，而对于大多数用户来说重放的音质与最初的不压缩音频相比没有明显的变化。

- WMA：是由微软公司推出的与 MP3 格式齐名的一种新的音频格式。WMA 在压缩比和音质方面都超过了 MP3，更是远胜于 RA(Real Audio)，即使在较低的采样频率下也能产生较好的音质。
- WAV：这种格式的音质较好，通用性较强，是无损压缩的一种，其体积庞大。WAV 为微软公司开发的一种声音文件格式，它符合 RIFF(Resource Interchange File Format)文件规范，用于保存 Windows 平台的音频信息资源，被 Windows 平台及其应用程序所广泛支持，该格式也支持 MSADPCM、CCITT A LAW 等多种压缩运算法，支持多种音频数字、取样频率和声道，标准格式化的 WAV 文件和 CD 格式一样，也是 44.1 K 的取样频率，16 位量化数字，因此声音文件质量和 CD 相差无几。WAV 打开工具是 Windows 的媒体播放器。
- MID：MID 格式是由 MIDI 发展而来。MID 文件并不是一段录制好的声音文件，而是记录声音的信息，是对于声卡再现发音先后顺序和音色的一组指令。一个 MIDI 文件每存 1 分钟音乐只占大约 5～10 KB 体积，很节省空间。MID 文件主要用于原始乐器作品、流行歌曲的业余表演、游戏音轨以及电子贺卡等。MID 文件重放的效果完全依赖声卡的档次和音色库。MID 格式的最大用处是在电脑作曲领域，可以用电脑作曲软件写出 MID 文件，也可以通过声卡的 MIDI 接口，把外接音序器演奏的乐曲输入电脑里，制成*.mid 文件。
- RA：这种格式是由 Real Networks 公司推出的一种可以在网络上实时传送和播放的音频文件。
- APE：APE 是流行的数字音乐无损压缩格式之一，与 MP3 这类有损压缩格式不可逆转地删除数据以缩减源文件体积不同，APE 这类无损压缩格式，是以更精练的记录方式来缩减体积，还原后数据与源文件一样，从而保证了文件的完整性。APE 文件的体积大概为原 CD 的一半，便于存储。

音频编辑的软件有不少，常用的软件主要有 Adobe Audition，它是一个功能强大的音轨音频混合编辑软件，集录音、混音、编辑于一体。使用便捷、方便，很受用户的欢迎，它包含高品质的数字效果组件，可在任何声卡上进行 64 轨混音，只要存储空间允许，也可用任意时间长度进行录音，在互联网上，可以下载到它的免费试用版。

1. 启动 Adobe Audition

安装 Adobe Audition 后启动它，运行后的界面如图 5-54 所示。打开一个声音文件，可以看到图 5-54 中显示了该声音的左、右声道的波形(上为 L，下为 R)，默认情况下，可以对两个声道同时操作，也可以单独对其中的一个声道进行操作。

用鼠标选择波形的一部分，被选中的部分将会反色显示，可以像操作文件一样进行简单的声音编辑(如复制、插入、删除等)，如图 5-55 和图 5-56 所示。

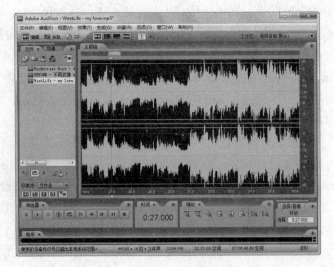

图 5-54　Adobe Audition 的运行界面

2. 数字音频的简单编辑

Adobe Audition 对声音的编辑非常简单，如同 Word 对文字的编辑一样，首先选中要编辑的部分，然后进行编辑操作(如复制、插入、删除等)，操作后在 Adobe Audition 的运行界面中便可看到编辑效果。

例如，将声音文件的某一段移动到另外一个位置。其操作步骤如下。

(1) 用鼠标选择要移动波形的部分，被选中的部分将会反色显示(见图 5-55)。

(2) 单击 Edit 菜单，选择 Cut 命令(或按 Ctrl+X 组合键)。

(3) 将光标移到另外一个所要的位置，单击 Edit 菜单，选择 Paste 命令(或按 Ctrl+V 组合键)。操作过程如图 5-55 和图 5-56 所示。

图 5-55　音频复制

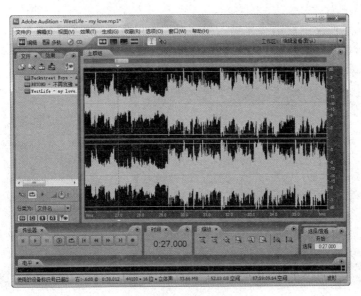

图 5-56　音频的编辑

3. 放大、衰减、去噪

1) 声音的放大(衰减)

在菜单栏中选择"效果"→"振幅和压限"→"放大"命令，选择放大(衰减)的系数，或者从右上角的 Presets(预设)中选取原来已经设置好的参数。单击"确定"按钮开始渲染，可以看到波形已经发生了变化。

2) 去噪

从现场采集声音，难免会有些杂音，通常是在录制中混入一些系统噪声和环境噪声。Adobe Audition 提供了强大的去噪功能。它对降低噪声的基本思路是：先设法分析出噪声源的频谱特性，然后削弱整个声音文件中符合该特征的成分。

其操作步骤是：在菜单栏中选择"效果"→"修复"→"适应性降噪"命令，弹出去噪的详细参数调整窗口，调整相应的参数设置，就可以对原始声音素材进行降噪处理了。

4. 淡化处理

在声音处理中，经常用到的一个效果是淡化。如一个声音开始的时候，音量从小到大渐变，或者一首歌到了末尾结束的时候声音渐渐变小，给人以远去的感觉。淡化是影视作品中很常用的一种处理手段，它能使不同场景之间的音乐或背景音效过渡得更自然。

在 Adobe Audition 中实现这些效果非常容易，选择"效果"→"振幅和压限"→"振幅"→"淡化"命令，在预设栏中，根据需要选择淡入淡出选项，如图 5-57 所示，就可以对声音进行淡化处理了。

5. 增加特殊效果

Adobe Audition 可为编辑的声音加上如变调、回音等特殊效果。

1) 声音的变调处理

启动 Adobe Audition，载入需要处理的声音文件。在菜单栏中选择"效果"→"变速变调"→"变调"命令，弹出"变调"对话框，即可对声音进行变调处理。然后通过"预设效果"下拉列表框进行调整，选择相应的变调效果及参数，如图 5-58 所示。

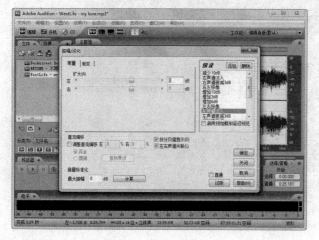 

图 5-57　声音的淡化处理　　　　　　　图 5-58　变调的参数设置

单击"确定"按钮，开始渲染。完成后，即可按播放键试听变调后的效果。

2）加入回音效果

选择菜单栏中的"效果"→"延迟和回声"→"回声"命令，弹出"回声"对话框，即可对声音进行回音处理。回音的选项很多，一般可以使用已经存在的预设值。通过改变这些值，可以得到不同的回音效果，如图 5-59 所示。

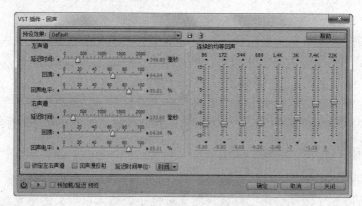

图 5-59　"回声"对话框

6．立体声声像

选择菜单栏中的"效果"→"立体声声像"命令，然后根据需要选择立体声效果，打开相应的对话框，即可对声音进行立体声处理。图 5-60 所示为"立体声回旋"对话框，可在"预设效果"下拉列表框中选择参数，对音频进行立体声设置。改变这些值，可以得到不同的立体声效果。

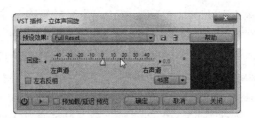

图 5-60 "立体声回旋"对话框

7. 合唱

选择菜单栏中的"效果"→"调制"→"合唱"命令,弹出相应的"合唱"对话框,即可对声音进行合唱处理。图 5-61 所示为"合唱"对话框,可在"预设效果"下拉列表框中选择参数,对音频进行合唱设置。改变这些值,可以得到不同的合唱效果。

此外,Adobe Audition 还支持多种声音文件格式以及它们之间的转换。

5.3.3 视频资源的处理

视频文件的格式与视频压缩技术、视频编辑处理技术密切相关,纵观数字视频文件的发展过程,数字视频可分为影像文件(如 avi、mov、mpg 等格式)和流式视频文件(如 wmv、rmvb、flv、rm 等格式)。

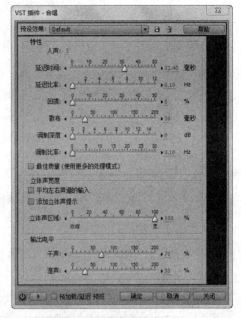

图 5-61 "合唱"对话框

- avi 格式:它是音频视频交错格式,此文件格式的特点是图像质量好、跨平台使用,但是文件通常较大。
- mov 格式:MOV 即 QuickTime 封装格式(也叫影片格式),它是 Apple 公司开发的一种音频、视频文件封装,用于存储常用数字媒体类型。当选择 QuickTime(*.mov)作为"保存类型"时,动画将保存为.mov 文件。此类文件具有较高的压缩比率和较完美的视频清晰度和跨平台性。
- mpg 格式:MPG 又称 MPEG(Moving Pictures Experts Group),即动态图像专家组,专门致力于运动图像(MPEG 视频)及其伴音编码(MPEG 音频)标准化工作。MPEG 是运动图像压缩算法的国际标准,现已被几乎所有的计算机平台支持。它包括 MPEG-1、MPEG-2 和 MPEG-4。MPEG-1 被广泛地应用在 VCD(Video Compact Disk)的制作,绝大多数的 VCD 采用 MPEG-1 格式压缩。MPEG-2 应用在 DVD(Digital Video/Versatile Disk)的制作方面、HDTV(高清晰电视广播)和一些高要求的视频编辑、处理方面。MPEG-4 是一种新的压缩算法,使用这种算法的 ASF 格式可以把一部 120 min 长的电影压缩到 300 兆左右的视频流,可供在网上观看。

- wmv 格式：WMV(Windows Media Video)是微软开发的一系列视频编解码和其相关的视频编码格式的统称。WMV 包含三种不同的编解码：最初为 Internet 上的流应用而设计开发的 WMV 原始的视频压缩技术；第二种是为满足特定内容需要的 WMV 屏幕和 WMV 图像的压缩技术；第三种是在经过 SMPTE(Society of Motion Picture and Television Engineers)学会标准化以后，WMV9 版本被采纳作为物理介质的发布格式，比如高清 DVD 和蓝光光碟，即所谓的 VC-1。
- rmvb 格式：由 rm 视频格式升级的，打破了原先 rm 格式那种平均压缩采样的方式，静止和动作场面少的画面场景采用较低的编码速率。
- flv 格式：即 Flash Video，特点是观看的速度非常快，在网络状态好的情况下几乎没有缓冲。
- rm 格式：RM 格式是 RealNetworks 公司开发的一种流媒体视频文件格式，可以根据网络数据传输的不同速率制定不同的压缩比率，从而实现在 Internet 上进行视频文件的低速率实时传送和播放。它主要包含 RealAudio、RealVideo 和 RealFlash 三部分。

在教学过程中，教师通常需要对视频资源进行剪辑或组接，这就需要用到视频资源后期制作与处理技术。前面讲到常用的视频编辑软件包括爱剪辑、Adobe Premiere、Movie Maker、Edius、会声会影等，以下具体讲解使用爱剪辑如何处理视频资源。

1. 截取视频片段

要截取某个视频的一个片段，具体的操作方法如下。

(1) 启动爱剪辑软件，在软件主界面顶部菜单栏单击"视频"选项卡，在视频列表下方单击"添加视频"按钮，然后在弹出的文件选择框中添加视频，如图 5-62 所示。

图 5-62　添加视频

(2) 在主界面右上角预览框的时间进度条上，单击向下凸起的向下箭头(或按快捷键 Ctrl+E)，打开"创新式时间轴"(除包含时间轴本身功能外，还包含音频波形图、时间轴的缩放与逐帧、播放/暂停、裁剪视频、众多快捷键等功能)面板。

(3) 用鼠标拖动时间轴上的黄色滑块,或者单击时间轴面板上下方的"播放"按钮,也可按上下(可以前后逐帧)、左右(前后飞梭 5 秒)方向键逐帧精准踩点,一直到找到适当的位置后,单击"播放"按钮右侧的"在当前时间点将视频剪开"按钮,然后删除剪开的另一段不要的视频片段,这样即可获得所需的视频片段,如图 5-63 所示。

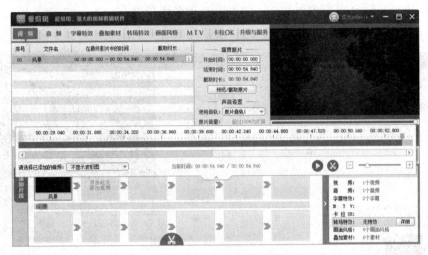

图 5-63　剪切一段视频效果

2. 给视频添加音频效果

将上述剪切好的一段视频添加音频效果,具体方法如下。

(1) 选择剪切好的视频文件,然后设置时间轴上想要插入音频的时间起点。

(2) 单击软件主界面顶部菜单栏的"音频"选项卡,在音频列表下方单击"添加音频"按钮,选择"添加音效"命令,再选择"自然与天气"中的"风声.mp3"文件,然后单击"打开"按钮,如图 5-64 所示。

图 5-64　添加"风声.mp3"音频文件

(3) 在弹出的"预览/截取"对话框中，我们在右侧一栏中有 3 个选项(表示选择插入音频的时间起点)，此处我们选择第一项"主界面预览窗口中正暂停的时间点"；然后在左侧"截取"一栏中，我们可以设置音频的结束时间(也可在下一步中通过时间轴上的滑块移动到准确位置后，将设置好的音频开始时间和当前记录的结束时间填入主界面的"裁剪原音频"一栏的"开始时间"和"结束时间"中，再单击"确认修改"按钮)，然后单击"确定"按钮，再单击"确认修改"按钮，这样就能完成音频的添加，如图 5-65 所示。

图 5-65 添加音频完成

在主界面时间轴面板的"请选择已添加的音频"下拉框中，还能选择打开已添加音频的波形图，直观查看音量高低或鼓点，进行音频踩点。在时间轴面板中，拖动面板右下角滑杆上的小三角方块(也可滑动鼠标滚轮或按键盘上的"+""-")，可以将时间轴进行放大和缩小，这样有助于我们快速定位时间点及精准逐帧踩点。

3. 给视频添加字幕特效

给视频添加字幕的步骤方法如下。

(1) 选择视频，拖动时间轴上滑块到适当位置后，在视频预览窗口中将鼠标置于想要添加字幕的位置，然后双击鼠标左键，在弹出的"输入文字"对话框中输入相应文字字幕，单击"确定"按钮。

(2) 再用同样的方法在视频中的另一位置加入文字字幕，如图 5-66 所示。如果想要对字幕的字体、大小、颜色效果等进行设置，可在主界面的视频预览窗口左侧的"字体设置"选项卡中进行设置，还可以在"特效参数"选项卡中设置字幕出现和消失的特效与时长。

(3) 上述操作全部完成后，单击视频预览窗口下方的"导出视频"按钮，即可导出完成的视频作品，在"导出设置"对话框中，用户可选择导出的视频格式、导出尺寸、导出路径及相关的参数设置，如图 5-67 所示。

图 5-66 添加文字字幕

图 5-67 导出完成的视频

用户使用爱剪辑处理视频，还有很多其他操作功能，包括将多个视频片段连接起来，设置视频的转场特效，进行视频"加贴图""去水印"等操作，在具体使用过程中可以根据实际情况进行操作。

5.3.4 动画资源的处理

计算机动画在教育领域中的应用非常普遍，很多课程利用计算机辅助教学，而在计算机辅助教学中，动画则是一种人们喜闻乐见的信息表示形式，通过动画能够形象生动且充满趣味地向学生进行教学展示，动画还可以对不易表现的现象做模拟演示，有利于揭示复杂事物的本质和发展规律。在多媒体课件中，动画可以起到画龙点睛的作用，增强课件的视觉效果，丰富课件的内容。

计算机动画是采用计算机生成一系列可供实时演播的连续画面的一种技术，即通过计算机产生可视运动的过程。根据计算机硬件和动画软件的不同，所产生的动画质量和用途也有明显区别。它一般可分为二维动画和三维动画。计算机动画的制作过程与影视动画有相似之处。我们知道传统的卡通动画片是由手工一幅一幅画出来的，每一帧的图案与上一帧的图案有细微的不同。在计算机动画中，尽管计算机也不一定能画出不同的帧，但在大多数情况下，动画的创作人员只要画出开始帧和结束帧，计算机将由软件自动产生中间的各帧。在全计算机动画中，利用复杂的数学公式产生最终的图片，这些公式对一个内容广泛的数据库中的数据进行操作，这些数据定义了物体存在的数学空间，这个数据库由端点、颜色、明暗度、运动轨迹等构成，对于立体感较强的三维动画，将涉及三维变换、阴影、三维模型、光线等专门的计算机技术。

计算机中动画的原理与影视动画类似，也是由若干连续的帧序列组成的，只要以足够高的帧率显示这些图案(一般为 24 帧/秒，或更高)，就会在计算机屏幕上呈现出连续运动的画面而没有抖动感。

常用的动画文件格式有 gif 和 swf。gif 格式是一种不失真且压缩效率最高的一种格式，它具有直观、生动和小巧等特点；swf 格式是 Macromedia 公司推出的矢量动画格式，swf 动画基于矢量图形，因此文件的体积较小，方便网络传输。

如今的个人计算机已完全具备制作二维动画和三维动画的能力。除了可用计算机语言的绘图语句画出各类图案外，目前较为流行的动画制作软件有 Adobe Flash、Ulead GIF Animator(二维动画制作软件)和 3ds Max(三维动画制作软件)。本小节主要针对 Flash CS6 动画制作软件进行讲解。

1. Flash CS6 的用户界面

安装好 Flash CS6 后，双击快捷图标启动软件，屏幕上便呈现出如图 5-68 所示的 Flash CS6 工作界面，熟悉该工作界面的构成是正确使用 Flash CS6 的基础。

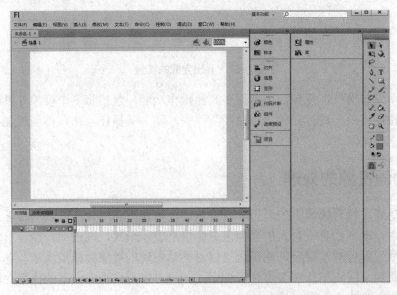

图 5-68　Flash CS6 的工作界面

1) 菜单栏

菜单栏包括除绘图命令以外的绝大多数 Flash 命令,可依次选择"文件""编辑""视图"等菜单命令,了解各主菜单包含的子菜单,如图 5-69 所示。

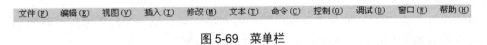

图 5-69 菜单栏

2) 控制工具栏

控制工具栏用于控制动画的播放,如图 5-70 所示,该栏中按钮与录音机的按钮十分相似。选择"窗口"→"工具栏"→"控制器"命令可显示或隐藏控制工具栏。

图 5-70 控制工具栏

3) 工具箱

工具箱包括用于创建、放置和修改文本与图形的工具。它位于窗口的右侧,可以使用鼠标将其拖至窗口的任意位置,如图 5-71 所示。

4) 浮动面板

浮动面板是指可以在窗口任意位置移动的面板。Flash CS6 保留了 Flash 5 中的一些浮动面板,对某些面板进行了改进(如时间轴面板、调色板面板),并且新增了一些面板(如属性面板、组件面板、组件选项面板等)。

5) 时间轴面板

时间轴用于组织和控制影片内容在一定时间内播放的层数和帧数。时间轴面板位于标准工具栏下方,如图 5-72 所示。选择"窗口"→"时间轴"命令,可打开或关闭时间轴面板。

图 5-71 工具箱

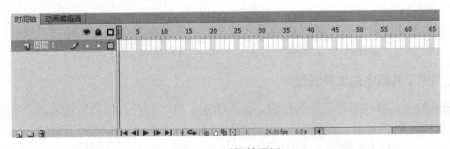

图 5-72 时间轴面板

时间轴的各组成部分如下。

(1) 时间轴的主要组件是图层、帧。与胶片一样,Flash 影片也将时长分为帧。图层就像层叠在一起的幻灯胶片一样,每个图层都包含一个显示在舞台中的不同图像。

(2) 文档中的图层列在时间轴左侧的列中。每个图层中包含的帧显示在该图层名右侧的一行中。时间轴顶部的时间轴标题显示帧编号。

(3) 时间轴状态显示在时间轴的底部，它指示所选的帧编号、当前帧频以及到当前帧为止的运行时间。

(4) 可以更改帧的显示方式，也可以在时间轴中显示帧内容的缩略图。时间轴可以显示影片中哪些地方有动画，包括逐帧动画、补间动画和运动路径。

(5) 时间轴的图层部分中的控件可以隐藏或显示、锁定或解锁图层以及将图层内容显示为轮廓。

(6) 可以在时间轴中插入、删除、选择和移动帧，也可以将帧拖到同一图层中的不同位置，或是拖到不同的图层中。

6) 属性面板

当在工作区中选取某一对象或在绘图工具栏中选择某些工具时，属性面板中将显示与它们对应的属性。例如，用选择工具在工作区中任意选中一个填充区或笔触区为对象，属性面板中会显示该对象的长度和宽度以及其在舞台中的坐标，如图 5-73 所示。

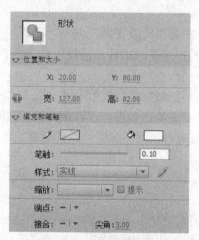

图 5-73　文本工具属性面板

7) 舞台

舞台是创作影片中各个帧的内容的区域，用户可以在其中自由地绘图，也可以在其中安排导入的插图、编辑和显示动画，并配合控制工具栏的按钮演示动画。

2. 利用工具箱中的工具画图

Flash 的工具箱包括许多工具按钮。工具箱由工具、查看、颜色和选项四个区域组成，其中的选项区用于显示工具所包含的功能键选项，当用户选择不同的工具时，选项区中就会出现与之相应的功能键，可分别选择下列工具，在舞台中绘制简单图形，验证其功能。

1) 画椭圆和矩形

(1) 单击椭圆工具，在舞台中拖放鼠标绘制椭圆。按住 Shift 键拖动鼠标，则绘制圆。

(2) 单击矩形工具，拖放鼠标绘制矩形。若按住 Shift 键拖动鼠标，则绘制正方形。

2) 画线

利用线条工具、铅笔工具和钢笔工具可绘制各种线条。

(1) 单击直线工具，在舞台中拖放鼠标，可绘制直线。若按住 Shift 键拖动鼠标，则可绘制垂直、水平直线或 45°斜线。

(2) 单击铅笔工具，可以画直线或曲线。

(3) 单击钢笔工具，可以绘制连续线条和贝塞尔曲线，且绘制后还可以配合部分选取工具来加以修改。用钢笔工具绘制的不规则图形可以在任何时候重新调整。

要调整所画的图形，可选择工具箱中的箭头工具。单击箭头工具，在工具箱的选项部分，可以根据情况在选项栏部分选择"对齐对象"(绘制、移动、旋转或调整的对象将自动对齐)、"平滑"(对直线和形状进行平滑处理)和"伸直"(对直线和形状进行平直处理)。

3) 选择图形并移动

利用工具箱中的部分选取工具、套索工具可选择已画好的图形对象或拖放鼠标使其移动。

(1) 单击部分选取工具，用拖放鼠标的方法圈出一个矩形，选中圆(或正方形)对象后，将显示出一条带有节点(小方块或圆)的蓝色线条。若单击套索工具，可以选择不规则区域。观察选项栏的显示，该工具包括"魔棒"和"多边形模式"两种，魔棒可根据颜色选择对象的不规则区域，多边形模式可选择多边形区域。

(2) 拖动鼠标将选中的图形移到需要的位置。

4) 图形的填充

用于图形填充的工具主要有填充变形工具、墨水瓶工具和颜料桶工具。

填充变形工具可对有渐变色填充的对象进行操作，改变图形对象中渐变色的方向、深度和中心位置等。

(1) 单击椭圆工具和"颜色"栏的"填充色"按钮，打开颜色选择框。

(2) 单击颜色选择框底部左起的第四个渐变色按钮。

(3) 在舞台中绘制一个有渐变色的圆。

(4) 选择填充变形工具，再单击上述有渐变色的圆，该圆被选中，并显示圆和正方形等标记。

(5) 对选取的圆进行相关操作。墨水瓶工具可用来更改线条的颜色和样式。颜料桶工具可用来更改填充区域的颜色，操作步骤如下。

① 单击颜料桶工具，它的选项栏包括"空隙大小"和"锁定填充"两项。"空隙大小"决定如何处理未完全封闭的轮廓，"锁定填充"决定 Flash 填充渐变的方式。

② 选择空隙大小和填充颜色，单击圆或椭圆，改变填充颜色。

③ 单击锁定填充按钮，再选择一种填充颜色，依次单击圆和正方形，改变其填充颜色。

5) 图形的擦除

橡皮擦工具可以完整或部分地擦除线条、填充及形状。

3. 简单动画的制作

Flash 动画只包含两种基本的动画制作方式，即补间动画和逐帧动画。Flash 生成的动画文件的扩展名默认为*.fla 和*.swf。前者只能在 Flash 环境中运行，后者可以脱离 Flash

环境独立运行。

1) 补间动画

补间动画可用于创建随时间移动或更改的动画，例如，对象大小、形状、颜色、位置的变化等。在补间动画中，用户只需创建起始和结束两个关键帧，而中间的帧则由 Flash 通过计算自动生成。由于补间动画只保存帧之间更改的值，因此可以有效减小生成的文件。

补间动画分为补间动作动画和补间形状动画两种，其区别如下。

(1) 补间动作动画。在改变一个实例、组或文本块的位置、大小和旋转等属性时，可使用补间动作动画。使用补间动作动画还可以创建沿路径运动的动画。

(2) 补间形状动画。在改变一个矢量图形的形状、颜色和位置，或使一个矢量图形变为另一个矢量图形时，可使用补间形状动画。

2) 逐帧动画

逐帧动画是一种传统的动画形式，在逐帧动画中，用户需要设置舞台中每一帧的内容。由于逐帧动画中 Flash 要保存每一帧上的内容，因此采用逐帧动画方式的文件通常要比采用补间动画方式的文件大。

逐帧动画模拟传统卡通片的逐帧绘制方法，不仅费时，而且要求用户具有较高的绘图能力。补间动画则不然，由于所有中间帧均由工具自动完成，使不会绘画的用户也可以轻松地制作出形状和色彩逐渐变化、移动速度快慢随意的动画，动画文件的容量也比逐帧动画小得多，因而更适合于绘画水平不高的初学者使用。

【实例 5-2】利用 Flash CS6 创建一个简单运动动画，显示一只公鸡从树下走向小屋的过程，如图 5-74 所示。

图 5-74　运动动画

其具体操作步骤如下。

(1) 运行 Flash CS6，单击属性面板中的"文档属性"按钮，在弹出的"文档属性"对话框中，设定动画的大小为 500 px × 300 px。

(2) 选择"文件"→"导入"菜单命令，导入背景文件：背景 1.jpg。

(3) 在时间轴面板的第 1 帧处，单击工具箱中的任意变形工具，将导入的图片调整到与舞台同等大小。

(4) 在图层 1 的第 50 帧处单击鼠标右键，在弹出的快捷菜单中选择"插入帧"命令，使图片在动画的全过程中一直显示。

(5) 单击时间轴面板中的插入图层按钮，创建图层 2。

(6) 选中图层 2 中的第 1 帧，选择"文件"→"导入"菜单命令，导入素材中的文件：公鸡 1.bmp。

(7) 使用任意变形工具，将导入图片调整到合适的大小。

(8) 选择"修改"→"分离"菜单命令，将图片打散。

(9) 单击工具箱中的套索工具，在其选项区中选择魔棒工具，单击公鸡图片的背景，然后按 Delete 键将打散后图片的白色背景去掉。

(10) 选择"修改"→"转换为元件"菜单命令，将处理好的图片转换为一个"图形"类型的符号。

将公鸡移到舞台外围的左下部，如图 5-75 所示。

图 5-75　制作图层 2 的第 1 帧

(11) 在图层 2 的第 1 帧处将公鸡移到舞台外围的左下部。

(12) 在图层 2 的第 50 帧处单击鼠标右键，在弹出的快捷菜单中选择"插入关键帧"命令，插入一个关键帧。

(13) 在 50 帧处将公鸡移到小屋处。

(14) 单击图层 2 时间轴面板中的第 1 帧处，在属性面板的"补间"下拉列表中选择"动作"。

(15) 按 Enter 键，看动画效果。

(16) 选择"文件"→"保存"命令，输入相应的文件名进行保存。

小　　结

本章主要讲解数字化教学资源的一些常用类型和相关特点，对如何构建数字化教学资源提出建议。作为教师用户，我们还应掌握如何获取和制作所需的丰富的数字化教学资源，可以通过相应的渠道检索获取，重点是教师如何对获取的数字化教学资源进行基本的处理，如使用 Photoshop 对图像的处理、使用视频剪辑软件对视频的处理，以及使用 Flash 等动画制作软件对动画进行处理或制作相关动画。

第6章

多媒体课件的设计与制作

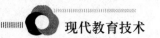
现代教育技术

6.1 多媒体课件概述

6.1.1 多媒体课件的概念

1. 什么是多媒体课件

目前,多媒体课件在教学中的应用越来越广泛,对于多媒体课件的定义,在现代教育技术和计算机辅助教育相关内容中有如下几种定义。

(1) 课件是在一定的学习理论指导下,根据教学目标设计的,反映某种教学内容和教学策略的计算机软件。

(2) 课件是指用于教授某段教材的教学软件包。它是具有明确的教学目的,反映教材内容、教材结构,具有相应的教学策略的程序系统。

(3) 课件是在一定的学习理论指导下,根据教学目标的要求,由教学内容和教学决策组成的计算机软件。

(4) 课件是为进行教学活动,采用计算机语言、写作系统或其他写作工具所产生的计算机软件以及相应的文档资料,包括用于控制和进行教育活动的计算机程序,帮助开发维护程序的文档资料以及与软件配合使用的课本和练习册等。

通过以上各种表述我们可以认为,"多媒体课件是以现代教学思想为指导,以计算机、多媒体和通信技术为支撑,具备一定教学功能的,以学生为中心的多媒体计算机辅助教学软件。"

教学软件是指教学中使用的软件。教学软件不等同于课件,它是一个泛指的概念,凡在教学中能为教学目的服务的任何应用软件都可以看作教学软件,这样一来,那些与教学内容无直接关系的工具软件也都包括在教学软件的概念之中,其范围要大于多媒体课件。

2. 多媒体课件的教学功能

1) 图文声像并茂,优化学习环境

多媒体课件图文声像并茂、内容丰富多彩,能够更好地构建学生的学习环境,方便学生学习。同时多媒体课件对教学内容全方位的阐述,更能激发学生的学习兴趣,充分发挥学生的主动性,真正体现学生认知主体的作用。

2) 友好的交互环境,调动学生积极参与

多媒体课件由文本、图形(图像)、动画、声音、视频等多种媒体信息组成,所以给学生提供的外部刺激不是单一的刺激,而是多种感官的综合刺激,这种刺激能引起学生的学习兴趣并激发学生的学习积极性。

3) 丰富的信息资源,扩大学生知识面

多媒体课件可提供大量的多媒体信息和资料,创设丰富有效的教学情境,不仅有利于学生对知识的获取和保持,而且大大地扩充了学生的知识面。

4) 超文本结构组织信息,提供多种学习路径

超文本是按照人的联想思维方式非线性地组织管理信息的一种先进技术。由于超文本

结构信息组织的联想性和非线性符合人类的认知规律,所以便于学生进行联想思维。另外,由于超文本信息结构的动态性,学生可以按照自己的目的和认知特点重新组织信息,按照不同的学习路径进行学习。

6.1.2 多媒体课件的类型

随着多媒体教学的普及,广大教师、学生和商家开发了大量的多媒体课件,种类很多,可以从多个角度进行分类。

1. 根据使用环境分类

根据多媒体课件的使用环境,可将其分为单机版多媒体课件、网络版多媒体课件。单机版多媒体课件是以光盘、U盘等媒介存储、交流发布的教学辅助软件。网络版多媒体课件是指在网络环境下运行的用于辅助教学或学习而开发制作的软件;网络版多媒体课件安装在Web服务器上,因此也称Web课件,学习者在客户机上通过浏览器进行访问。

2. 根据使用对象分类

根据多媒体课件的使用对象,可将其分为助学型、助教型和教学结合型。

(1) 助学型(学生自主学习型)。助学型多媒体课件的主要使用者是学生。此类多媒体课件要充分考虑学生使用的有效性,要具有完整的知识结构,能反映一定的教学过程和教学策略,提供相应的形成性练习,供学生进行学习、评价,并设计友好的界面让学习者方便地进行人机交互活动。利用个别化交互学习型多媒体教学软件系统,学生可以在个别化的教学环境下进行自主学习。

(2) 助教型。助教型多媒体课件,教师是课件的主要使用对象,课件可以辅助教师更好地完成课堂教学任务。

(3) 教学结合型。教学结合型多媒体课件是兼顾教师与学生两者使用的课件。

3. 根据多媒体课件的内容组织方式分类

根据多媒体课件的内容与作用,可将其分为课堂演示型、学生自主学习型、模拟仿真型、训练复习型、教学游戏型和资料工具型。

(1) 课堂演示型。这种类型的多媒体课件一般来说是为了解决某一学科的教学重点与教学难点而开发的,注重对学生的启发、提示,反映问题解决的全过程,主要用于呈现教学内容(如教师上课的提纲、教学内容等)和课堂教学演示。通常是在多媒体教室通过投影屏幕展示给学生的,因此课件要直观,文字要清晰,尺寸比例要大,而且要按照教学思路逐步深入地展开教学内容。这类课件通常由学科教师本人完成,多数使用PowerPoint工具开发。

(2) 学生自主学习型。这种类型的多媒体课件具有完整的知识结构,能反映一定的教学过程和教学策略,提供相应的形成性练习供学生进行学习、评价,并设计友好的界面方便让学习者进行人机交互活动。这类课件利用软件工程的设计思想,从某种意义上也可以称之为多媒体教学软件。

(3) 模拟仿真型。这种类型的多媒体课件借助计算机仿真技术,模拟某种真实的情景，提供可更改参数的指标项，当学生输入不同的参数时，及时给出相应的实验结果供学生进行模拟实验或探究学习。

（4）训练复习型。这种类型的多媒体课件主要是通过提出问题的形式，训练、强化学生某方面的知识和能力。课件的内容在安排上，要分为不同的等级，逐级上升，根据各级目标设计题目的难易程度，使用者可以选定训练等级进行学习。这种类型的课件通常应用在习题测试、英语单词记忆等方面。

（5）教学游戏型。这种类型的多媒体课件与一般的游戏软件不同，它是基于学科的知识内容，寓教于乐，通过游戏的形式，教会学生掌握学科的知识并提高学习能力，引发学生的学习兴趣，是一种非常有前景的多媒体课件，常见的有单词学习等。

（6）资料工具型。资料工具型教学软件包括各种电子工具书、电子字典以及各类图形库、动画库、声音库等，这种类型的教学软件只提供某种教学功能或某类教学资料，并不反映具体的教学过程。

6.1.3 多媒体课件的结构

从不同的角度观察，多媒体课件有不同的结构特征。下面就从课件的总体结构、内容结构、信息结构以及控制结构四个角度分析多媒体课件的结构。

1）多媒体课件的总体结构

这里就课件外在表现的结构加以说明。从总体上看，多媒体课件很像一本书或一部带有交互性的电影，由一页一页或一幅一幅的画面组成，在多媒体课件中我们称之为一帧一帧的框面。根据这些帧的表现顺序，可分为封面、扉页、菜单、内容、说明(帮助)和封底六个部分。

（1）封面：运行课件时出现的第一幅框面，一般呈现制作单位的名称或课件的总名称，常以几秒的视频动画形式表现。

（2）扉页：封面后的下一个框面，常呈现课件的名称，一般由一个框面组成。

（3）菜单：就像一本书的目录，供学习者选择学习内容之用，可以存在多个菜单。

（4）内容：这是课件的主要框面部分，呈现教学内容。

（5）说明(帮助)：为了帮助使用者使用课件，课件中应该设计一些呈现如何使用课件的帮助信息的框面。

（6）封底：最后是制作课件的人员名单框面。

一个完整的多媒体课件应该由上述六部分框面组成。

2）多媒体课件的内容结构

多媒体课件是教学内容与教学处理策略两大类信息的有机结合。具体地讲，课件内容应该包括以下几方面内容。

（1）向学习者展示的各种教学信息。

（2）用于对学习过程进行诊断、评价、处理和学习引导的各种信息。

（3）为了提高学习积极性，创造学习动机，用于强化学习刺激和学习评价的信息。

（4）用于更新学习数据、实现学习过程控制的教学策略和学习过程的控制信息。

课件内容的一种标准化的结构形式由引入、指导和练习三部分构成。

3) 多媒体课件的信息结构

多媒体课件是用于传递信息的工具,在多媒体课件中使用了多种符号表现教学信息,包括文本、声音、图形、图像、动画、视频。

4) 多媒体课件的控制结构

当前多媒体课件中较常采用的内容控制结构方式可归纳为以下几种,如图6-1所示。

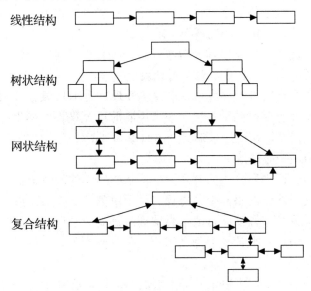

图 6-1　课件组织结构类型示意图

(1) 线性结构:学生按顺序接收信息。从上一帧到下一帧,是一个事先设置好的序列。

(2) 树状结构:学生是以一个树状分支形式开展学习活动的,该树状结构由教学内容的自然逻辑关系形成。

(3) 网状结构:也就是超文本结构,学生的学习活动在内容单元间自由地进行,没有预置路径的约束。

(4) 复合结构:学生的学习活动可以在一定范围内自由地进行,但同时又受主流信息的线性引导和分层逻辑组织的影响。

6.1.4　多媒体课件设计的基本原则

在多媒体课件的设计过程中,要遵循教育性原则、科学性原则、技术性原则、艺术性原则等。

1. 教育性原则

1) 要充分体现教学规律

设计制作多媒体辅助教学课件,必须以教学大纲为依据,并根据教学目的与要求,发挥多媒体图文并茂、形声并举的优势来表达教学内容,最后用多媒体计算机实现交互性的运行来实施教学。多媒体课件对学生获取知识、发展能力、培养品德和促进健康起到良好的教育作用，有益于学生的个性发展。为了体现教学规律，应注意以下几个方面问题。

(1) 教学目的要明确。既然多媒体课件是依照教学大纲编制的，首先应该明确教学目的。为什么要编制这个课件，教学中要解决什么问题，希望实现什么目标，编制者要心中有数，有的放矢。

(2) 重点、难点要突出。必须根据教学大纲的要求，围绕教学中的重点、难点或关键性问题设题立意。要充分发挥多媒体的优势，采用恰当的表现方法，将复杂问题或难点问题简单化，并在如何消化、接受和理解上下功夫。

(3) 教学形式要灵活。多媒体辅助教学具有传统教学方式所无法比拟的优势，其课件设计要灵活多样，要用图、文、声、像交替地表现教学内容，突出教学内容的主体。

(4) 教学对象要有针对性。多媒体课件是为特定的教学对象设计制作的，其内容的选择和阅读的难易确定要有明确的针对性。要考虑到应用此课件的学生的年龄特点、知识层次水平和智力的实际情况，切忌追求形式上的时髦和视听感受上的新鲜。

2) 要充分运用认知心理规律

(1) 语义层网络。语义层网络的概念源于认知心理学的长时记忆模型理论，是知识的一种表征方式。语义层网络的每一个节点代表一个对象、一个概念或一种情景，节点之间的连线表示节点的关系。多媒体课件的信息结构应是类似于语义层网络的树状、网状或复合的非线性结构，它们可以把各知识点之间的上下位概念关系、从属关系、并列关系等层次组成清晰地反映出来。

在多媒体课件的设计中，可以依照语义层网络原理，将知识之间的逻辑层次作为主信息流表示出来，能够对学生的学习起到引导作用。学生也可以任意改变学习顺序，自由选择其中的任意节点进行学习，无须一页一页地查找要学的内容。这种以时间和空间为主要线索反映知识的结构，即形成了联想式的超媒体结构，它非常符合学生联想、跳跃的思维方式。再加上通过文字、图形、图像、声音、动画、视频等多种媒体形式呈现知识信息，创设情景，提供丰富的语境信息，既促进了学生对语义信息的理解，又调动了学生的学习积极性，符合学生的认知心理。

总之，以语义层网络来实现多媒体课件的结构，改变了学生逐行阅读的习惯，拓宽了学生的视觉广度和认知广度。语义层网络结构便于学生发现式的主动学习；生动的视觉元素可以启动情绪机制，有利于知识的内化和深化，使学习变得轻松而容易。

(2) 记忆规律。记忆规律表明，学生加工信息时要受到信息特性、学生自身的经验及需求等因素的影响。

学生记忆的效果与教学内容的性质有关，教学信息如果新奇有趣，易于形成独立而清晰的记忆痕迹，使学生能够轻松地记忆。对于新奇的语义信息，其记忆的效果明显优于一般的语义信息。多媒体课件的设计要充分运用这一规律，一方面突出教学内容中已有的形式新颖的信息；另一方面将重点内容运用色彩、高亮或动画等技术使之与其他信息区别开来，或用热键、热区等方式，增强其呈现方式的新奇感和趣味性。

学生记忆的效果与学生自身需要有关，涉及学生自身的利益、荣誉等有关信息和对学生情绪有正面激励作用的信息，学生的关注程度高，投入大，更易于学生轻松地记忆。多媒体课件要精心设计反馈练习，对学生已掌握的内容及时强化，给予强烈的、积极的评价性语言，从而唤起学生的荣誉感；对学生没有掌握的知识点，评价性和提示性语言应是鼓励性的，背景音乐不要太夸张，最好将结论的推理过程呈现出来，以便学生对照检验，充分体现多媒体的优势。

(3) 认知容量与速度。人的短时记忆是以组块为单位的，一个组块内的信息总量是变化的。学生在加工处理信息时，将其重组或再编码，组合为一些有意义的组块单位。美国著名的认识心理学家米勒通过实验证明，个体能够在短时记忆中保留的信息的组块数是7 ± 2，这就是短时记忆的容量。学生的年龄大小、信息媒体的形式都对认知速度有直接影响。

在设计多媒体课件时，要将语义信息、语境信息进行合理的组合，其呈现数目要适合学生的记忆容量。如内容过长，则应该按一定基准进行有目的的组块，如在空间距离上，相邻的、按时间先后顺序相接的、外观形状上相似的、语义信息上相关的一些内容，都容易被学生组成有意义的记忆单位。以文本显示为例，一般有换页式、移动式、滚动式和快速序列视觉呈现式等，显示时间可以自由控制。一般情况下，字数不宜过多，若条件允许可将多而长的文字采用分段、块状、移动、滚动的方式呈现。若采用快速序列视觉呈现，则要考虑窗口或面积的大小，面积过大，阅读速度、记忆效率都会随之下降。

多媒体课件在内容呈现速度上，要考虑学生的年龄特征，低年级课件的呈现速度应慢一些，知识点要少而精，可利用多媒体的优势，用图像、动画、视频等媒体多角度、多重编码呈现教学内容；在知识的广度上延伸，扩大知识面，以产生积极的联想和想象；精心设计视觉信息，为学生提供丰富的视觉表象，形成通过视觉特征直接转换的加工方法，训练学生提高加工速度。

3) 要充分突出启发性教学

多媒体课件的启发性设计以启发式教学原则为指导，其最终目的是获得更好的教学效果，培养学生的创造力。

(1) 兴趣启发。采用易于引起学生兴趣的视听表现形式，激发他们的求知欲望，把他们的注意力和思维活动引导到教学过程中来。例如引导参与，让学生身临其境，积极投入教学过程；设置悬念，刺激学生的好奇心和求知欲等都是比较好的方法。

(2) 比喻启发。作为教学设计中一种常用而有效的表达策略，比喻可以变抽象为具体、化深奥为浅显。多媒体课件设计中要更多地利用视听表现手段的直观形象，使比喻变得更加生动，从而启发学生的联想、分析、综合、抽象、概括等思维活动，促进学生更有效地学习。

(3) 对比启发。通过对比，使学生能在认真思考之后，分清是非，辨明正误，启发学生的思维，加深对知识的理解，使学生获得更好的学习效果。

(4) 设题启发。根据教学内容，在课件中适时地、恰当地设置一些富有启发性的问题，充分调动学生的学习积极性，启发其积极思考，并及时强化。启发性问题的设置，可诱发其创造性思维，培养、锻炼其思维的灵活性、发散性、求异性和独创性。

(5) 留白启发。通过画面留白或解说留白，给学生的思维活动留有必要的空间和时间。画面留白要在画面简洁、主体突出的基础上，在画面组接上产生一个"空白"，可采用画面的虚化、定格、淡入、淡出等手法，给学生思维、回味的余地；解说留白的处理应让解说少而精，在问题的结论处留有足够的时间间隙，让学生思考，升华到此处无声胜有声的境界。

2. 科学性原则

教学过程不单是向学生传授科学知识，更应注重培养学生科学的学习方法。而传授科学知识的每一个过程，也无时无刻不体现出方法的重要性。在多媒体课件的设计中，应根据不同学科的具体情况，准确地阐述科学知识，并将科学的学习方法贯穿始终。

1) 知识的科学性

(1) 体系严谨。首先要制定明确的教学目标，教学内容的深度、广度要与教学目标相适应；课件要把教学内容的概念、原理及应用等按其逻辑顺序合理编排；课件的体系结构要完整，脉络要清晰，层次要分明，思路要流畅；定义的表达、原理的推证、公式的应用、现象的描述要科学严密、无懈可击。

(2) 内容规范。概念、原理、定律要表达准确，阐释、引申正确无误；语言、文字规范；量纲符合我国标准，数据真实可靠；模拟示范要准确，操作程序要规范；图、文、声、像要有较高的真实感和可信度，要反映事物发展的内在规律，不要因片面追求图像的漂亮、辞藻的华丽、声音的动听、色彩的艳丽而破坏其真实感、牺牲其可信度。

(3) 形式新颖。教学内容的表达形式要新颖多样，不落俗套；对本学科的教学内容进行充分的优化，使之更加充实而具体；选用教材的例证和逻辑推理要具有典型性和代表性，有利于激发学生的思维，具有举一反三的效果；能用正确的方法解决与本课件相关的实际问题。

(4) 通俗简明。语言、文字应通俗易懂，既不要拗口或晦涩，也不要过于流俗或直白；内容寓意要简明扼要，力求在符合真实感和准确性的前提下，将抽象的问题形象化，深奥的问题浅显化；视听元素要突出其直观性，尽量少用含蓄的手法，使学生易于接受、理解和记忆。

2) 方法的科学性

(1) 比较与分类方法。通过对比找出事物之间的异同及关系的逻辑方法称为比较。人类认识客观事物，大多是通过比较实现的。比较能够帮助学生从事物的本质特征及事物间的相互联系来把握事物，从而在理解的基础上掌握知识；分类则是在比较的基础上把事物分成不同种类或等级的逻辑方法。分类方法可以把大量无序的知识内容系统化、条理化，形成知识的逻辑体系，便于对知识的理解和掌握。

(2) 归纳与演绎方法。根据大量已知的事实总结出一般性结论的逻辑推理方法称为归纳，归纳是从特殊到一般的推理方法。归纳的逆向思维方法称为演绎，这种方法在提出假说、预测未知等方面具有很好的功效，应用归纳和演绎方法可以高效率地提炼主题、找出重点、突破难点。

(3) 分析与综合方法。分析是把所研究的事物分解为若干部分，把复杂的问题分解为若干因素，把复杂的过程分解为若干步骤，然后逐次研究并揭示其本质和规律的逻辑方法。分析的逆向过程是综合，它是把所研究的各个相互联系的部分、因素等联系成一个整体进行研究的逻辑方法。

(4) 演示与实验方法。演示和实验是教学过程中不可缺少的重要环节，是一种最有效的教学方式。演示和实验可以使学生获得多方面的能力。在多媒体辅助教学中，学生虽然不能亲自动手实际操作，但通过对现象的观察及操作程序的练习，可以引导其积极思维、激发其创造力。

(5) 模拟与仿真方法。模拟与仿真是一种新型的科学方法和手段。在多媒体教学中，利用多媒体计算机可以构建一种逼真的视听空间，通过直观的形象，帮助学生理解和掌握复杂的概念和原理，从而增强教学效果。当然，真实性是模拟与仿真的前提，它必须符合科学原理及事物的发展规律。

3. 技术性原则

多媒体课件设计水平的高低，技术上的因素十分重要。要在课件的视觉表现、听觉表现、运行环境、操作界面等方面充分考虑其技术性要求。

1) 视觉元素的技术性

对视觉元素的具体要求有：画面清晰稳定，构图均衡合理，色彩清新明快，画面播放流畅。

(1) 画面清晰稳定。过渡流畅，既要充分发挥画面组接手段的作用，又不能滥用技巧。要使画面无扭曲、无抖动、无闪烁、无跳跃等。

(2) 构图均衡合理。在充分表达主题内容的前提下，做到主体突出，画面均衡，结构合理，视点明确，虚实得当，动静结合，错落有致，富有节奏。

(3) 色彩清新明快。要充分发挥多媒体色彩丰富的优势，但不可滥用色彩，以免给人眼花缭乱的感觉。色彩搭配既要使主体相对突出，又不能使其对比过于强烈，要给人以清新明快的色彩感受。

(4) 画面播放流畅。由数字摄像系统及相关的制作系统获得的视频动态画面，或由计算机产生的一系列连续画面组成的动画，其播放效果要考虑人的视觉心理和生理规律，一般应达到25～30帧/秒，才能获得流畅的视觉感受。

2) 听觉元素的技术性

对听觉元素的具体要求有：解说清晰准确，音响恰当逼真，配乐紧扣主题，声音组合协调。

(1) 解说清晰准确。语言规范，与教学内容同步，语调亲切、语速适中、音色优美的解说能给学生以亲切感和启发性。

(2) 音响恰当逼真。音响效果作为一种声音信息，在课件中起着渲染气氛、创设情景的作用，它可以帮助学生丰富感知，建立表象，增强真实感，扩大表现力，发展想象力。

(3) 配乐紧扣主题。配乐作为一种富有艺术表现力的形象化语言，可以烘托环境、渲染气氛、调节情绪、刻画意境、组接画面。

(4) 声音组合协调。作为听觉元素的有机组成部分，解说、音响、配乐各有其功能，解说词要达意，音响声要写实，配乐声要传情。这里面最主要的是解说，其次是音响，最后才是配乐。配乐一般只是解说的必要补充，当配乐出现在解说之前时，起着渲染气氛、描绘景象的作用；当配乐出现在解说之后时，则延伸了解说的语意，表达了解说难于表达的意境；配乐与解说同时出现时，配乐音量不要过高，情绪上要与解说协调一致。

3) 运行环境的技术性

多媒体课件运行环境的要求是：运行可靠，适应性强；易于操作，可控性好。

(1) 运行可靠，适应性强。要做到课件的开发环境与运行环境无关。

(2) 易于操作，可控性好。在多媒体课件的运行中，要根据教学内容的需要，通过简单的操作，顺利完成一些控制，如：能连续自动地按顺序播放全部教学内容；能针对个别化教学需要，有选择地播放指定的教学内容；对重点和难点，能进行反复循环播放；在教学过程需要暂时中止时，能暂停课件播放，并可按任意键继续；教学过程结束时，能及时返回上一级菜单；在展现某一变化过程细节时，能进行逐帧播放；在针对某个教学重点逆行重播时，能进行定帧播放等。

4) 操作界面的设计

对多媒体课件操作界面的设计要求是：操作简便，界面合理。

(1) 操作简便。在设计多媒体课件时，要考虑使用课件的师生多是非计算机专业人员，要尽可能把启动和运行设计得简单一些。课件的安装程序不要设计得太复杂，最好是程序自动安装，甚至是无须安装，直接运行或自动运行。程序操作时最好能使用鼠标和键盘双重操作且相互兼容。为方便课件各个层面的操作，课件还应设置必要的在线帮助、提示信息。

(2) 界面合理。在课件设计中，操作界面应设计得生动直观、使用方便、易于掌握，应多设计一些图标、按钮、菜单、关键字、热区等交互功能元素，通过键盘、鼠标、触摸屏等实现顺序操作、分支选择、问题解答、翻页及滚屏等交互操作，使操作者能在轻松、愉快的环境下完成教学过程。

4. 艺术性原则

多媒体课件要具有丰富的表现力和感染力，能激发学生的情感，引发学习动机，提高学生的审美情趣。这就要求课件设计要在科学性的前提下，采用完美的艺术形式表现教学内容。

1) 认知过程与审美心理

审美心理体现在学生的感知、情感、理解、想象等活动之中。

(1) 感知。感知是人类理解和想象的基础，包括感觉和知觉。当学生对某些色彩、画面或声音加以感受时，会不经意地从中获得愉快的感觉，这些便是美感的基础和出发点。

(2) 情感。伴随着人类的知觉活动可以产生知觉情感，在一种自然和谐的状态下得到的知觉情感便有了审美意义。人类的审美情感其实就是在其意志、思想、想象等各种心理要素活动起来以后达到的兴奋状态。

(3) 理解。审美的理解有三个层面。首先是把生活中的事件、情节、感情与艺术中的事件、情节、感情以及审美态度区别开来；然后是对审美对象的题材、技巧、程式等方面的理解；最后，也是最重要的，是把握形式中融入的"意味"的直观性。

(4) 想象。一般审美活动中首先是知觉的想象，即面对美丽的自然风光或动人的艺术作品时，愉快的心境与之融合所引发的想象活动；审美活动中的更高境界的想象是创造的想象，它是通过大量的观察和丰富的经验，以无数次感知为基础，加上人的情感和才干方能产生的。

2) 课件设计的艺术处理

一个好的教师既是一名"演员"，也是一名"导演"，其讲课过程和教学方法充满了艺术美，使学生获得充分的艺术享受。对于精心设计的多媒体课件，其艺术美应以形象

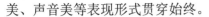

美、声音美等表现形式贯穿始终。

(1) 形象美。按照审美心理规律和教学原则，把抽象的科学概念、原理等知识，运用艺术手段转化为图文并茂、妙趣横生的教学内容，这便是形象美。形象美包括图形美和色彩美。

图形美表现在画面构图等方面。不论画面构图的主体对象是什么，其准确性、规范性、鲜明性、真实性是第一位的。作为科学内容与艺术形式的完美结合，画面构图必须符合审美规律，应做到画面艺术形象协调完整、主题突出。

色彩美是艺术美的重要组成部分，色彩美可以使学生在学习过程中获得美的享受，在美的陶冶中提高情操，得到更好的感知和理解。色彩美与教学内容密切相关。根据教学意境，该明快的明快，该低沉的低沉，应用不同的色调表现不同的主题和内容，创设不同的意境，塑造不同的形象。

(2) 声音美。声音美包括音乐美和语言美。音乐美最能激发和表现人类的情感，它是运用音响的节奏和旋律来塑造形象的艺术表现手段。在多媒体课件设计中，应充分发挥音乐的艺术魅力，用美妙的音乐陶冶学生的情操，让学生在美的旋律中探求知识的奥秘。同时，恰当地使用音响又能增强画面形象的表现力和真实感，有利于学生认识客观事物的内在规律。

语言美主要体现在解说中。作为一种艺术语言，解说具有形象的思维特征，它可以补充画面的内容。生动形象、准确精练的解说，在让学生正确地理解教学内容的同时，也可以启发他们的想象力。语言美还表现在解说技巧的美，语调抑扬顿挫，声音娓娓动听，使学生受到强烈的感染，在注意力高度集中的前提下获得更多知识。

6.1.5 多媒体课件的制作过程

多媒体课件的设计与开发要符合教学原理，运用教学设计方法进行教学目标与教学内容的确定、学习者特征的分析、媒体信息的选择、知识结构的设计以及诊断评价的设计等工作，以保证多媒体课件的教学性和科学性。最后还要将这些知识内容在计算机上通过灵活多样的形式加以表达，发挥多媒体的优势，突破教学难点，突出教学重点。

由于多媒体课件面向教学，且具有数据量大、交互性强的特点，从而决定了多媒体课件的开发有其独特的方法。多媒体课件的开发过程是先选择课题，接着通过教学设计、系统设计、稿本编写、数据准备、软件编辑等步骤制成多媒体课件，将多媒体课件在教学过程中试用、评价，发现其不足之处，进行修改，最后形成产品。

1. 课题确定

多媒体课件的选题应考虑多方面因素。首先，多媒体课件的选题应围绕教学的重点和难点，对于那些传统教学难以奏效的教学内容，可以通过计算机动画模拟或局部放大、过程演示等方式予以解决，这样能收到极好的效果。其次，多媒体课件具有运行速度快、信息存储量大的特点，大量练习时也可采用多媒体课件来进行。最后，在需要创设情景的教学(学习)中，也可采用多媒体课件来教学(学习)。总之，多媒体课件的选题一定要以满足教学需要、发挥多媒体特长为前提。

2. 多媒体课件的教学设计

多媒体课件的教学设计，就是要应用系统的观点和方法，按照教学目标和教学对象的特点，合理地选择和设计教学媒体信息，并在系统中有机地组合，形成优化的教学系统结构。它包括如下基本工作：教学目标与教学内容的确定、学习者特征的分析、媒体信息的选择、知识结构的设计、诊断评价的设计等。关于教学设计的详细内容将在第 8 章中介绍。

3. 多媒体课件的系统设计

多媒体课件的系统设计包括软件结构与功能的设计、屏幕界面的设计、导航策略的设计、交互界面的设计、教学策略的设计等内容。

多媒体课件软件结构是教学软件中各部分教学内容相互呈现的形式，它反映了教学软件的主要框架及其教学的功能。课件结构与功能的设计一般包括媒体结构的设计、总体风格的设计、主要模块的划分、屏幕数量的确定与各屏幕之间的关系确定等内容。

屏幕界面设计一般包括屏幕版面、颜色搭配、字体形象和修饰美化等内容。多媒体课件屏幕画面除了追求屏幕的美观、形象、生动之外，还要求屏幕呈现的内容具有较强的教学性，要合理安排多媒体课件屏幕中的各种教学信息、帮助信息和可以进行交互作用的对象的位置及其大小。

交互是计算机与学习者之间进行的信息交换。多媒体课件的使用者有丰富的心理世界和社会需要，是一个个鲜活的、时刻处于成长变化之中的个体。多媒体课件中的人机交互方式设计要求考虑视觉和听觉的模式识别问题，考虑人的感知、表象、记忆、思考和情绪等心理活动。目前多媒体创作工具提供的常见的交互方式有按钮，菜单、热字、热区，条件判断，文本输入、移动物体、目标区域，限定时间，限定次数，按键等。

由于多媒体课件信息量大，内部信息之间关系复杂，学习者在学习过程中很容易迷失方向，往往不知道自己身在何处，怎么来的，应去哪里，常常导致思维混乱。因此设计多媒体课件时，需认真考虑向学习者提供引导措施，这个措施就是我们说的"导航"。导航能为网络状知识结构中的学习者提供即时有效的引导，是多媒体课件设计中的一个重要环节。常见的导航策略有检索、信息网络结构图、联机帮助手册、预置或预演学习路径、记录学习路径并允许回溯、电子书签、关键字和记录、提供学习地图、指示引导学习等。

4. 稿本的编写

多媒体课件设计工作完成后，应在此基础上编写出相应的稿本，作为制作多媒体课件的依据。规范的多媒体课件稿本，对保证软件质量水平、提高软件开发效率具有积极作用。因此，多媒体课件的稿本编写，是多媒体课件研究和开发工作中的一项重要内容。由于多媒体课件的设计主要包括教学设计和软件的系统设计，所以分别用文字稿本和制作稿本两种形式进行描述。文字稿本应在系统分析阶段完成，确定立项以后即由项目负责人和内容专家(有经验的学科教师)联合编写，它是今后各步工作的主要依据。通常情况下，对课件进行项目分析和教学设计的过程也就包括了文字稿本的编写过程；或者说，文字稿本是对课件项目分析和教学设计结果的文字表述。

在完成了对课件的教学设计和软件系统结构设计以后，应该由专门的稿本编写人员按照设计阶段的思想和原则并结合计算机的编程技术把由内容专家提供的文字稿本改写成软件制作稿本，即制作稿本，以实现教学思想、教学经验与计算机技术的统一结合。

5. 多媒体信息编辑加工

多媒体课件的信息编辑加工是技术与艺术结合的过程，需要开发人员大量的创造性劳动，包括多媒体素材准备和多媒体课件集成两项工作。

1) 素材采集

开发人员根据稿本的安排，收集、创作完成多媒体课件所需要的各种媒体素材，如文本编辑、录音、创作乐曲、扫描图像、制作动画、影像采集等，并以一定的格式存储文件。

采集素材时应注意以下几点。

(1) 如果已有多媒体素材库，如光盘素材，或以前自己收集和制作的资料，应尽可能从中寻找所需素材。如果只有部分满足要求，可借助一些工具软件进行剪辑和修改，这样会加快课件开发速度，提高制作效率。

(2) 如果找不到所需素材，但在某些相片、画册、教科书、录像带、VCD、录音带中包含，则可用扫描仪扫描图片，用摄像机采集视频，用声卡采集音频，再通过工具软件进行编辑。

(3) 对于无法找到或根本没有的素材，就需要进行创作。多媒体创作包括图像的绘制，声音的录制，动画的制作，影像的拍摄等。要实现这一目标，需要掌握一些多媒体制作工具软件的使用方法。

2) 多媒体课件集成

按照稿本要求，根据多媒体课件表现的内容和形式，选择适当的多媒体创作工具或运用编程的方法，进行多媒体课件编制，对各种媒体素材进行剪辑、加工、合成，并连接各帧，最后在不同型号的计算机上反复运行程序，模拟用户进行调试和试运行，发现问题及时修改。

不同类型的多媒体创作工具有不同的功能特点，根据其创作特点和用途可分为以下几种。

(1) 基于书页式(卡片式)的创作工具。

书页式(Page-Based)编辑工具也称卡片式编辑工具。这类多媒体编辑工具对于各种多媒体信息的管理采用的是类似于书本的一"页"或一"叠"卡片来组织全书的信息。在这里，"页"是"书"中的基本单位，在多媒体软件中，一次只能看一页书。一页书就是显示在屏幕上的一个窗口，它可以是一个前景和一个背景的组合，页中可以包括文本、图像、按钮、声音、视频等对象。

书页式多媒体编辑工具的最大优点是它的开发弹性比较好，简单易学，不用编写复杂的程序就能做出软件，因此，很适合制作多媒体课件。

微软 Office 系列中的 PowerPoint 是一个最简单的书页式多媒体编辑工具。在这里的一"页"也被称为一张"幻灯片"，由一系列幻灯片构成多媒体课件(作品)。

(2) 基于流程图的制作工具。

流程图式编辑工具也称为图标式编辑工具。在这类制作工具中，多媒体元素的相互作用及数据流程控制都在一个流程图(Flow Chart)中进行安排,即以流程图为主干构造结构框图或过程。基于流程图的制作工具简化了项目的组织,并使整个设计框架通过流程图一目了然,因此这种编辑方式被称为可视化创作,其中最典型的制作工具是 Authorware。

(3) 基于时间序列的制作工具。

在以时间序列为基础的制作工具中,各种多媒体信息是以时间顺序来管理的。这种排列次序以"帧"为单位,犹如一张张连在一起的电影胶片,适用于从头到尾顺序播放的影视应用系统制作。组织的图形帧按预定的速度播放,其他媒体元素(如音频、动画等)在时间序列中按给定的时间和位置被激活。这类工具的典型代表是 Adobe 公司的 Flash。

在多媒体课件开发中,综合采用以上各种方法,以多媒体制作工具为主,结合其他多媒体工具软件对所需素材进行剪辑、制作,适当地采用面向对象和自上而下的程序设计方法,是一种高效、快速制作各种多媒体课件的有效方法。

6. 多媒体课件的评价

多媒体课件编制完成后,必须将课件投入到实际教学中进行试用和评价,根据实际使用中发现的问题,反复修改,直到满意为止。最后,根据实际情况,可将数据量小的多媒体课件制成软盘,数据量大的软件刻录成光盘,并设计光盘的封面、封底,提供必要的操作指南等,进行推广应用和发行。

多媒体课件的评价属于学习资源或教学材料的评价范畴。对多媒体课件的评价不仅涉及教学设计思想、教学内容的安排、教学方案的设计意图等教育理论问题,而且涉及课件设计和制作方面的问题,涉及技术性、艺术性等问题,此外,还需要考虑课件制作和使用的经济性问题、课件运行环境问题等。关于多媒体课件的评价,我国学术界总结过所谓"五性"的编制原则,它们实际上也是评价多媒体课件的基本标准。

(1) 教育性。看其是否能用来向学生传递课程标准所规定的教学内容,为实现预期的教学目标服务。

(2) 科学性。看其是否正确地反映了学科的基础知识或先进水平。

(3) 技术性。看其传递的教学信息是否达到了一定的技术质量。

(4) 艺术性。看其是否具有较强的表现力和感染力。

(5) 经济性。看其是否以较小的代价获得了较大的效益。

多媒体课件的评价标准具有一定的相对性。为了更好地了解评价多媒体的标准,表 6-1~表 6-3 提供了几个在不同场合使用的多媒体课件评价指标。

表 6-1　K12 课件的评价标准

指　标	评价标准
科学性	描述概念的科学性:课件的取材适宜,内容科学、正确、规范
	问题表述的准确性:课件中所有表述的内容准确
	引用资料的正确性:课件中引用的资料正确
	认知逻辑的合理性:课件的演示符合现代教育理念
教育性	直观性:课件的制作直观、形象,有利于学生理解知识
	趣味性:有利于调动学生学习的积极性和主动性

续表

指　标	评价标准
教育性	新颖性：课件的设计新颖，能进一步调动学生的学习热情
	启发性：课件在课堂教学中具有较大的启发性
	针对性：课件的针对性强，内容完整
	创新性：能否支持合作学习、自主学习或探究式学习模式
技术性	多媒体效果：在课件的制作和使用上是否恰当地运用了多媒体效果
	交互性：课件的交互性较高
	稳定性：课件在调试、运行过程中不应出现故障
	易操作性：操作简便、快捷
	可移植性：移植是否方便，能否在不同配置的计算机上正常运行
	易维护性：课件可以被方便地更新，利于交流、提高
	合理性：课件是否恰当地选择了软件的类型
	实用性：课件是否适用于教师日常教学
艺术性	画面艺术：画面制作应具有较高的艺术性，整体标准相对统一
	语言文字：课件所展示的语言文字应规范、简洁、明了
	声音效果：声音清晰，无杂音，对课件有充实作用

表 6-2　第五届 CIETE 全国多媒体教育软件大奖赛的评价标准

指　标	评价标准
教育性	符合教育方针、政策，紧扣教学大纲
	选题恰当，适应教学对象需要
	突出重点，分散难点，深入浅出，易于接受
	注意启发，促进思维，培养能力
	作业典型，例题、练习量适当，善于引导
科学性	内容正确，逻辑严谨，层次清楚
	模拟仿真形象，举例合情合理、准确真实
	场景设置、素材选取、名词术语、操作示范符合有关规定
技术性	图像、动画、声音、文字设计合理
	画面清晰，动画连续，色彩逼真，文字醒目
	配音标准，音量适当，快慢适度
	交互设计合理，智能性好
艺术性	媒体多样，选材适度，设置恰当，创意新颖，构思巧妙，节奏合理
	画面简洁，声音悦耳
实用性	界面友好，操作简单、灵活
	容错能力强
	文档齐备

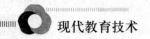

表 6-3　新课改多媒体教学课件的评价标准

指　标	评价标准
教育性	内容符合大纲要求，符合课改精神，突出新课改理念，体现新教材教学思想
	选题恰当，适应教学对象需要，突出重点，分散难点，深入浅出，易于接受
	注意启发，促进思维，培养能力
	作业典型，例题、练习量适当，善于引导
科学性	内容正确，逻辑严谨，层次清楚
	模拟仿真形象，举例合情合理，准确真实
	场景设置、素材选取、名词术语、操作示范符合有关规定
技术性	图像、动画、声音、文字设计合理
	画面清晰，动画连续，色彩逼真，文字醒目
	配音标准，音量适当，快慢适度
艺术性	媒体多样，选用适当，设置恰当，节奏合理，设置情景真实
	画面悦目，声音悦耳
	有利于提高教学效率，有利于激发学生的学习兴趣
实用性	界面友好，操作简单、灵活，有利于师生互动
	容错能力强，文档齐备
	制作的课件形成系列
创新性	创意新颖，构思巧妙
	有利于培养学生的创新能力
	能够充分体现新课程的三个维度
教学效果	有利于完成知识目标
	有利于完成能力目标
	有利于完成情感目标

6.2　利用 PowerPoint 制作多媒体课件

PowerPoint 是 Microsoft 公司开发的 Office 软件包中的一个模块，这里以 PowerPoint 2016 为例简要介绍使用 PowerPoint 制作多媒体课件的方法。

6.2.1　文本的处理

文本是多媒体课件中极其重要的组成部分，很多基本概念、原理、方法等学习内容均需使用文本的形式来表述，这就要求文本从输入到格式化、背景设计、效果设置、动画效果等都具有艺术性，符合教学目标，形成简洁精练、取舍得当、言简意赅的文字描述，否则就成了"黑板搬家"，甚至"书本搬家"。

下面以利用空白文档创建演示文稿为例讲解如何对文本进行处理。

1）新建空演示文稿

启动 PowerPoint 2016，自动进入操作界面，如图 6-2 所示，这个窗口就是用来制作和编辑幻灯片的地方，它由菜单栏、工具栏、工作区等部分构成。

第 6 章 多媒体课件的设计与制作

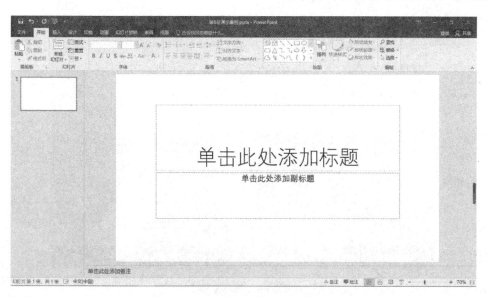

图 6-2　PowerPoint 2016 的操作界面

2) 设置幻灯片模板和主题

在空白演示文稿中,这里首先可以选择"文件"→"新建"命令,弹出可选择的幻灯片模板和主题列表,也可以在搜索框中搜索相关的模板和主题,这样可以方便选择创建自己所需的相关模板和主题,如图 6-3 所示。具体的幻灯片美化将在后面步骤中讲解。

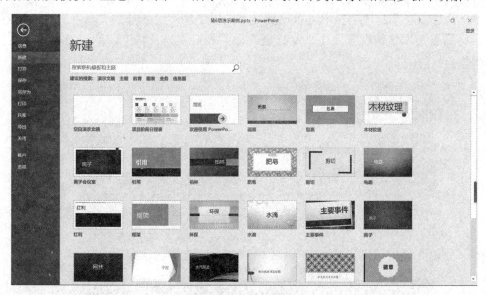

图 6-3　选择幻灯片模板和主题

3) 输入文本

幻灯片编辑窗口中有两个虚线框:"单击此处添加标题"和"单击此处添加副标题",称为文本占位符。

单击"单击此处添加标题"占位符,虚线框中的提示文字消失,光标闪烁,在光标处输入"第 6 章 多媒体课件的设计与制作"文本,然后用同样的操作在文本占位符处输入

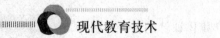

"6.1 多媒体课件概述……"文本，如图 6-4 所示。

图 6-4 输入文本

有关文本框和自选图形的使用将在后面介绍。

4) 文本编辑

PowerPoint 中文本的修改、删除、复制及段落设置等操作与 Word 中类似，这里主要讨论文本的格式化操作。

幻灯片中文本格式化操作通常采用以下方式：在文本占位符内选中文本，然后选择"开始"命令，在工具选项栏中可以设置文本的"字体""字号""颜色"等，如图 6-5 所示，将标题文本字体设置为"华文行楷"，字号设置为"48"，颜色设置为"茶色,深色 50%"。

图 6-5 设置标题文本格式

5) 幻灯片的美化

经过上面的操作，对字体进行了简单的修饰，此外，还可以对幻灯片进行更多的美化。这里主要讨论"设计"命令下的相关设置使用方法。

选择"设计"命令，在菜单栏下方包括"主题""变体""自定义"三个选项卡，如

图 6-6 所示。在"主题"选项卡中，用户可以重新选择幻灯片的主题；在"变体"选项卡中，用户可以选择相应的变体样式，也可单击右下角下拉箭头打开更多设置，如图 6-7 所示。

图 6-6 "设计"命令工具栏

图 6-7 "变体"选项卡

单击"自定义"选项卡中的"设置背景格式"命令，打开"设置背景格式"任务窗格，如图 6-8 所示。在"设置背景格式"任务窗格中，用户可设置背景填充，包括"纯色填充""渐变填充""图片或纹理填充""图案填充"等，这里我们选择"图片或纹理填充"(也可以插入计算机中的图片或通过"联机"搜索网络图片)，在"纹理"选项中可以选择需要的纹理样式，如选择"白色大理石"样式效果如图 6-9 所示。

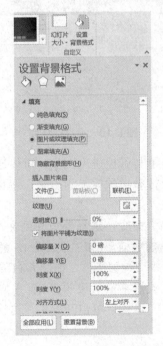

图 6-8 "设置背景格式"任务窗格

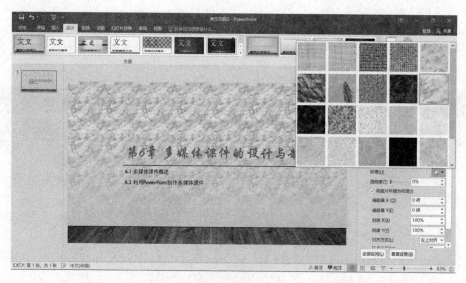

图 6-9　背景格式设置

6) 设置简单动画

在 PowerPoint 2016 的操作界面中，单击标题栏中的 ![按钮] 按钮，可从头开始播放幻灯片(也可选择菜单栏中的"幻灯片放映"命令，在命令选项中选择"从头开始""从当前幻灯片开始"等命令进行幻灯片放映，见图 6-10)，这时我们可以看到幻灯片上的所有文本同时显示了出来。

图 6-10　播放幻灯片

但是，在教学中要求文本显示与讲授进度同步，可以通过动画设置来实现。设置动画的目的是在放映时让特定的对象按教学顺序显示出来，避免像放投影片或幻灯片一样整屏出现，具体的设置方法如下。

(1) 选择菜单栏中的"动画"命令，选择要放映的文本(或插图等)，在"动画"命令下方的命令选项栏中，选择文本播放效果(如"淡出")，然后在"高级动画"选项卡中单击"动画窗格"命令按钮，打开"动画窗格"，如图 6-11 所示。

(2) 单击"动画窗格"中已设置播放效果的"6.1 多媒体课件概述"小标题右侧下拉三角形，显示下拉命令菜单，我们选择"单击开始"，这样在播放时我们单击鼠标即可显示相应内容，如图 6-12 所示。

第 6 章　多媒体课件的设计与制作

图 6-11　打开"动画窗格"

图 6-12　设置"单击开始"播放小标题

(3) 用同样的方法对其他小标题等内容进行设置，完成后可播放幻灯片测试效果。

在"高级动画"选项卡中，单击"添加动画"命令按钮，会打开如图 6-13 所示的命令选项卡，其中除了上面我们设置过的内容"进入"播放效果外，还可设置内容"强调"和"退出"效果等。在"计时"命令选项卡中，"持续时间"表示单击鼠标时内容播放的时间长短(或快慢)，"延迟"表示单击鼠标时停顿多久才开始播放内容。右侧"对动画重新排序"可以调整播放内容的先后顺序。

设置动画要注意"效果""方式""方向""速度"等选项的选择，请尽量遵循阅读习惯，不当的选择容易造成视觉干扰，切忌画蛇添足。幻灯片上的主标题一般考虑不设置动画，这样可避免刚放映(换页)时出现"白板"现象。

7) 制作下一张幻灯片

至此制作了第一张幻灯片，教学课件一般由多张幻灯片构成，制作下一张幻灯片可以采用以下两种方法。

(1) 插入新幻灯片。选择"插入"→"新建幻灯片"命令(或在左侧"幻灯片"窗格中的幻灯片缩图上(或空白区域)右击,在弹出的快捷菜单中选择"新建幻灯片"命令,选择一种版式,重复上面 1)~5)步的操作。其中,在第 4)步中,如果在图 6-9 中单击"全部应用"按钮,则所设背景会应用到整个演示文稿,此时,后续幻灯片制作操作时可跳过该步骤。

图 6-13 动画效果设置

(2) 插入幻灯片副本。选择"插入"→"新建幻灯片"→"复制选定幻灯片"命令(或在左侧"幻灯片"窗格中的幻灯片缩图上右击,在弹出的快捷菜单中选择"复制幻灯片"命令,见图 6-14),将得到上一张幻灯片的复制品,上面 3)~5)步的操作全部被复制,因此,只要将文本内容更改即可完成该幻灯片的制作。

图 6-14 复制幻灯片

作为一个教学课件,最好风格一致,并且我们也希望提高课件制作的效率,方法(2)是一种常用的方法。

8) 文件保存

PowerPoint 可以采用多种文件格式保存文件,在这些保存类型中,常用的有如下几种。

(1) *.PPT——典型的 PowerPoint 演示文稿保存类型。

(2) *.PPS——以幻灯片放映形式保存演示文稿,保存后双击该文件名可以直接进入幻灯片放映状态。

(3) *.POT——以演示文稿模板形式保存演示文稿,保存后将成为自己制作的模板。

(4) *.htm 或*.html——以 WEB 方式保存演示文稿。保存后在保存位置出现一个文件和相同名字的文件夹,上传到服务器即可通过网络基于浏览器播放。可保存为 WEB 格式是 PowerPoint 的一大优势,利用 PowerPoint 可以制作网络课件或将演示文稿转化为网络课件。

9) 设置幻灯片切换方式

PowerPoint 提供了类似视频编辑中过渡特技的设置功能,称为"幻灯片切换方式",其用途是设置从一张幻灯片放映结束到下一张幻灯片出现之间的过渡效果。

操作:在菜单栏中选择"切换"命令,打开相应命令工具栏,如图 6-15 所示。

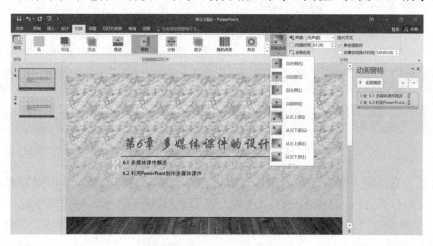

图 6-15 "切换"命令工具栏

在"切换到此幻灯片"选项卡中,可以选择多种幻灯片的切换效果,单击右侧"效果选项"命令按钮,可以选择效果变换的方向;在"声音"下拉命令菜单中可以选择切换的音效;"持续时间"即切换过程的持续时长;单击"全部应用"按钮,则该切换效果可应用到整个演示文稿中;在"换片方式"选项卡中,勾选"单击鼠标时"表示放映过程中,单击鼠标即切换幻灯片,而"设置自动换片时间"意味着幻灯片放映过程中我们无须手动切换,按设置的时间即可自动切换,在课堂使用的课件中,为了便于自由控制每张幻灯片的展示时间,最好选中"单击鼠标时"复选框。

6.2.2 图形和图像的使用

1. 图形图像在 PowerPoint 中的作用

图形一般由绘图工具绘制而成，用矢量或参数表示，文件小，显示速度快；而图像是通过采集外部图片或拍摄外部事物得到的，或截获复制屏幕得到，用像素表示，图像文件相对图形文件要大得多。在 PowerPoint 中，图形和图像的作用概括起来有三大功能。

(1) 教学功能：以静态画面呈现教学信息，相当于传统教学中的投影片、幻灯片和照片、图片、挂图等。

(2) 图标功能：作为超级链接、交互操作等的图标按钮。

(3) 制作动画：PowerPoint 具有制作简单动画的功能，动画的本质是按一定顺序和规律显示的一系列图片(图像或图形)，因此图像或图形是制作动画的素材。

2. 在幻灯片中插入图片

在幻灯片中插入图片的方法如下。

选择菜单栏中的"插入"命令，在选项栏中包括插入"图片""联机图片""屏幕截图"等，如图 6-16 所示。通过"插入"→"图片"命令，可以插入本机图片素材；通过"插入"→"联机图片"命令，可以实现网络联机搜索图片，选择符合教学需要的图片插入幻灯片中；通过"插入"→"屏幕截图"命令，可以插入已打开的全屏文件视窗。

图 6-16 "插入"命令工具栏

通过以上方法插入幻灯片中的图片可以进行移动、缩放等编辑，并根据需要设置动画效果，也可以打开 PowerPoint 中的"图片"工具栏(选择图片后，单击菜单栏中"格式"命令)进行"亮度""对比度""颜色""艺术效果""图片样式""裁剪"等操作。

3. 绘制图形

PowerPoint 2016 中，执行"插入"→"形状"命令，进而可以选择绘制线条、矩形、基本形状、箭头、流程图等图形，如图 6-17 所示；用户还可以执行"插入"命令下的其他命令工具，如插入 SmartArt、图表、批注、文本框、页眉和页脚、艺术字等。

绘图工具栏的使用方法与 Word 类似，用户可参考 Word 中的操作。

4. 插入公式

在制作课件时，常常会用到公式，和 Word 一样，在 PowerPoint 中也可以使用公式编辑器插入公式。选择"插入"→"公式"命令，如图 6-18 所示，有些默认公式推荐选择，也可选择"插入新公式"命令。

第 6 章 多媒体课件的设计与制作

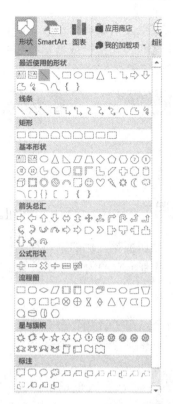

图 6-17 "形状"命令下拉列表

图 6-18 "公式"命令下拉列表

菜单栏下面是公式编辑器的工具栏，如图 6-19 所示。公式编辑器的工具栏包括"符号"和"结构"两个主要面板，"符号"面板中显示了常用的公式符号，编辑公式时单击符号按钮即可将相应符号插入到公式中；"结构"面板中包括分数、上下标、根式、积分、大型运算符等一些公式结构，编辑公式时，单击相应的结构按钮或下拉三角形则显示

该类符号或模板中的各种符号或模板元素的缩略图标，在符号图标上单击，则该符号输入到编辑窗口中的光标处。在上述这些公式符号或结构按钮中，我们将鼠标箭头停留在符号按钮上，会自动显示各类符号或模板的名称信息。

图 6-19　公式编辑器的工具栏

6.2.3　音频和视频的使用

第 5 章中我们已经学习了音频和视频文件的制作和编辑，在 PowerPoint 中可以直接插入音频文件和视频文件，使课件具有丰富的内容呈现效果。

1. 插入音频

选择"插入"→"音频"命令，在"音频"命令的下拉列表中有"PC 上的音频"和"录制音频"两个命令，如图 6-20 所示。用户选择"PC 上的音频"表示插入本机上已有的音频，选择"录制音频"表示插入现场录制的音频。

图 6-20　"音频"命令下拉列表

(1) 执行"PC 上的音频"命令，打开"插入音频"对话框，如图 6-21 所示，选择计算机中的音频文件，单击"插入"按钮，即可将选择的音频文件插入到幻灯片中，在幻灯片上出现一个扬声器图标，可以把该图标移动到适当位置。

图 6-21　插入计算机中的音频文件

第 6 章 多媒体课件的设计与制作

(2) 执行"录制音频"命令,打开"录制声音"程序,如图 6-22 所示。用户单击右侧红色实心点即可开始录制音频,录制好后单击中间正方形的停止按钮即可完成录制,单击左侧播放按钮可以播放测试已录制音频的效果。

图 6-22 "录制声音"程序

播放该幻灯片,自动播放声音(或需要声音时单击扬声器图标播放声音),再次单击时声音停止,后面的对象出现。如果希望声音继续播放,即为课件制作背景音乐,给课件创造一种轻松愉快的气氛,可以在"动画窗格"中单击插入的这条音频文件右侧下拉三角形,在弹出的快捷菜单中选择"效果选项"命令,如图 6-23 所示,打开"播放音频"对话框,并在"停止播放"选项组中指定在第几张幻灯片后停止播放,单击"确定"按钮完成设置,如图 6-24 所示。

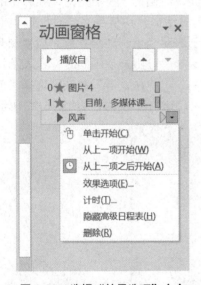

图 6-23 选择"效果选项"命令

图 6-24 打开"播放音频"对话框

2. 插入视频

选择"插入"→"视频"命令,在"视频"命令的下拉列表中有"联机视频"和"PC 上的视频"两个命令,如图 6-25 所示。用户选择"PC 上的视频"表示插入本机已有的视频,选择"联机视频"表示插入通过网络搜索的视频。

插入"PC 上的视频"与插入"PC 上的音频"操作类似,如果执行插入"联机视频"命令,打开如图 6-26 所

图 6-25 "视频"命令下拉列表

示的"插入视频"对话框,可以通过两种方式进行视频检索,然后插入所需的视频文件。

图 6-26 "插入视频"对话框

插入视频文件后,在"动画窗格"中单击视频文件右侧的下拉三角形,在弹出的快捷菜单中选择"效果选项"命令,打开"暂停视频"对话框,切换到"计时"选项卡,在"开始"选项区有三个选项,选择"上一动画之后"表示当上一动画播放完后视频开始自动播放,选择"单击时"表示需要手动单击播放,选择"与上一动画同时"即表示视频与上一动画同时播放。在这里我们选择"上一动画之后","触发器"选项区选择"部分单击序列动画",这样插入的视频将在上一动画播放完后开始自动播放,如图 6-27 所示。

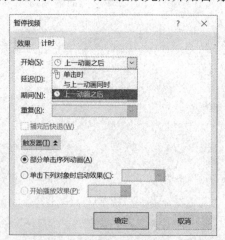

图 6-27 "暂停视频"对话框

插入音频和视频要注意以下几点。

(1) 插入的音频文件和视频文件必须保存在本机或活动存储盘上。

(2) 插入只是插入关联,不是文件本身,因此,课件中用到的音频文件和视频文件必须同时复制或传送,并且保持相对路径不变。最好的习惯是制作课件前先建好文件夹,把课件和相关的媒体文件保存在该文件夹中,包括此处的音频、视频文件及后面要讨论的超级链接中的链接目标文件等。

(3) 不是所有格式的声音视频文件都可以插入，在准备素材时要注意，最好将音频文件的格式转为 WAV、MID、MP3 等，将视频文件的格式转换为 AVI、MPG 等通用格式。

6.2.4 超链接

超链接是 PowerPoint 的一个重要功能，它可以使原始的线性结构的多媒体课件以非线性结构出现，由表及里、由此及彼，调用其他应用软件或程序，更适合人们的思维习惯，也可以使多媒体课件能整合更多类型的多媒体素材。

1. 超链接的构成

一个闭合的超链接可描述为"从什么地方出去，到什么地方，再返回来"，因此通常包含"出点""目标"和"返回"几个要素。

(1) "出点"是当前幻灯片上的一个按钮(可以是文本、图片或其他对象)，在放映时单击此按钮链接，可跳转到目标。

(2) "目标"是链接指定要到达的地方(或要调用的文件名称，包含路径)。

(3) "返回"是目标上的一个按钮，单击该按钮，结束目标，可返回到"出点"位置。

2. 插入超链接

选择"插入"→"超链接"命令，打开"插入超链接"对话框，如图 6-28 所示。

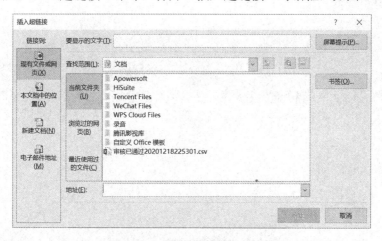

图 6-28 "插入超链接"对话框

在"插入超链接"对话框中，左侧包含"现有文件或网页""本文档中的位置""新建文档""电子邮件地址"4 个链接对象。在 PowerPoint 中，插入超链接对象可以是文档、音频、视频、文件路径、网址、电子邮件地址等，也可以链接到本 PPT 文档的具体某页，在课件的制作过程中用户可以根据实际需要进行链接。

需要说明的是，在 PowerPoint 中链接的音频文件和视频文件，在需要播放时单击幻灯片上的文件地址即可，与前面所讲的插入音频或视频不同的是，该方法是通过调用本机的播放器来播放媒体文件，因此使用时务必确认用于播放 PPT 的计算机是否可播放该类多媒体文件。

说明：

(1) 在同一演示文稿中使用链接时单击"本文档中的位置"按钮(或"书签"按钮)可以显示演示文稿中的所有幻灯片的标题，快速找到目标幻灯片。

(2) 用文本框做链接按钮时，选择框中文字和选中整个文本框链接后按钮文本变化不同，前者文字会变色且有下划线，后者不变。

小　　结

目前多媒体计算机在教学中的应用越来越广泛，已逐渐成为教学中一种重要的教学媒体，多媒体课件在课堂上的使用也非常普遍，多媒体课件已经成为改革传统教学模式、提高教学效率的一种有效的教学手段。本章主要从多媒体课件的概念与教学功能，多媒体课件的结构和类型，以及多媒体课件用于教学的设计原则等进行讲解。同时，对于多媒体课件的制作过程，具体给出了课题确定、教学设计、系统设计、稿本编写、多媒体信息加工、课件评价的先后步骤。最后，本章以 PowerPoint 2016 软件版本为例讲解了课件制作的常见操作技法。

第 7 章

信息化教学设计

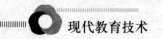
现代教育技术

7.1 信息化教学设计概述

在实施课堂教学以前,教师为了达到一定的教学目标,都会依据一定的教育思想或教育观念,以各种方式对教与学的双边活动进行考虑和安排。也就是说,教师的教学工作在走进教室之前就已经开始了,而且在结束课堂教学之后还有一系列的教学工作(如测验、判作业等)要做。由此可以说,教师的教学活动过程是各项教学要素组成的一个有机系统,这个系统主要包括三个要素,即教学的设计、教学的实施和教学的评价。在进行实际教学和对教学进行评价之前,教师首先应对即将实施的教学活动进行周密的思考和精心的安排,要考虑教什么、怎么教、如何评价教学效果等问题;要研究教学对象的特点、教学目标、教学内容、教学策略、教学媒体的选择以及教学评价等问题,最终得出一个教学工作的方案。这便是对教学系统的设计。

现今,随着信息技术的快速发展,信息化教学已经普遍运用,并且对辅助教学和提升教学效果起到重要作用。要具体了解信息化教学设计,首先要了解教学系统设计的有关概念。

7.1.1 教学设计的含义

关于教学设计的含义,可以从以下几方面讲解。

1. 教学设计的目的和研究对象

目的性越强的活动,对设计的需求就越强烈。教学是一项具有极强目的性的工作,其目的是促进学生的良好发展,为了达到此目的,需要进行教学的设计。因此,教学设计的最终目的就是提高教学效率和教学质量,使学生获得良好的发展。教学设计亦称教学系统设计,它把课程设置计划、教学大纲、单元教学计划、课堂教学过程、教学媒体材料等都视为不同层次的教学系统,并把教学系统作为它的研究对象。对于教师而言,整个教学过程是教学设计的对象,即运用教学设计的理论与方法是为了更好地进行课前准备工作和更好地解决教学过程中遇到的问题。

2. 教学设计强调运用系统方法

教学设计是把教学的各个环节看作一个相互联系、相互作用的系统,因此需要用系统方法和观点对教学中的各个要素及其相互关系进行分析和操作。这些要素包括教师、学生、教学内容、教学条件以及教学目标、教学方法、教学媒体、教学组织形式、教学活动等。教学设计作为一个系统计划的过程,必须通过一套具体的操作程序来协调、配置,使各要素有机结合,实现教学系统的功能。

教学设计的系统方法就是指教学设计首先要从"为什么教"入手,确定学生的学习需要和教学的目的;其次要根据教学目的,进一步确定通过哪些具体的教学内容和教学目标才能达到教学目的,从而满足学生的学习需要,即确定"教什么";要实现具体的教学目标,使学生掌握需要的教学内容,应采用什么策略,即"如何教";最后,要对教学的效果进行全面的评价，根据评价的结果对以上各环节进行修改，以确保促进学生的学习，获得成功的教学。

3. 教学设计必须以学生特征为出发点

在教学活动中，学生是学习的主体，学习不是被动地接受知识，而是一个依据原有的知识和能力，以自己的特点，对新知识进行积极主动建构的过程。无论何种教学形式，学习最终是通过学生自己完成的，学习的结果最终将体现在学生身上。因此，教学设计必须防止以假设的学生作为教学对象，重教轻学，而应真正地以学生的具体情况为出发点，重视对学生公共特征和个性的分析，重视激发、促进、辅助学生自身学习过程的发生和进行，从而使有效的学习发生在每个学生身上，保证不让一个学生处于教学的劣势，要创造有利的学习环境，让每个学生都享有同等的机会。可以说，教学设计具有个别化教学的特征。

4. 教学设计必须以"教"与"学"的理论为依据

如果教学设计单纯依靠系统方法，那么只是可以保证整个教学系统的完整性、程序性及可操作性。而这个教学系统是否符合具体的教学实际，能否获得最佳的教学效果，教学目标是否正确地反映了学生的学习需求等问题，单凭系统方法是无法解决的。若想获得成功的教学，还需保证每个教学环节上决策的科学性。

任何设计工作要保证设计的科学性，就必须以一定的科学理论为指导，并根据设计对象的内在规律，对工作对象进行设计。教学设计的主要工作对象是教和学的双边活动，教学设计是以人类学习的基本规律为依据，探索教学规律，从而建立合理的、科学的教学目标、教学程序、教学内容及方法策略的体系。因此，必须以研究教和学基本规律的教学理论和学习理论作为设计的理论基础和决策的科学依据，成功的教学设计、优化的教学效果才有保证。

5. 教学设计是问题解决的过程

教学设计是以帮助学生的学习为目的，它常以学生学习所面临的问题为出发点，首先要寻找问题，确定问题的性质，再研究解决问题的办法，从而达到解决教学问题的目的。因此，教学设计是以问题找方法，而不是以方法找问题，使教学工作更具有目的性。

6. 教学设计重视对教学效果的评价

当得出设计方案之后，应对方案的效果进行评价。在设计过程中的各个环节上，也应不断地收集反馈信息，及时提出修改意见，这样，对教学设计过程和结果才能进行科学的评价，得出科学的结论，有利于不断提高教学设计的水平，更有利于改进教学、提高教学效果。

7.1.2 教学系统设计的层次

按照系统论的观点，教学系统也是由许多子系统构成的。根据各个子系统的大小和任务及教学中问题范围的不同，教学设计也相应地具有不同的层次，一般可归纳为以下三个层次。

1. 以"系统"为中心的层次——教学系统设计

教学系统设计属于宏观设计层次,它所涉及的教学系统比较大,如一所学校、一个新的专业、一个培训系统或一个学习系统的建立等。由于这一层次的教学设计比较复杂,一般应组织专门的小组进行设计。

2. 以"课堂"为中心的层次——教学过程设计

教学过程设计是针对一门课程或一个单元,甚至一节课或某几个知识点的教学全过程进行的教学设计。教学过程设计可以简化成三大部分:课程教学设计、课堂教学设计和教学评价。

课程教学设计是根据课程标准规定的总教学目标,对教学内容和教学对象进行认真分析,在此基础上得出每个单元、章节的教学目标和各知识点的学习目标层次,以及该课程的知识和能力结构框架,形成完整的目标体系。

课堂教学设计则是根据上述目标体系,在认真分析教学内容和教学对象的基础上,选择教学策略和教学媒体(包括教学组织策略、教学媒体和交互方式的选择策略,以及教学资源的管理策略),制定课堂教学过程结构方案和形成性练习,并付诸教学实践。这个层次的设计范围是课堂教学,其设计工作的重点是充分利用已有的设施和选择或编辑现有的教学材料来实现目标,而不是开发新的教学产品。只要教师掌握了教学设计的有关知识与技能,整个课堂层次的教学设计完全可由教师自己承担完成,从而充分发挥每位教师的主动性、创造性,同样的教学内容可以而且应该有不同的课堂教学设计。

3. 以"产品"为中心的层次——教学产品设计

教学产品包括简单和复杂两种类型。简单的教学产品通常指一般教学媒体、小型课件等;复杂的教学产品有大型计算机软件、教学设备设施等。简单的教学产品设计与开发可根据课堂教学设计中选定的媒体类型、媒体使用目的来确定产品目标,然后经过分析、设计、开发、生产、集成和试用六个步骤完成,最后进行评价和修改。

教学设计是一个完整的过程。上一个设计层次的输出,正是下一个设计层次的输入,环环紧扣,步步衔接。其中教学过程是整个教育活动的关键,教学过程设计在教学设计的三个层次中处于中心地位。

7.1.3 教学设计过程的模式

用系统的观点分析教学过程,可以看出教学是由若干要素组成的一个有机系统。这个系统包括教学目标、学习者、教学内容、教学方法与策略、教学评价等。在考察教学过程时,不能只是孤立地研究教学中的各要素,应该将各要素放到整个教学系统中去考察,研究各要素之间的相互作用关系,从而调整系统使功能达到最优。例如,计算机已经进入我国大部分学校,但只是引入计算机作为教学媒体还不能自动产生理想的学习效果,它只是教学系统中的一个构成要素,其作用能否充分发挥还取决于与其他要素之间的关系。基于以上论述,教学设计的工作也应遵循教学过程的系统性特点,全方位地考察教和学,对教学活动进行系统设计。

怎样进行教学的系统设计，教学设计工作以教学系统要素为出发点的主要步骤是什么？这里有必要介绍教学设计过程的模式。教学设计过程的模式是以教学系统各要素以及各要素之间的关系为基础的，它对当前教学设计的实践工作具有很好的指导作用。简而言之，进行教学设计时，应将教和学作为一个系统来看待，对教学工作进行系统化处理。

教学设计过程模式是在教学设计的实践中逐步形成的，是运用系统方法进行教学开发、设计理论的简化，其含义如下。

(1) 教学设计过程的模式是对教学设计实践的再现，是教学设计工作者实践工作的总结。

(2) 它是理论性的，代表着教学设计的理论内容，而不是教学设计的方法。

(3) 它是对教学设计理论的简化。

对于从事课堂教学的教师而言，一般应掌握如图 7-1 所示的教学设计模式。掌握了这个模式，也就掌握了教学设计的全过程，能够整体把握教学设计的各项主要工作以及相互之间的关系。

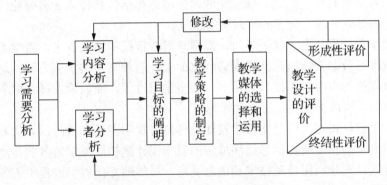

图 7-1　教学设计过程的模式

教学设计首先应从学习需要分析开始，解决"为什么教"的问题；了解学生的实际情况与期望水平之间的差距，了解教学中存在的问题。其次教师需要分析具体的教学内容并对学生进行分析，考虑课程、单元及一堂课教学内容的选择和安排，考查学生在进行学习之前对学习内容已具有什么知识和技能，即对学生初始能力的评定，以及了解学生对所学内容的兴趣和态度。此时，只选择学习内容还是不够的，还需要明确具体的学习目标，即学生应该掌握什么知识和技能，解决"教什么"的问题；接下来再确定教学策略，考虑如何实现教学目标或学习目标，解决"怎么教"的问题，其中应包括考虑教学媒体的选择和应用，根据不同的情况选择不同的教学媒体或教学资源；最后对教和学的行为作出评价。在行为评价时，一方面要以目标为标准进行评价，另一方面要提供教学效果的反馈信息以审视教学方案是否合适，从而对设计模式中所有步骤作重新审查，特别应检验目标和策略方面的决定。在教学设计过程的模式中，学生、目标、策略和评价构成了教学设计的四大基本要素。

对于教学设计过程模式的理解，应该注意以下两个方面。

(1) 将整体性的教学设计过程分解为诸多要素，主要是为了便于深入地了解和分析并掌握和发展整个教学设计过程的技术。因此在实际设计工作中，要从教学系统的整体功能出发，保证"学生、目标、策略、评价"四要素的一致性，使各要素相辅相成，产生整体效应。

(2) 应该认识到我们所设计的教学系统是开放的，教学过程是动态的过程，涉及的各个因素如环境、学生、教师、信息、媒体等也都处于变化之中，因此教学设计工作具有灵活性。在利用模式设计教学时，应根据不同的教学要求，针对不同的实际问题，决定设计步骤，确定从何入手，重点解决哪些环节的问题，创造性地进行教学设计工作。

7.1.4 信息化教学设计的含义

信息化教学是指对"信息化教学"的设计，信息化教学是指以信息技术为支撑，以现代教育教学理论为指导，强调新型教学模式的构建，教学内容具有更强的时代性和多样性，教学更适合学生的学习需要和特点。信息化教学不仅是在传统教学的基础上对教学媒体和手段的改变，而且是以现代信息技术为基础的教学体系整体的一系列的改革和变化。

信息化教学是为了促进学习，在多媒体环境中，师生恰当有效地运用教学媒体和信息资源而进行的教与学的双边活动。信息化教学的特点包括信息技术的有效应用、丰富的资源支持、良好的媒体环境、合理的教与学的过程。

信息化教学设计也是为了促进学习，根据学习者特征和学习需求，将学习资源、学习环境与信息技术有效融合，以达到过程最优化而设计的教与学的实施方案。这个实施方案重点突出了以学生为中心，以能力为重点，注重学习过程，而教师发挥其服务、支持、指导和帮助的作用，即以学生为主、以教师为辅。

与传统教学设计相比，信息化教学设计是对传统教学设计在新的信息化教学环境及教与学的理论指导下的新发展。信息化环境下的教学设计更加注重学习者的作用，通过各种新颖的学习方式，充分利用信息技术和信息资源，科学地安排教学过程中的各个要素，为学习者提供良好的信息化学习环境。具体来说，信息化教学设计与传统教学设计的变化体现在以下三个方面。

(1) 理念上的转变：信息化教学设计从传统的静态教学设计变成动态信息设计；从传统的教案编写变成资源设计；从重视结果评价变为能力评价；从突出"教"变为突出"学"；从以讲授"重点、难点"为中心变为面向过程和基于资源。

(2) 角度上的转变：信息化教学设计的设计核心从传统的教案编写、课件开发、以教学内容表现为设计中心变为教学过程或模式设计及重视教学资源的利用；学习内容从传统的单学科知识点变为交叉学科专题；教学模式从讲授、模拟演示、操作练习变为研究型学习、合作型学习；教学周期从课时变为周或学期。

(3) 特征变化：信息化教学设计的教学策略从教师导向变为学生探索；讲授方式从说教性讲授变为交互性指导；作业方式从个体作业变为协同作业；教师角色从知识的传授者变为学生的辅助者；评估方式从针对事实性知识和离散技能的评估变为基于绩效的评估。

信息化教学设计上面讲到的是以学生为中心，以学为主的信息化教学设计模式，如图 7-2 所示。

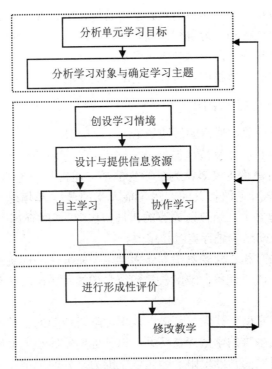

图 7-2　以学为主的信息化教学设计模式

7.1.5　信息化教学设计的原则

信息化教学设计，我们通常考虑针对一门课程进行，考虑课程特点、学生特点等如何去施展信息化教学，进而制定出一套优质的信息化教学方案；同时，信息化教学设计也可针对课堂进行，这时教师主要考虑如何通过信息化教学手段为学生提供课堂中良好的学习环境以及最优的学习方式等。因此，信息化教学设计的原则主要包括基于课程的信息化教学设计和基于课堂的信息化教学设计。

1. 基于课程的信息化教学设计

基于课程的信息化教学设计一般遵循以下做法。

(1) 全面细致地了解学生。关于学习者分析在后面会具体讲到，只有首先清楚地了解学生才能考虑如何设计相应课程的信息化教学方案。在开始信息化教学方案设计之前，要有针对性地开展师生共同参与的教学活动，在师生平时的沟通及教学互动中，更能促进形成学生、课程与教师之间最佳的教学方案。

(2) 深入研读教材。教师全面深入地研读教材，能够全面细致地把握教材的内容和结构，吸取教材的优点，同时发现教材中的不足等问题，这样也才能考虑如何完善教学内容。

(3) 找准教材与课标的契合点，确定总体学习目标。在对教材进行深入研读后，对照课标内容，这样整体上能够形成课程的总体学习目标。

(4) 寻找理念支撑，预先进行理论假设。

(5) 依据课标和教材、学生学习需求和学习目标，确定教学的重点和难点。
(6) 合理分解教学任务和学习目标，规划好课时。
(7) 根据学习环境和资源，组织教学内容。
(8) 设计课程教学的整体结构，可以用清晰的流程图进行展示。

2. 基于课堂的信息化教学设计

这种信息化教学设计原则通常的做法如下。

(1) 以"学"为中心，注重情境的创设，这点主要考虑的是站在学生角度如何更好地学习掌握知识和技能。建构主义者认为，学生的学习通常与一定的社会文化背景(即情境)相关联，创设与当前学习主题相关的、尽可能真实的情境，有利于唤醒记忆中有关的知识、经验等，从而帮助学生利用自己原有的认知结构中的有关知识和经验去同化当前学习的新知识，或对原有认知结构进行重组和修改。

(2) 以"任务驱动"和"问题解决"作为学习和研究活动的主线。学生带着"任务"和"问题"，通常在完成"任务"或解决"问题"的过程中同时达到了学习的目的，这种思路学习针对性强。

(3) 为学生提供"支架"式学习环境，以保障学习活动的有效性。在课堂教学中，教师为在学习过程中遇到困难的学生提供帮助，以使他们能够独立地解决问题或完成任务。在这个过程中，教师提供的帮助仅限于超过学生能力之外的范围，因此，"支架"式教学强调的是学生的自主性，教师的作用是辅助。

(4) 评价指引目标，要充分发挥评价目标的导向功能，激励学习。
(5) 要注意设定适量的学习内容，以保持学习内容的活性。
(6) 鼓励学生体验多种情境和检验不同观点。
(7) 鼓励项目性、协作探究式学习，使学习方式多样化。

7.2 教学系统设计的要素分析

7.2.1 学习需要分析

教学设计实际上是一个解决问题的过程，而问题的解决，应首先从寻找问题及其根源开始。因为只有找到了问题，弄清原因才有可能解决问题。学习需要分析的作用就是鉴定教学问题，并在此基础上形成总的教学目标，为分析教学内容、编写教学目标、制定教学策略、选择和运用教学媒体以及进行教学评价等各项教学设计的工作提供真实的依据。因此，学习需要分析是教学设计的一个非常重要的开端。

1. 什么是学习需要分析

学习需要是指学生目前的学习状况与期望他们达到的学习状况之间的差距。在这里，"期望达到的学习状况"是指学生应当具备什么样的能力素质，一般体现在以下几个方面：社会发展变化对学生的要求；课程内容及学科特点对学生的要求；学校及学生所在班级的要求，这些都是社会和学校对学生的期望。除此之外，学生家长对学生的要求以及学生自身发展的需要也构成了对学生能力素质的要求。"目前的学习状况"是指学生已经具备的能力素质。"学习需要"正是这二者之差，它指出了学生在能力素质方面的不足，也暴露了教学中存在着的实际问题，而这些正是需要用教学设计的方法去解决的。从这个意义上说，学习需要指明总的教学目标。

2. 学习需要分析的方法

根据分析采用的目标参照系的不同，分析学习需要的基本方法主要有内部参照需要分析法和外部参照需要分析法。下面我们分别介绍这两种方法。

1) 内部参照需要分析法

内部参照需要分析法是将学习者学习的现状与既定的教学目标(期望达到的状态)进行比较，找出两者之间存在的差距，从而鉴别出学习需要的方法。

该方法的目标参照系来自学习者所在的组织机构内部，以教育行政管理部门既定的教学目标作为对学习者的期望状态来进行学习需要分析。

在我国的普通学校教育系统中，基本上都采用内部参照需要分析的方法来分析教学中存在的问题，也就是通过将学习者的学习现状与各学科教学大纲中所提出的具体教学目标来进行比较从而鉴别学习需要。

由于期望状态(既定的教学目标)已经存在于系统内部，所以内部参照需要分析法在实施时的主要工作任务就是搜集关于学习者现状方面的信息数据。

学习者现状信息数据的搜集可以通过三方面进行：通过测验等教学评价手段对学习者的学习情况进行了解和分析；通过召开教师座谈会听取相关教师对学习者学习情况的反映；直接了解学习者的学习态度、学习中遇到的问题等。

对于内部参照需要分析法来说，学习者现状信息数据的准确性和教学目标的合理性两方面因素会直接影响该分析方法的有效性。因此，在搜集学习者现状信息数据时，无论采用什么样的数据搜集方法，都要保证搜集数据的可靠性、准确性。教学目标是教育行政管理部门在教学大纲中既定的对学习者期望达到状态的具体表述。在内部参照需要分析中，我们要把学习者现状信息与教学目标进行比较，因而这里存在目标是否合理的问题，如果目标的制定充分反映了教学系统内外环境对它的要求，充分考虑了学习者自身发展的特点，那么内部参照需要分析的结果就很可能是有效的。

2) 外部参照需要分析法

外部参照需要分析法是根据社会(或职业)的需求来确定教育系统的教学目标(对学习者的期望状态)，并以此为依据来衡量学习者的学习现状，找出学习者现状与社会实际需求之间的差距，鉴别出学习需要的分析方法。

这种方法揭示的是学习者目前状况与社会实际需求之间存在的差距，是以社会目前和未来发展的需要作为该方法的目标参照系进行分析的。外部参照需要分析法是对教育系统中教学目标合理性进行检验的有效方法。

由于教育系统与社会系统关系密切，因而采用外部参照需要分析法是调节教育、教学系统并使之适应社会发展的重要措施之一。这也充分体现了教育、教学活动的开放性。只有对外部环境开放、进行信息交流，才可能使教育、教学逐步向适应社会发展的高水平方向发展。这就要求教育系统应该着眼于社会发展的新需求、新特点去确定人才培养目标。

外部参照需要分析主要的工作任务就是搜集关于学习者现状方面的信息数据、与期望达到的状态相关的社会需求信息数据，其中以后者的数据搜集为重点。有关学习者现状方面信息数据的搜集方法与内部参照需要分析法相同。

综合以上两种学习需要分析方法，我们可以看到，内部参照需要分析法容易操作，省时省力，但运用该方法分析学习需要往往局限于教育系统内部，以系统内部规定的教学目标为参照系考虑问题，而对教学目标与社会实际需求是否符合却不够关心，因此，无法保证教育系统内部目标的合理性。外部参照需要分析法虽然操作难度大，但却能保证所制定目标与社会需求直接发生联系，因而有其优越性。在实际的学习需要分析活动中，我们可以将两种方法结合起来加以使用。也就是根据外部社会需求调整修改已有的教学目标，并以修改后目标所提出的期望值与学习者的现状相比较找出差距，明确学习需要。

3. 学习需要分析中应注意的问题

在进行学习需要分析时，为了保证分析出来的学习需要的准确性，应特别注意几个方面的问题：学习需要一定是学习者的需要，而不是其他人的需要；获得的分析数据必须真实可靠；学习需要分析永无止境，要经常对学习需要的有效性进行质疑和检验。

作为长期工作在教学第一线的教师，在新课程改革过程当中如何能够更有效地进行学习需要分析呢？我们应该从这些方面着手：认真学习领会基础教育改革提出的新课程标准，准确把握国家对不同学科教学确定的教学基本要求；随时掌握学习者的现有需求并能对未来可能存在的需求进行预测；了解本地区发展对人才培养的特殊要求；了解本学校的价值取向和办学特色方面的需求。

7.2.2 学习内容分析

1. 什么是学习内容分析

学习内容是为实现总的教学目标，要求学生系统学习的知识、技能和行为经验的总和。学习内容分析要解决的核心问题是安排什么样的学习内容，才能够实现学习需要分析所确定的总的教学目标。学习内容分析是根据总的教学目标规定学习内容的范围和深度，并揭示出学习内容中各个组成部分之间的联系，以实现教学效果的最优化。从范围和深度这两个维度确定了学习内容以后，就明确了学生必须掌握的知识的广度和深度，从而解决了"学什么"的问题；揭示学习内容中各组成部分之间的联系，可以把已经确定的学习内容按照学生能够理解和接受的顺序排列起来，这样也涉及"怎样学"的问题。学习内容分析的结果表明，学习完成之后学生必须清楚自己知道什么、能做什么；学生为了实现这样的目标，需要哪些先决知识、技能和态度，以及学科内容的结构及最佳教学顺序。经过学习内容分析，教师就会明白应该如何教了。

2. 有关学习内容分析的预备知识

1) 学习内容分析的过程

学习内容分析以学生的学习结果为起点，并以学习起点为终点，是一个逆向分析过程，即学习内容分析从学习需要分析所确定的总的教学目标开始，通过反复提出"学生要掌握这一水平的技能，需要预先获得哪些更简单的技能"这样的问题，并一一回答，一直分析到学生已具有的初始能力为止。

2) 学习结果的分类

美国教育心理学家加涅在研究的基础上，认为学习结果一般可以分为言语信息、智力技能、认知策略、动作技能和态度这五大类型。

(1) 言语信息。言语信息是陈述知识的一种能力。这里的知识是回答类似于"世界是什么"的知识，如某个事物的名称，历史事件发生的时间、地点，科学技术的成就等，都是具体事实。

(2) 智力技能。智力技能是指运用符号办事的能力。智力技能涉及的知识是回答怎么办的知识，它对学生能力的要求主要是理解和运用概念、规则，以及进行逻辑推理的能力。

智力技能又可从简单到复杂构成一个层级，无论学习哪一种智力技能，都必须以比它简单的智力技能为先决条件，所以学生的学习总是从最基础的"辨别"入手，然后到"概念"，再到"规则"与"高级规则"，这个顺序是不能颠倒的。需要指出的是，在这里高级规则是指通过简单规则重新组合而得到的更复杂的规则，具有更广泛的应用性，并且与问题解决的能力联系在一起。

(3) 认知策略。认知策略是学习者用来选择和调节自己的注意、学习、记忆及思维方式等内部过程的技能，属于更高级的认知学习，是学生在上述学习的同时，学习如何控制自己认知过程，学会怎样学习和如何思维的能力，是形成学生创造能力的核心。因此，一定要有意识地把培养学生的认知策略作为一个重要的教育目标。

(4) 动作技能。动作技能表现在迅速、精确、流畅和娴熟的身体运动中，是一种必须经过学习才能获得的能力。动作技能的教学几乎贯穿于学校教育的每一门课程之中，比如写字、唱歌、跳舞、演奏乐器、朗读等，只是所占比例不同，它是学校教育中一个非常重要的方面。

(5) 态度。态度是指通过学习形成的影响个体行为选择的内部状态。态度代表一种行为倾向，是一种准备状态，不一定与行为对应，它是经过与环境长时间的相互作用逐渐形成或改变的。

3. 学习内容分析的方法

教师在进行学习内容分析时，一般可以按照课程、单元及知识点等层次来划分，基本步骤如下。

1) 确定学习类型

确定学习类型就是根据教学目标的表述，按照言语信息、智力技能、认知策略、动作技能和态度五大学习内容的分类来区分学习任务。

2) 进行信息加工分析

当具体的教学目标已经被划分了学习类型以后，就应该为这个目标确定相应的学习内容，这就需要借助信息加工分析的方法了。图 7-3 所示的是一个关于完成"计算圆锥体体积"教学目标而进行信息加工分析的实例。它的教学目标是用圆锥体体积的计算公式 $V=(1/3)Sh$，计算不同的圆锥体体积，这个例子完整地显示了整个信息加工分析的过程。当然，除了信息加工分析方法外，还有层级分析法、分类法、图表法等。

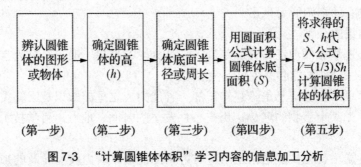

图7-3 "计算圆锥体体积"学习内容的信息加工分析

3) 先决技能分析

先决技能分析就是把信息加工分析的每一个步骤都作为一个终极目标，然后具体分析学生在完成终极目标之前需要掌握哪些从属的先决技能。如果学生还没有掌握这些先决技能，那么它们就成为使能目标，使能目标可能又需要从属的先决技能……这样依次分析下去，从属的先决技能越来越简单，直到它们是学生已经掌握的知识和技能为止，这样就找到了教学起点，而这些先决技能也构成了学习内容的一部分。

4) 安排学习内容

通过前面三个步骤的分析，基本上可以确定学生需要掌握的学习内容及其深度和广度。接下来就可以分析这些内容的内在联系，然后根据学生的特点安排学习内容。

学习内容之间的联系一般有三种类型：第一种是并列型，其特点是各学习内容之间相对独立，先后顺序可以随意安排；第二种是顺序型，特点是前一个内容构成了后一个内容的基础，所以它们的顺序不能颠倒；第三种是综合型，包含了并列型和顺序型。

在组织学习内容时，首先应该确定各项学习任务之间的关系，然后再根据下面的原则作具体安排：①由整体到部分，由一般到个别，不断分化；②从已知到未知，由具体到抽象；③按照事物发展的客观规律排列；④注意学习内容之间的横向联系。

5) 进行初步评价

选择并安排了学习内容以后，还需要对学习内容作初步评价，以检验这些内容能否为实现总的教学目标服务。初步评价的工作应该从下面几方面进行。

(1) 选定的学习内容是否能满足实现教学目标的需要？有没有需要补充的？有没有重复的或与教学目标无关的部分需要删除？

(2) 安排的学习内容顺序是否符合该学科的逻辑结构？能否反映出基本的知识结构？

(3) 所选择的学习内容本身及其结构安排是否符合学生的心理发展水平和认知结构？是否符合学生学习的实际情况？

7.2.3 学习者分析

学习需要分析的结果为我们确立了总的教学目标。为了实现这一目标，我们已经通过学习内容分析选择和安排了学习内容。但是能否实现目标的关键在于学生，因为学生是学习活动的主体，学习过程是学生主动的认识过程。只有当学习内容完全针对学生的特征，学生又完成了这些学习任务时，总的教学目标才能够真正实现。

学生的学习必须通过自己的内部加工才能完成，同时又在很大程度上取决于学生个体与环境的相互作用。所以我们要分析学生的特征，并在此基础上组织学习内容，阐明学习目标，确定教学策略，选择教学媒体，为学生创造出一个适合其内部条件的外部学习环境，使有效学习发生在每个学生的身上。

1. 什么是学生特征

学生特征包括两个方面：一是学习准备(包括初始能力和一般特征)，二是学习风格。

1) 学习准备

学生在学习新知识时，其原有的知识水平和原有的生理、心理发展水平与特点对新学习的适应性就是学习准备。

学习准备包括初始能力和一般特征两个方面。

(1) 学生的初始能力是指学生在学习某一特定的课程内容时，已经具备的有关知识与技能基础，以及他们对这些学习内容的认识和态度。

(2) 学生的一般特征则是指在学习过程中影响学生的心理、生理和社会的特点，包括年龄、性别、年级、认知成熟度、智力才能、学习动机、个人对学习的期望、生活经验、文化、社会、经济等背景因素。在实际教学过程中，教师往往更多地考虑学生的初始能力，而忽略了一般特征对学生学习的影响，这种状况需要改变。

2) 学习风格

学生的学习风格与学习活动有着密切关系。对学生感知不同事物并对不同事物作出反应这两方面产生影响的所有心理特征构成了学习风格。这些心理特征不仅影响学生对不同刺激的感知，而且影响学生对不同刺激作出反应。学习风格包含很多内容，例如，某个学生发现并保持了一种更适合于他的学习方法；某些学生对某种学习环境有着特殊偏爱，只在那种环境中学习效率才会大大提高；还有学生在认知方式方面的差异和生理类型的差异等也属于学习风格。

2. 怎样进行学习者特征分析

对学习者的特征进行分析，主要从以下几点展开。

(1) 对学习者的初始能力进行分析：分析学习者当前的知识水平和完成事情的能力，以此了解学习者对于即将面临的学习是否有必备的行为能力，应该提供给他哪些"补救"措施。对学习者进行目标能力的分析，即了解学习者是否已掌握或部分掌握学习目标中要求学会的知识与技能，以便为其更好地安排学习活动。另外，学习者对于即将进行的学习的态度也会对学习效果产生重要影响。

(2) 对学习风格的分析：在各种学习情境中，每个学习者都带着自己的特征进入学习，每个学习者的心理和生理存在个体差异，不同学习者获取信息的速度不同，对刺激的感知及反应也不同。因此，要实现真正意义上的个别化学习，就必须了解学习者的风格，并在此基础上为每一个学习者提供适合其特点的学习计划和学习资源。

(3) 对学习者进行学习动机的分析。学习动机过强或过弱都会对学习造成困难和阻抑，所以只有了解了学习者的学习动机，才能正确引导学习者进行学习。

通过以上几个方面的分析，可以提高学习的效率，从而满足教学目标的要求。

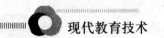
现代教育技术

7.2.4 学习目标的阐明

学习需要分析得到的总的教学目标为我们指明了课程的总方向,它是指导整个教学过程的纲领性目标。然而教学过程是一个极其复杂的过程,仅有这种原则性的规定是不够的,只有把总目标细化成不同等级的具体目标,并用规范的语言把它们描述出来,形成一个完整的目标体系,才能做到在教学活动的每个环节都有章可循、有据可依,从而保证总的教学目标得以实现。

学习目标是对学习者学习后应该表现出来的行为的具体、明确的表述。学习目标也称为行为目标,运用这个术语是为了强调学习结果的可观察性和可测量性。所以在具体编写学习目标时,一般要求用明确、具体、详细的行为术语来描述。

20 世纪 50 年代,以布卢姆为代表的美国心理学家提出了教育目标分类理论。这种方法把教学目标分为认知、动作技能和情感三个领域,然后再把每个领域按照从低级到高级的顺序分成不同的层次,从而形成了一个完整的目标分类体系。

在以往的教学活动中,人们一直采用这样的方式描述学习目标,比如"通过教学,发展学生的阅读理解能力"。但是这种学习目标只表述了学生的内部心理变化,所以很难准确地理解其真实含义,更不能用它去观察学生学习以后的效果。为了改变这种状况,教育心理学家一直致力于设计出一种更好的描述学习目标的方法。

考虑到学习的最终结果必然会反映到学生的具体行为上来,新的方法就从描述学生的行为或能力的变化入手,这样教师就可以用它去观察学习是否已发生在学生身上了,因而从根本上解决了传统方法带来的问题。这样的学习目标就成了客观地评价学习效果的依据。

新的方法包括 ABCD 法和内外结合的表述法。前一种方法非常适合于编写动作技能领域的学习目标,也比较适合于编写认知学习领域的目标,而对于情感学习领域来说,因为学习结果主要是内在的心理变化,比较难以测量,所以必须用后一种方法来编写。

1. ABCD 法

这种方法之所以叫作 ABCD 法,是因为它包含了教学的四个要素:对象(Audience)、行为(Behavior)、条件(Condition)和行为的标准(Degree),而它们的英文单词的第一个字母正好是 A、B、C、D,所以简称为 ABCD 法。

下面给出一个用 ABCD 法描述学习目标的实例。

例:要求<u>每个同学</u> <u>课后</u> <u>能自己动手</u> <u>做一个平面广告作品</u>。
     教学对象 条件   标准   行为
      (A) (C)   (D)   (B)

这是一个典型的包含了四个要素的学习目标的例子。事实上,在实际运用中往往不需要也不可能完全机械地按照上述要求去编写学习目标。在有些学习目标中,条件与标准是很难区分清楚的。例如在上例中,"课后能自己动手"既可以理解为表明行为的方式,又可以看成是表明时间的条件。这确实给编写学习目标带来了一些麻烦,不过问题并不严重,因为编写出的学习目标如果真的能够用来指导教学、评价学习效果,那么如何区分条件与标准就显得不那么重要了。可以说，一个好的学习目标应该是既可以表明编写者的意图，又能用来指导教学及其评价。

用 ABCD 法编写学习目标时还应注意以下问题。

(1) 一定要使学习目标尽可能地包括复杂的高级认知目标和情感目标。

(2) 阐明学习目标应该具有规范性，使教师之间、师生之间能够进行交流。

(3) 编写学习目标时要充分考虑学生的个体差异，使每个学生能够以不同的方式在不同程度上实现所制定的学习目标。

采用 ABCD 法编写学习目标能避免传统方法的含糊性，从根本上解决以往学习目标无法用于指导和评价教学的问题。但是它本身也存在三个缺陷。

第一，只强调学生的行为结果，而没有注意到其内在的心理过程，教师有可能会因此只注意到学生外在行为的变化，却忽视了其内在的能力和情感变化。

第二，不太适合描述较高级的认知目标，更不适合描述情感领域的目标，因为这些目标很难从某个单一的行为中表现出来。

第三，在具体的教学实践中，还存在着许多心理过程无法行为化的问题。因此有时不能只描述学生的行为变化，而应该在描述行为变化的同时加入描述其心理过程的术语。下面将要介绍的就是这样一种方法。

2. 内外结合的表述方法

学习的实质是学生的内在心理过程发生了变化，所以教育的真正目标并不是为了改变学生的具体行为，而是要使其内在的能力或情感发生变化。用内部心理过程与外显行为相结合的方法阐明学习目标正好可以弥补 ABCD 法的不足。其具体做法是在陈述学习目标时，先用描述学生内部心理过程的术语表明学习目标，以反映学生理解、应用、分析、欣赏、尊重等内在的心理变化，然后再列举出一些能够反映上述内在变化的行为，使学生内在的心理变化也能够观察与测量。在列举行为变化时，仍然要采用前面所讲的 ABCD 法。

下面举例说明。比如，"让学生能够理解一篇描述人物的课文是怎样围绕中心思想取材的"，这样的目标是很难观察的。应该怎样描述它呢？如果采用内外结合的方法表述就应该描述如下。

(1) 内部心理描述：能理解描述人物的课文是怎样围绕中心思想取材的。

(2) 行为 1：能用自己的话概述课文中的主人公是一个怎样的人。

(3) 行为 2：能从课文中找出作者描述主人公时表露自己感情的语句。

(4) 行为 3：能指出课文所叙述的事件中哪些采取了略写的方式，哪些进行了详写，以及它们对表现中心思想所起的作用。

应该注意，在这个例子中，总的学习目标是"理解"，而不是那些用来表明"理解"的具体行为。因为在这里所列举的每一个具体行为，都仅仅是为了表明"理解"的一个侧面，而不是学习目标。

内外结合的表述方法克服了 ABCD 法只考虑具体行为变化而忽视内在心理过程变化的缺点，也避免了用传统方法陈述学习目标的含糊性。

尽管新的方法从根本上解决了传统方法所带来的问题，但是它也存在着某些局限性。首先，因为有些学科的内容本身带有明显的序列性，如数学、物理、化学和英语等，对于

这样的学科,新的方法比较好用,而在社会科学课程中使用时则受到了一些限制;其次,教师不可能提前确定教学活动中所有潜在的教学成果,而那些没有预料到的成果,却有可能引出更有价值的结果;最后,完全使用可以测量的学习目标,有可能使学习过程变得过于机械。

7.2.5 教学策略的确定

1. 什么是教学策略

当了解了学习者的情况,分析了教学内容,确定了学习目标后,就要形成实施教学的方案,这个教学方案就是教学策略。

教学策略是对完成特定的教学目标而采用的教学顺序、教学活动程序、教学方法、教学组织形式和教学媒体等因素的总体考虑。教学策略主要是解决教师"如何教"和学生"如何学"的问题,是教学设计研究的重点。教学策略的制定是一项系统考虑教学等要素,并在总体上择优的富有创造性的设计工作。也就是说,在可实现教学目标的诸方法和方案中,针对不同的教学情况,选择和确定被认为是相对最合适的教学方案,决定实施的教学方案应是根据具体实际情况确定的结果。教师在上课之前一般需要考虑教学中各种要素的组合。例如,教学内容、学习者和班级特征、教学媒体和学习环境等,考虑选择什么教学方法和手段,确定什么教学程序和组织形式来实现教学目标。这种选择的过程就是教学策略的设计过程。

2. 制定教学策略的依据

(1) 从教学目标出发。教学策略是对完成特定教学目标的总体考虑,因此有什么样的目标,就应当选择有利于实现该教学目标的策略。

(2) 根据学习理论和教学理论。教学策略是实现教学目标的手段,是促使教学成功、促进学生学习发生的方式方法。作为手段和方法,应当遵循教学和学习规律,以学习理论和教学理论作为教学策略制定的依据。

(3) 要满足学习内容的客观要求。相对于教学内容,教学策略是实现内容的方式,且内容决定方式。因此,应针对不同的学习内容,选择不同的教学方式,教学策略是为学习内容服务的。

(4) 要适合教学对象的特点。教学对象不同,所制定的教学策略也应该不同。处在不同身心发展阶段的学生,其学习特征各异,例如,思维水平、知识水平、理解能力存在差异。另外,学生的学习风格或方式也会有所不同。因此,要充分考虑学生特征设计教学策略,以学生特征分析的结果作为设计依据。

(5) 考虑教师本身的素养条件。教师在制定和设计教学策略时,应考虑自身的素养条件。对自身的教学特点、知识结构、个性特征等方面的情况应有较深刻的把握,并能根据自身的具体情况,选择适合自己的教学策略。教学策略能为教师所实现,才能发挥作用,有的策略或方法虽然很理想,但教师缺乏必要的自身条件,自己驾驭不了,结果只能是适得其反,不能在教学中产生良好的效果。因此,提高教师各方面的水平和能力是一项十分重要的工作。

(6) 要考虑当地教学条件的可能性。教学策略的实施要受当地条件(如教学设备、设施、教学资源、教学管理等)的制约。因此，在制定教学策略时要考虑当地所提供条件的可能性，要根据可能的现有条件，选择制定教学策略。

7.2.6 教学媒体的选择

科学技术的进步对教育的影响在两个方面较突出：一是科学技术提供的新思想、新方法和新事物促进了人类对学习有了新的更深刻的认识，二是科学技术提供的先进技术确保了人类知识高效地传播。

选择教学媒体的基本思路是：对教学目标和内容、教学模式、教学对象、媒体的教学特性和功能、经济性与适用性进行整体考虑，择优选择适当的教学媒体。

基本的选择方法有问题表、矩阵选择表、流程图和戴尔的"经验之塔"。

(1) 问题表是列出一系列相关问题，通过对这些问题的回答，寻找发现适用于一定教学目标的媒体。

(2) 矩阵选择表是将教学媒体的种类作为一维，以它们的教学功能作为另一维进行列表，再用一种评价尺度反映两者之间的关系，评价尺度可用高、中、低三个层次或其他标准。

(3) 流程图是将选择过程分解成一套按序排列的步骤，每一步骤都有相应的标有"是"与"否"的问题，选择问题的"是"与"否"则进入不同的分支步骤，回答完问题，会有一种或一组媒体被确认为是最适用的。

(4) 戴尔的"经验之塔"将媒体提供的学习经验进行排列，形成金字塔状，由下而上分为 11 个层次。"塔"的最底层的内容提供的学习经验最直观、最具体，逐层上升，则趋向抽象的程度越来越高。

研究表明，影响教学媒体选择的因素有以下几个方面。

1. 教学任务方面的因素

教学任务方面的因素包括教学目标、教学内容、教学方式等。选择什么样的教学媒体，主要从以下几方面考虑。

(1) 考虑教学目标，因为有些媒体可能更容易激发学生对所学知识的记忆，有些媒体可能更适合用来演示需要学生掌握的技能，也就是说，有些媒体比其他媒体更适合于某种学习类型。

(2) 考虑教学内容的特点，即所要传递的经验本身的性质。如果所要传递的是一种感性的具体经验，则必须在非言语系统中选择适用的媒体；如果所要传递的是一种理性的抽象经验，则除了要有必要的非言语系统的媒体相配合外，必须选择用言语系统的媒体，否则就难以完成传递任务。教学方式不同，可供选用的媒体也往往不同，如采用直接交往方式来传递经验时，可用口语系统的媒体；如采用间接交往方式来传递经验时，一般用书面语言系统。所以，教学方式也是选择媒体的一个重要依据。

2. 学习者方面的因素

教学媒体对经验的传递作用，取决于经验接受者的信号接收及加工能力，如感知、接受能力、知识状况、智力水平、认知风格、先前的经验、兴趣爱好及年龄等。学生年龄不同，经验发展水平不同，其内在的编码系统也不同，对教学媒体的接受能力不同，采用的教学媒体也应有所差别。对此，戴尔提出的"经验之塔"理论(见第 2 章)对正确选择使用教学媒体是有价值的。在他提出的"经验之塔"理论中，列出了 11 种教学媒体。在其最下层，"直接的有目的的经验"指通过与实物媒体的实际接触，从而获得"做中学"的实际经验；最上层"言语符号"指通过言语媒体的作用以获得相应的经验，也就是通过阅读来学习。

3．教学管理方面的因素

教学管理方面的因素有：教学的地点和空间，是否分组或分组的大小，对学生的反应要求，获取和控制教学媒体资源的程度等。

4．经费和技术方面的因素

经费和技术方面的因素，例如硬件的费用、软件开发的费用、媒体维修的费用、教辅人员的培训费用等，此外，还要考虑媒体的质量、媒体操作的难易程度、媒体对环境的要求、媒体使用的灵活性和耐久性等。需要指出的是，教师在教学设计的媒体选择中，常常只考虑教学任务和学习者这两方面因素，这是可以理解的，因为教师是教学过程的具体执行者和实施者，自然从"需要"的角度考虑多一点。但是，对教学媒体的管理和技术因素也应予以重视。因为教学媒体的选择，应该既考虑教学需要什么媒体，又要顾及现实可能为教学提供什么媒体。

5．媒体的教学性能

媒体的教学性能指标主要有以下五项。
(1) 表现力：教学媒体表现事物的空间、时间和运动特征的能力。
(2) 重现力：教学媒体在不同的时间、空间条件下，重现被储存信息的能力。
(3) 接触面：教学媒体在同一时间内，可以将信息传递给学生的最大传递范围。
(4) 参与性：教学媒体在发挥作用时学生参与活动的机会。例如，学生随时中断媒体使用而进行提问、思考、讨论等其他学习或活动的可能性。
(5) 受控性：教学媒体操作方法的难易程度和使用的便利程度。

7.2.7　教学设计评价

教学设计评价属于教育评价的范畴。教育评价是根据一定的教育价值观或教育目标，运用可以操作的科学手段，系统地搜集信息、资料，经过分析、整理，对教育活动、教学活动和教育效果进行价值判断，从而为完善教育过程和正确的教育决策提供依据的系统过程。教学设计评价是一种特定的系统过程，包括确定评价目标、搜集有关资料、描述并分析资料、形成价值判断、作出决策等步骤。教学设计评价是教学设计的重要组成部分。对设计方案(成果)进行评价并作出相应的修改是教学设计的重要环节，是使教学设计成果趋向完善的必要内容，通过评价还可以掌握学习者的学习情况。

1. 功能及分类

教学设计评价的功能分为五方面：诊断功能、改进与形成功能、区分优良和分级鉴定功能、激励功能和导向功能。

教学设计中的评价，从功能上又可以分为诊断性评价、形成性评价和总结性评价。这三种评价在使用中可以采用多种评价标准，如常模参照方式(团体内部相对比较标准)、标准参照方式(客观标准)及定性或定量评价方式等。

1) 诊断性评价

诊断性评价又称前置评价，通常是在新的课程内容学习开始前，针对学习者的实际水平和准备状况，判断是否具备实现新学习目标、学习的必要条件等。不具备必要条件时就需要进行补课，已经掌握的内容自然不必再重复学习，这样可以为教学设计提供重要的背景资料。

2) 形成性评价

形成性评价是指为实现及时了解教学效果和学习者学习进展情况、存在的问题，作出调整，改进教学设计或教学工作而进行的经常性评价。教学设计中的评价用得最多的是形成性评价，利用它还可以为教学设计的修改提供数据和资料依据。

3) 总结性评价

总结性评价是指在教学活动告一段落时，为把握活动最终效果而进行的评价。教师借以进行鉴定、区分等级和对整个教学方案的有效性作出评定。

2. 基本步骤

评价是教学机制的重要组成部分，评价活动渗透在教学设计过程之中，贯穿于教学设计的各基本环节，因此对于采用评价的时间、先后次序上没有严格规定。例如学习需要分析、学习任务分析、建立教学目标等环节中，都最好能对它们进行一次初步评价。而对教学设计进行的整体评价，更是十分必要的。正因为如此，评价环节放在教学设计基本模式的最后部分。教学设计评价可分为五个基本步骤：制订评价计划、选择评价方法、试用设计成果和收集资料、归纳和分析资料、报告评价结果。

(1) 制订评价计划。这是一项基础性工作，主要任务包括确立应收集的资料及相关评价标准、评价条件和评价者。

(2) 选择评价方法。收集资料就需要借助评价方法，在教学系统设计成果的形成性评价中，主要使用测验、调查和观察三种评价方法。测验方法适用于收集认知目标的学习成绩资料；调查方法适用于收集情感目标的学习成绩资料；观察方法适用于收集动作技能目标的学习成绩资料。后两种方法也经常用来收集教学过程中的各种资料，调查方法适用于收集学生、教师和管理人员对教学的反应资料，观察方法适用于收集设计成果的使用是否按预先制定计划进行的资料。

(3) 试用设计成果和收集资料。这两项工作不同，但几乎同时进行，前者是手段，后者是目的。

(4) 归纳和分析资料。在经过以上的观察、测验和问卷后，评价者得到了一系列所需的资料，并对这些资料进行深入分析，在此基础上酝酿设计成果的修改方案。

(5) 报告评价结果。由于修改设计成果的工作不一定马上进行,也不一定由原设计者来做,因此需要把试行和评价的有关情况和结论写成书面报告。评价报告最好简明扼要,各种数据、访谈和记录等具体资料可以作为附件。

7.3 翻转课堂的信息化教学设计

7.3.1 翻转课堂教学模式的含义与特点

1. 翻转课堂教学模式的含义

翻转课堂式教学模式,是指学生在课前或课外观看教师的视频讲解,自主学习,教师不再占用课堂时间来讲授知识,课堂变成了老师、学生之间和学生与学生之间互动的场所,包括答疑解惑、协作探究、作业解答等,从而达到更好的教育效果。

从翻转课堂教学模式的概念可以看出,翻转课堂教学模式基本的主线为自学视频、课堂内化、测评拓展。与传统课堂相比,翻转课堂的不同主要体现在以下几点。

(1) 翻转课堂由课上知识传递变为课下知识传递(课前通过教学视频和网络资源等自学),由课下知识内化(课后完成作业)变为课上知识内化(课上协作探究、完成作业,因人而异地提出问题并寻求教师答疑)。

(2) 翻转课堂中,教师角色由知识的传播者转变为教学活动的"导演"和学生的"教练",即教师成为学生的辅助;而学生由被动接受知识变为教学活动的参与者,在课堂上,已经学习过的学生与教师一起进行互动,不再仅仅是带着耳朵听讲。

(3) 传统的教学模式中,课堂上的教学资源主要是教材和 PPT 课件,而在翻转课堂教学模式中,学生在课前还可以通过微视频讲解进行学习。

2. 翻转课堂教学模式的特点

翻转课堂教学模式,是一种以学生为中心,由"教"转变为"学"的方式,不仅对教师的教学起到省去基础知识讲解的作用,更重要的是让学生能够获得更好的学习效果,大大提升了整个教学过程的效率。总的来说,翻转课堂具有以下几个特点。

(1) 翻转课堂的教学视频短小精悍。一般情况下,大多数视频的时长都在 10 分钟以内,比较长的视频也只有十几分钟,非常适合当下的碎片化学习习惯。翻转课堂的每一个视频都针对一个特定的问题,有较强的针对性,查找起来也比较方便;视频的长度控制在学生注意力比较集中的时间范围内,符合学生身心发展特征;通过网络发布的视频,具有暂停、回放等多种功能,可以自我控制,有利于学生的自主学习。

(2) 教学信息清晰明确。萨尔曼·汗的教学视频有一个显著的特点,在视频中唯一能够看到的就是他的手,不断地书写一些数学的符号,并缓慢地填满整个屏幕。除此之外,就是配合书写进行讲解的画外音。用萨尔曼·汗自己的话语来说:"这种方式,它似乎并不像我站在讲台上为你讲课,它让人感到贴心,就像我们同坐在一张桌子面前,一起学习,并把内容写在一张纸上。"这是翻转课堂的教学视频与传统的教学录像的不同之处。教学视频中,如果出现各种物品摆设,很容易分散学生的注意力,尤其是在学生自主学习的情况下。

(3) 重新建构学习流程。通常情况下,学生的学习过程由两个阶段组成:第一阶段是"信息传递",是通过教师和学生、学生和学生之间的互动来实现的;第二个阶段是"吸收内化",是在课后由学生自己来完成的。由于缺少教师的支持和同伴的帮助,"吸收内化"阶段常常会遇到各种困难,这样很容易导致学生丧失学习的动机和成就感。翻转课堂对学生的学习过程进行了重构。"信息传递"是学生在课前进行的,教师不仅提供了视频,而且还可以提供在线辅导;"吸收内化"是在课堂上通过互动来完成的,教师能够提前了解学生的学习问题,在课堂上给予有效的针对性的辅导,同学之间的相互交流更有助于促进学生知识的吸收内化过程。

(4) 复习检测方便快捷。学生在学习教学视频之后,通过回答视频后的几个小问题,可以帮助学生及时进行学习效果的检测。当学生被问题难倒时,马上能够思考自身的原因,然后带着问题重新观看视频学习。学生对问题的回答情况,能够及时地通过云平台进行汇总处理,帮助教师了解学生的学习状况。评价技术的跟进,使得学生学习的相关环节能够得到实证性的资料,有利于教师真正了解学生。

7.3.2 翻转课堂的教学设计

翻转课堂的教学设计可以从以下几方面入手。

1. 课前设计

1) 制作教学视频

目前有些开放教育资源平台,如可汗学院课程、中国大学 MOOC(慕课)国家精品课程在线学习平台等,教师可以在优质的开放教育资源中,寻找与自己教学内容相符的视频资源作为课程教学内容,提高了资源的利用率,节省了人力、物力,也使学生接触到国际上优秀教师的最新教学内容,然而网络上的开放教育资源可能会与课程目标、课程内容不完全相符。教师自行录制教学视频能够完全与教师设定的教学目标和教学内容相吻合,同时教师还可以根据学生的实际情况对教学内容进行有针对性的讲解,并可根据不同班级学生的差异性多版本地录制教学视频。

然而,教学视频的视觉效果、互动性、时间长度等对学生的学习效果有着重要影响。因此,教师在制作教学视频时需要考虑视觉效果、支持和强调主题的要点、设计结构的互动策略等,帮助学生构建内容最丰富的学习平台,同时也要考虑学生能够坚持观看视频的时间。

2) 课前针对性练习

学生看完教学视频后,应该对视频中的收获和疑问进行记录。同时,学生要完成教师布置的针对性的课前练习,以加强学生对学习内容的巩固并发现学生的疑难之处。对于课前练习的数量和难易程度,教师要合理设计,利用"最近发展区"理论,帮助学生利用旧知识完成向新知识的过渡。对于学生课前的学习,教师应该利用信息技术提供网络交流支持。学生在家可以通过网络交流工具与同学进行互动沟通交流,分享彼此的收获与疑问,

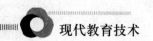

一起解决问题。

2. 课堂活动设计模块

教师在设计课堂活动时，应利用情境、协作、会话等要素充分发挥学生的主体性，完成对当前所学知识的内化。

1) 确定问题

教师需要根据课程内容和学生观看教学视频、课前练习中提出的疑问，总结出一些重点、难点问题。学生根据理解与兴趣选择相应的研究问题。在此过程中，教师应该针对性地指导学生的问题。

针对学生们选择问题的情况，可以将选择相同问题的学生分为一组(每组最多5人)，然后根据问题的难易、类型进行小组内部的协作分工设计。在翻转课堂中，技术工具和信息资源是学生学习的基础。个性化学习环境的创建能够使学生成为自我激励的学习者，拥有强大的自主学习控制权。学生能够通过教学指导和技术工具进行自我组织的探究性学习。个性化学习环境的设计是基于可协作学习环境中发生的学习，而不是整齐划一地传授知识。

2) 独立探索

独立学习能力是学生应该具备的重要素质之一。从个体的发展角度来说，学生的学习是从依赖走向独立的过程。在翻转课堂的活动设计中，教师应该注重和培养学生的独立学习能力。教师要从开始时的选择性指导逐渐转为学生的独立探究学习方面，把尊重学生的独立性贯穿于整个课堂设计，让学生在独立学习中构建起自己的知识体系。

3) 协作学习

在翻转课堂的交互性活动中，教师需要随时捕捉学生的动态并及时加以指导。小组是互动课程的基本模块，在小组中，学生可以自由地参与讨论和交流，发表自己对问题的解决方法或建设性意见，同时能够得到其他小组成员的反馈。

在小组活动中，教师主要通过合适的交互策略，以此确保小组活动有效开展。常用的小组交互策略有头脑风暴、小组讨论、浅谈令牌等。

4) 成果交流

成果交流主要是在学生独立完成自己的个人问题结果或者小组协作完成小组结果之后，大家积极在课堂上进行分享交流。这个过程能够促进学生互相学习，同时对分享成果的个人或小组能够更好地完善自己的学习成果。

5) 反馈评价

在翻转课堂教学模式中，反馈评价主要由教师、专家学者、同学及自己共同完成，这种评价不仅对学习结果(学生的知识技能掌握程度)，也对学习过程(学生在实验记录、各种原始数据、活动记录表、调查表、学习体会等的内容中的表现)进行评价。反馈评价需要做到定量评价和定性评价、形成性评价和总结性评价、对个人的评价和对小组的评价、自我评价和他人评价之间的良好结合。

小　　结

　　教师的教学活动过程主要是由教学设计、教学实施和教学评价组成的一个有机系统。教学设计主要是为了制定出优质教学系统，以达到让学生获得最佳学习效果的目的。在教学设计过程的模式中，学生、目标、策略和评价构成了教学设计的四大基本要素。信息化教学是以学生为中心、以能力为重点，关注学习过程，教师发挥辅助、支持、指导的作用。翻转课堂教学模式基本的主线为自学视频、课堂内化、测评拓展。

第 8 章

信息技术与教育教学融合

8.1 信息技术与教育教学融合概述

进入 21 世纪之后，随着信息技术的迅速发展，信息技术与课程融合在我国教育方针中即被重视，其根本是以实现信息化带动教育的现代化的目标。信息技术与课程的融合是教育教学系统的基本构成要素，在现代教育理论的指导下，将信息技术有效地运用到课程教学中，使信息资源、信息方法与学科课程的内容、教学形式和教学方法等实现最优化。

而信息技术与课程融合可以看成是教育信息化过程中的初步应用阶段，一定程度被称为"渐进式的修修补补"，而想要有进一步的突破，就必须触发教育系统的结构性变革，实施信息技术与教育教学的深度融合。

有专家认为："融合"更追求信息技术与教育教学相互作用的双向性影响，更追求在教育教学业务流程精细化分析基础上，实现各类元素的数字化迁移和信息化表征，包括课程设置、教学内容选择、内容呈现、教学组织形式创新、教学手段升级、教学流程优化、教学评价系统化、教与学关系重构等诸多方面。在常态化教学实践过程中，信息技术的应用应该是自发的、内在的，并且是有效的。

8.1.1 信息技术与教育教学融合的含义

信息技术与教育教学的融合即体现教育信息化，教育信息化是指教育领域的各个方面与信息技术深度融合，以此推动教育的全面改革与发展，促进教育现代化的过程。教育信息化有两层含义：一是把提高信息素养纳入教育目标，培养适应信息社会的人才；二是把信息技术手段有效应用于教学管理与科研，注重教育信息资源的开发和利用。

教育信息化的核心内容是教学信息化。教学是教育领域的中心工作，教学信息化就是要使教学手段科技化、教育传播信息化、教学方式现代化。教育信息化，要求在教育过程中较全面地运用以计算机、多媒体、大数据、人工智能和网络通信为基础的现代信息技术，促进教育改革，从而适应正在到来的信息化社会提出的新要求。信息技术与教育教学的融合，其内涵有以下几点。

(1) 信息技术与教育教学的融合是改变传统课堂教学结构和构建新型课堂教学结构。

(2) 信息技术与教育教学的融合是信息技术真正触及教育系统结构性变革，而不是只用于改进教学手段、方法之类的渐进式修修补补。

(3) 信息技术与教育教学的融合是在运用技术改善教与学环境教与学方式的基础上，进一步去实现教育系统的结构性变革。

8.1.2 信息技术与教育融合的特点

信息技术与教育融合的主导思想是"学"，是以学生为中心，学生是作为其实践的主体。信息技术与教育进行融合，既有技术的属性，也有教育的属性。

1. 技术属性

从技术属性看，信息技术与教育融合的基本特征是数字化、网络化、智能化和多媒体化。数字化使得教育信息技术系统的设备简单、性能可靠且标准统一；网络化让信息资源可共享、活动时空少限制、人际合作易实现；智能化使系统能够做到教学行为人性化、人机通信自然化、繁杂任务代理化；多媒体化使得信息媒体设备一体化、信息表征多元化、复杂现象虚拟化。

2. 教育属性

从教育属性看，信息技术与教育融合的基本特征是开放性、共享性、交互性以及协作性。

(1) 开放性：主要体现在打破以学校教育为中心的教育体系，使得教育社会化、终身化、自主化。

(2) 共享性：通过教育信息化能够将丰富的教育资源共享给广大学习者，且取之不尽、用之不竭，这是信息化的本质特征。

(3) 交互性：主要体现在人机交互(人与计算机的双向沟通)和人与人之间的远距离交互学习，促进教师与学生、学生与学生、学生与其他人之间的多向交流。

(4) 协作性：主要为教育者提供更多的人-人、人-机协作完成任务的机会。

信息技术与教育融合从根本上改变了传统的教学模式，其主要优势体现在以下几方面。

1) 信息传递优势

现代经济学认为，获取信息是克服人类"无知"的唯一途径。信息搜寻要花费代价(即交易费用)，其中，信息传递成本占据了相当的份额。传统教学采用教师给学生传授知识的方式的完全面接方法，这样耗费的人力、物力极大，也是一种社会资源浪费。网络教学高速度的信息传递功能，无疑大大节约了全社会的信息传导成本。

2) 信息质量优势

随着"远程教育"工程的实施，学生可以共享优秀教育资源和高质量的教学信息。不可否认的是，作为知识传导者的教师，也存在水平的差异，学习者获得的信息质量就大有差异。远程教育由最优秀的教师制作课件，可以有效保证所传输信息的质量。

3) 信息成本优势

目前，由于人们现实的经济环境和经济条件差异等因素所致，无论是政府还是其他机构，抑或是个人如何努力，身处不同地区的人们很难通过线下环境获得平等的教育资源。然而，通过远程教育，学生可在家中利用网上在线教学平台，按照相关专业的教学安排及自身的学习特点和工作、生活环境，进行"到课不到堂"的自主学习。远程教育的低成本运行费用，带来了新的教育市场的变化，对贫困学生及其他特殊学习者群体来说，提供了便捷的学习方式。

4) 信息交流优势

教学方式现代化改变传统的以老师为主的单向教学方式，形成以学生为主体，老师为主导的双主教学方式。信息技术与教育融合利用信息技术改变传统的教学模式，实行交互式教学，学生可以通过网上教学平台随时在线观看或下载网上教学资源，利用网上交互功能与教师或其他学生进行交流，通过双向视频等系统共享优秀教师的远程讲授及辅导，充分利用网络的互动优势开展学习活动。这样，每一个学生都能自由地发挥创造力和想象力，进而成长为具有探索新能力的新型人才。

8.1.3 信息技术与教育融合的内容及影响

1. 信息技术与教育融合的内容

信息技术与教育融合的内容是信息技术在教育中的应用，主要包含以下几方面。

1) 教育信息环境的改善

教育信息化的环境即学习的环境，是指用于教育信息存储、处理和传递的信息环境，具体包括用于远程教育的信息网络系统、学校的校园网、CAI 教室、网络教学机房，用于教与学的各种支援系统及用于各种教育资源及教育设施管理的管理信息系统。

2) 教育资源的建设与使用

教育资源是用于教育信息化的各种信息资源，与信息环境相比，教育资源在教育中的应用具有更直接的作用。教育过程主要是通过各种教育资源的应用予以展开控制的。对各种教育信息资源的生成、分析、处理、传递和利用应根据教育信息的特点、教育过程的要求展开。

3) 人才的培养

教育信息化的根本目的是推进素质教育，实现创新型人才的培养。面向信息社会的新世纪人才应当具备的一项基本素质是信息能力，它是信息社会中每个人赖以生活且用于学习的基本能力。教育信息化应将每位学生，乃至全体国民的信息能力培养作为一项重要内容。为了实现教育信息化，大量信息技术人才的培养成为必备。教育信息化应为我国各行各业的信息化培养大量的信息技术的专业人才，它是教育信息化的一项重要内容。

2. 信息技术与教学融合的影响

信息技术在学校中的使用，对传统教学方式产生重要影响。在学校教育中，教师、学生、教学设施是其基本的构成要素，随着教育信息化的深入展开，使得教师的作用、学生的能力、教学设施的性能都有深刻变化。

1) 教师的作用

传统教育中，教师主要是给学生传递学科知识，而在信息技术融入教学过程后，学生可以自主地通过各种渠道和方式进行学习，因此教师的作用将从知识的传授者变为学生学习的组织者和协助者。例如，对于某门课程来说，学生可以通过多种途径进行学习，不仅可以通过老师，还可以通过网络、教学视频等其他数字教学资源学习，也可以通过小组讨论等方式学习，而教师在这个过程中将主要肩负起对学生的指导、计划制订、答疑解惑的责任，不再是主要给学生按课程计划授课。

教师为了能够做好自己的相关工作，必须广泛收集整理各种零散的学习资源和学习信息，还需加强学校之间、不同教育部门之间的联系交流，并逐渐形成一种支援学生学习的网络系统。此外，由于学生在利用各种渠道进行自主学习的过程中，信息能力是十分重要的，因此教师还应该注重学生信息能力的培养。

2) 对学生的要求

以知识的传递、知识的理解为中心的接受学习中，学生是被动地接受知识，对学生的要求是理解知识和掌握知识。信息技术的广泛应用，要求学生不仅是被动地接受知识，更重要的是主动地获取知识。在这种情况下，要求学生更应注重学习方法、思维方法和讨论方法的掌握，要求学生具备一定的自我学习能力。

在教育信息化环境中，学生实现知识的探索，实现发现学习，实现问题解决学习，实现创新能力的培养。在这个过程中，学生对信息的获取、处理、创造、表现的能力，即信息能力是十分重要的。

3) 对教学设施的要求

信息技术在学校中的广泛应用，对学校中教学设施的性能要求有了很大变化，具体包括以下几方面。

(1) 学习资源的通信功能。各种教学设施中的学习资源应能为其他教学设施所利用，因此，各种教学设施间应具备一定的通信功能。利用这种通信功能，各教学设施间的学习资源可相互检索，共同利用，使学习资源的使用超越地域的限制，实现学习资源的共享。

(2) 教学设施的网络化。为了满足学习者的多种学习需求，教学设施间应以通信网络进行连接，以实现网络化。教学设施网络化是实现学习资源共享、教学设施共享的物质条件。它使多种学习资源、教学设施充分地发挥作用，取得更好的使用效果。

(3) 多媒体学习环境的完备。教育信息化使得学习的信息环境得到很好的改善和完备。用于学习的多媒体环境主要是多媒体通信系统，包括视频会议系统、LAN 系统、卫星通信系统和基于光纤通信的校园网。

8.2 信息技术促进教学模式创新

8.2.1 信息技术创新课堂教学模式

随着信息技术的飞速发展，学校一些传统的教学模式、教学方法等都已不能完全适应当下的教学需求，如何根据科技的进步来改革教学模式和教学方法，需要广大教育工作者不断地进行实践和探索。信息技术的发展对课堂教学模式的创新主要体现在以下几方面。

1. 信息技术促进教学过程的教育创新

信息技术具备大容量的教学信息储存和多样化的教学信息资源，信息技术能够实现教育信息在一定时间内高效传输，其传输的数据生动形象，具有多媒体性且富有趣味性。信息技术不仅显示出教育内容的创新，更在教育实践过程中体现了创新教育思想，解决了传统教育中难以解决的问题。如解决问题的思维展示过程，动画实验等虚拟现实仿真教学，通过计算机辅助教学的演示，在动态中观察，使问题的结论形象地展示，不仅提高了教学质量，同时能够准确讲解某些问题并给学生留下深刻印象。运用信息技术手段的教育方式激发了学生的学习兴趣，提供了学生认知的学习情境，提高了学生的观察能力、想象能力，有利于培养他们的思维能力。此外，资源的共享、信息的广泛性和信息显示的多样性，教学过程的及时反馈以及多种教育媒体的综合利用，使知识结构更加清晰，提高了教育的成效。尤其是在网络环境下教学模式的广泛应用，使得学生的自主学习、合作学习、探究式学习更容易实现。因此，信息技术大大地扩展了教育过程的内涵及外延，能够达到

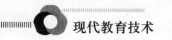

促进师生创新精神与创新能力的目标。

2. 信息技术提供了丰富多样的教学内容

随着计算机多媒体技术的发展，计算机多媒体技术对多种信息的呈现和处理功能已成为课堂教学信息呈现的重要手段。在课堂教学的多媒体课件中，集成了文字、图形、图像、动画、音频、视频等各种资源，充分体现了教学媒体的优点。教师在教学过程中，合理使用多媒体课件，可以提高教学媒体的展示力和交互性，极大地丰富了教学内容的呈现方式。而且多媒体教学在课堂教学中的应用，从不同的感官给学生以影响和刺激，能极大地满足学生视听感官的需求，充分刺激学生的听觉和视觉，激发学生的学习兴趣。

3. 信息技术拓展了学生的学习方式

信息技术在教学中的应用不仅提供了丰富的教与学的资源，而且从学生的角度来说，信息技术为学生拓展了更多高效的学习方式。信息技术不受时间和地域限制，计算机多媒体、网络成为学生学习的媒介，学生可以根据自己的学习需要，例如网络课程、远程教育等学习方式让每位学生能够根据自己的学习基础和实际情况，不受其他同学学习进度的影响，主动选取学习内容。网络是一个强大的信息资源库，其信息资源的共享使得学生在任何能够上网的地方都可以快速地获取丰富的信息资料，有利于培养学生的探索、创新意识，有利于学生开展主动的探索型的学习活动。

4. 信息技术促使教师更新教学方式

在信息技术与课程整合的发展背景下，目前多媒体技术、网络技术等教学设备和手段在教学中均已广泛使用，广大教师所面对的已经不再是粉笔、黑板和教科书了，而是更加丰富的教育媒体。如何充分发挥信息技术的优势，选择恰当的教学模式，提高课堂教学效率和质量已成为教师们的重要课题。

在当今教育要求和背景下，教师应该努力探寻能够满足学生学习的教学模式。目前有不少学校由于硬件条件和教师计算机操作水平的限制，教师的多媒体教学也多是采用演示型教学模式，即使用多媒体计算机进行演示教学。这种模式能为全体学生的充分感知创设情境，调动学生的学习兴趣，促进学生对重、难点知识的理解，相比于传统的教学模式，其自身有一定的优势。更重要的是，教师要积极探索和发展以学生使用信息技术为主的自主学习型教学模式和探究型教学模式，发展以学生自主学习、探究学习为主，顾及学生的个别差异，积极鼓励和引导合作学习，促使学生能够通过网络进行自主、有效地学习。

新课程理念倡导新型的师生关系，要求教师能够促进学生的学习和发展，在自主、合作、探索、创新的学习过程中，充分体现教师既是教育者又是研究者、指导者、促进者的多重身份。而通过网络教学模式更能实现这一目标，教师和学生可以通过网络交流互动、个人博客、远程辅导、网络答疑等方式来指导学生学习。

8.2.2 信息技术支持的创新教学模式

信息技术支持的创新教学模式概括起来可以分为 10 种，具体如下。

1. 远程专递课堂

远程专递课堂主要是为帮助偏远落后地区学校的学生享受优质教师资源，实现教育均衡发展，以及为薄弱学校因缺师少教而无法开齐国家规定课程的问题提供解决方案。

2. 网络空间教学

在当前的网络环境下，网络空间教学能够突破传统教学模式的时空限制，将线上学习与课堂教学有机结合，并利用碎片化时间，促进教与学、教与教、学与学的互补。

3. 异地同步教学

异地同步教学以网络直播为主，在教学条件相当而教学优势互补的两个班级之间开展同步教学活动，实现校际之间、班级之间"理念共享、资源共用、优势互补、合作共进"的目标。

4. 双主教学模式

改变传统的以教师为中心的教学结构，建立了一种既能发挥教师的主导作用又能充分体现学生主体地位的新型教学结构(双主教学结构)，并在此基础上逐步实现教学内容、教学模式、教学手段和教学方法的全面改革，从而使培养大批创新人才的素质教育目标真正落到实处。

5. 翻转教学

翻转教学在第 7 章中有具体介绍，基于互联网的普及和计算机技术在教育领域的应用，将传统的教学模式(即课堂上教师传授知识，课外学生巩固练习)变为翻转教学模式(即课外学生通过互联网去使用优质的教育资源或通过微课视频进行自主学习，课堂上学生进行实践练习，提出疑问，教师成为辅导者)，对课内课外时间如何运用进行重新安排，从而把学习主动权从教师转移到学生。

6. 校园在线课程

校园在线课程是指学校通过开发或选用符合本校传统和优势、学生兴趣和需求的在线课程，并将这些在线课程纳入教学计划，为学生提供丰富的数字化学习体验。

7. 基于设计的学习

基于设计的学习是创客教育的重要组成部分，有利于提升学生的创新能力和设计能力，体验和优化 STEAM 教育的教学过程。

8. 引导式移动探究学习

引导式移动探究学习不仅支持学生通过移动设备在课堂上开展内容探究，也支持学生在非正式学习情境(如博物馆、科技馆、生态园等)中开展探究学习。

9. 协同知识建构

协同知识建构是小组协作学习的一种典型形态，师生或学生之间通过交流对话而产生新知识，能够促进高阶认知能力的培养。

10. 能力导向式学习

能力导向式学习的模式采用全自主、能力导向的方式，不进行分科教学，围绕学生所需能力图谱开展系列教学活动。

8.3 人工智能在混合式教学中的应用

8.3.1 面向教师的人工智能应用

对教师来说，人工智能的应用主要体现在智能评测、智能应答和个性化教学三个方面。

1. 智能评测

智能评测是指通过对学生学习过程和学习行为数据来进行大规模自主智能评估，并进行个性化即时反馈。大规模评估是指通过人工智能大数据分析技术对学生的学习行为和学习成果进行针对性的评测；个性化即时反馈是指通过对某位或某个群体学生的学习行为和学习过程数据进行分析后给予反馈。目前，基于人工智能技术的智能评测应用主要有口语考官和试卷批改机器人等。

在我国，每年都有各种类型的英语听说考试，考试者的录音如果都由人工评分，不仅工作量巨大，而且评判标准很难保持统一。随着语音识别准确率的不断提升，使得借助人工智能口语考官来对英语听说考试进行评分成为现实。只需抽取样本数据进行训练，人工智能口语考官便能学会像人类考官一样对学生的回答进行评估。美国教育考试服务中心已经在一些英语考试中采用人工智能技术进行评测打分。2015 年，科大讯飞公司的语音技术也应用于广东 70 万高考英语口语环节考生答卷的批阅。

人工智能口语考官不仅能进行语音评分，还能纠错，对平翘舌音、前后鼻音都能进行精准分辨。基于人工智能的评分不仅更快，而且更准、更公正。我国的"英语流利说"就是一款能指出用户发音错误和自动打分的移动端 App 应用，深受英语学习者的喜爱。

评卷对每位教师而言并不陌生，但人工阅卷通常容易受主观因素影响而导致结果偏差，因此，人工智能机器阅卷顺势而生。国内的阿里 AI 智能阅卷、科大讯飞智能评卷系统等应用的推广，开启了以机器评阅为主、人工审核为辅的全新评阅方式。

2. 智能应答

智能应答是基于自然语言处理、知识推理、文本语音和图像分析等技术而实现的大规模知识处理与反馈的自动应答系统，它主要从语义理解和答案搜索方面解答学生的疑问。如微软小冰聊天机器人、百度智能问答机器人，它们在接收到文字、图像或语音信息后，先进行内容解读，然后再自动给予合适的回复。

在混合式教学中，学生通过线上和线下完成学习及师生互动交流，针对学生发出的文本、语音和图像，以深度学习、机器学习、神经网络等技术为基础的人工智能教学应答机器人正好能大显身手。例如，能力风暴教育机器人已推广到 4 万多家学校，海尔小帅智能机器人能与小朋友进行语音互动。

3. 个性化教学

根据学生的个性特征，进行教学资源的个性化智能推荐与因材施教一直是教育界所期望看到的理想教育方式，然而具体实施起来却困难重重。个性化推荐就是根据学生的学习行为，自动预测学生的兴趣偏好，有针对性地向学生推送合适的教学内容。因此，大量基于学习行为数据建模的各种推荐算法纷纷被应用，如关联规则算法、蚁群聚类算法、协同顾虑算法、机器学习算法等。其中基于人工智能的深度学习推荐算法最受关注。

深度学习是机器学习研究中一个新的领域，它被引入机器学习使其更接近于最初的目标——人工智能。深度学习是指获得初始数据后，对数据做预处理、特征提取与选择，再到推理，最后进行预测的过程。在混合式教学中，根据学生网上浏览文本、语音、图像、视频等资源的行为数据，进行特征提取并基于人工智能的深度学习推荐算法，可以为学生提供学习资源的智能推荐。例如，爱奇艺视频网、网易云课堂，以及优必选联合腾讯叮当推出的个性化智能教育机器人等，它们均能根据用户的浏览行为给用户智能推荐相关的课程资源。

8.3.2 面向学生的人工智能应用

面向学生的人工智能应用主要体现在智能识别和智能导学两个方面。

1. 智能识别

智能识别在人工智能教学中属于应用最早也是最成功的技术，无论是语音识别、图像识别、人脸识别，还是脑波识别，都属于智能识别范畴。由于人的语音天生就蕴藏着情感，因而基于语音情感库的情感识别在教学中也被广泛应用。

2015年，我国成立了"管理科学与工程学会神经管理与神经工程研究会"，标志着我国的神经管理与神经工程研究进入新的阶段。越来越多的机构和学者投入到基于脑神经认知的情感识别研究中。例如，浙江大学管理学院神经管理学实验室对脑信号的感知与情感评估分析技术进行了大量研究；复旦大学管理学院研究了面向教育大数据分析的神经管理学机制；软银情感识别智能机器人 Pepper、小影印象 App 应用等，都能根据人的表情、语音来识别人的情绪。若将这些技术应用到混合式教学中，则有利于教师识别学生的状态，对讲课内容、授课方式进行及时调整，从而获得更好的教学效果。

2. 智能导学

智能导学主要帮助学生在面对互联网海量学习资源时，进行智能学习引导，从而帮助学生提升学习效率。以往"题海战术"是学生最常选择的学习方式，但是盲目地学习不仅浪费时间，而且效果差。智能导学的总体思路是对学科领域知识体系先做分解，形成一个个知识元，然后通过导学关键点进行语义定义，再将定义好的知识元进行归纳与整理，形成体系，并得到相应的逻辑知识图谱，进而形成个性化学习路径。

在人工智能大数据分析的帮助下，教师和管理者可以对混合式学习者的学习行为和知识量进行全面扫描评估，找到学习者的薄弱项，进行自适应学习路径设计，让其能有针对

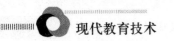

性地开展学习,减少重复学习的时间,提高效率。智能导学的关键是对学习者进行画像和适应性指导。智能导学在混合式教学中的应用有以下几方面。

(1) 学习路径智能化引导。当学生首次进入系统学习新知识点时,系统会首先判定学生的知识量,即通过调用已建立的领域知识判定模型,对当前知识点的前驱知识点和后续知识点进行扫描。在学习过程中,通过与系统交互的情况来检测学生对前驱知识点的掌握程度,如果未达要求则引导至前驱知识点继续进行学习。学生学完一个知识点后,就必须接受测试,当通过测试后即可被认为掌握了该知识点。

(2) 薄弱环节自行检测。在混合式学习中,学生可对薄弱环节知识点进行自我检测,针对没有掌握好的知识点,可以进行多次学习,并与以往学习情况进行对比。在此过程中,人工智能学习系统可以查询该领域知识库的相关内容,并对薄弱环节进行补强。

(3) 学习进度有效控制。学生在开始学习之前要制订自己的学习计划,详细列出课程内容学习计划,一旦出现偏差或者未按照原定计划执行时,系统就会给予提醒,并且定期对计划进行检查。在完成一段时间的学习后,系统会将学生的学习状况进行统计,列出这段时间内的知识难点以及尚未完全掌握的知识点,并对后续学习计划进行审查,看是否需要调整今后的学习计划。

8.3.3 面向教学的人工智能应用

面向教学的人工智能应用主要包括智慧课堂和智能在线考试系统。

1. 智慧课堂

从信息化视角来看,智慧课堂可看作是利用先进的信息技术手段来营造智能化的课堂教学环境,形成师生交流立体化、教学过程智能化的课堂。大数据、物联网、云计算、可穿戴设备等技术的成熟发展,数字化学习环境与教育的深度融合,使得教学中各类数据的收集、追踪、分析成为可能,为智慧课堂的建成奠定了坚实的基础。

近年来,越来越多的学校参与到智慧课堂的建设中。智慧课堂中配备有虚拟现实(Virtual Reality,VR)和增强现实(Augmented Reality,AR)设备、人体眼神姿态识别仪、脑波检测仪等数字化设备,能将学生课堂上的面部表情、身体姿态和脑电波等数据信息全程捕捉下来。

我们知道,人的兴奋、紧张、愉悦等状态能够通过脸部表情、身体姿态和脑电波反映出来,因此对每位学生脸部表情进行相应的历史对照分析,并结合脑波检测,便能较准确地识别出学生的状态,分析出学生的注意力是否集中,以及对知识点的掌握程度。然而由于学习过程中的脸部表情、脑电波数据所呈现出的复杂、非线性、数据量大、干扰性大等特性,常用的数据分析方法识别效果不佳,而基于机器学习、深度学习的人工智能识别技术能有效地处理上述特性,使得智慧课堂成为学生进行个性化学习的重要场所。

2. 智能在线考试系统

智能在线考试系统除具有常见的用户信息管理、试题库管理、在线考试、自动评卷功能外,还提供了智能组卷功能和在线作弊防范监测功能,不仅能自动生成区分度良好的试卷,而且还能对作弊试卷、雷同试卷进行辨别。此外,智能在线考试系统还能对每次考试结果生成考试分析报告,对考试结果进行精准分析,以及对考试难易程度作出评判。

智能在线考试系统的另一特色是具备数据挖掘统计功能,即能对每一场考试产生的数据进行挖掘与统计,并给出描述性统计值,例如每场考试最早完成答卷的时间,平均答卷时间,最长答卷时间,答题者的最高分、最低分、平均分等信息,以及对试卷的难易程度作出评判,并以图表的形式直观展示,便于师生迅速了解该次考试的情况。另外,智能在线考试系统还能对考试数据执行分类、聚类、关联规则分析等操作,通过数据挖掘方法来寻找知识点、试题间的潜在联系,为在线考试更好地服务。

从混合式教学的特征、现状与需求来看,人工智能在上述教学中的发展与应用呈现以下规律:人工智能技术将不断应用于解决混合式教学中存在的问题,并为教学的创新发展提供更具智能化的模式与手段。同时,混合式教学中的应用新需求将为人工智能在上述专业领域的发展不断地提供新的动力,由此促进人工智能的进一步发展。

8.4 信息化课程建设——微课

8.4.1 微课的含义与特点

1. 微课的含义

微课是指运用信息技术按照认知规律,呈现碎片化学习内容、过程及扩展素材的结构化数字资源。"微课"资源一般包括简短的教学视频片段(微视频),同时还包括与该教学主题相关的教学设计(微教案)、教学素材(微课件)、教学评价(微点评)、教学反思(微反思)、教学反馈(微反馈)、教学测评(微练习)等辅助性教学资源,如图 8-1 所示,这些资源以一定的组织关系和呈现方式共同"营造"了一个半结构化、主题式的资源单元应用"小环境"。

图 8-1 微课教学资源的构成

"微课"的内容主要是将学习目标聚焦在某一个环节,利用最短的时间精讲一个知识点、考点、重点、难点、经典实例、具体操作任务等,因此"微课"不是课堂的浓缩,也

现代教育技术

不是将知识切碎，而是一个个完整的知识内容单元。"微课"学习资源为学生学习和教师教学提供了极大的帮助。

2. 微课的特点

"微课"是在非物理课堂教学环境下制作完成，用于虚拟学习环境下的教学或学习，支持多平台和多终端，其具备的特点包括以下几方面。

（1）教学时间较短。教学视频是"微课"的核心组成内容，"微课"视频时长一般不超过 10 分钟，这种考虑基于学生每次能够保持最专注学习的时间在 10 分钟左右且便于碎片化学习。"微课"视频的内容根据学生的认知特点和学习规律，科学地组织知识结构内容进行片段录制。

（2）教学内容较少。传统课堂一般内容涉及宽泛且丰富复杂，而"微课"的内容一般主题突出、聚焦某个知识点或问题，或是反映课堂中某个教学环节、教学主题的教与学活动，因此"微课"的内容相对精简，比较适合教师的教学和学生的学习需求。

（3）资源容量较小。"微课"视频由于其短小精悍的特点，加上其他相关配套辅助资源文件，通常"微课"资源的总容量一般不大，师生可以便捷地保存在移动终端设备或便携存储介质中，或者流畅地在线观看"微课"内容，方便学生实现移动学习和教师的观摩、评课、反思和研究。

（4）精致的教学设计。"微课"的内容是主题突出、聚焦知识点且相对完整的，它以教学视频片段为主线"统整"教学设计、课堂教学时使用到的多媒体素材和课件、教师课后的教学反思、学生的反馈意见及学科专家的文字点评等相关教学资源，构成了一个主题鲜明、类型多样、结构紧凑的"主题单元资源包"，营造了一个真实的"微教学资源环境"。这使得"微课"资源具有视频教学案例的特征，教师和学生在这种真实的、具体的、典型案例化的教与学情境中可易于实现"隐性知识""默会知识"等高阶思维能力的学习并实现教学观念、技能、风格的模仿、迁移和提升，从而提升教师的课堂教学水平，提高学生的学业水平。对学校教育来说，"微课"不仅成为教师和学生的重要教育资源，而且也构成了学校教育教学模式改革的基础。

（5）便于学生自主反复学习。"微课"资源内容精简，针对性强，方便学生随时随地在移动终端进行自主学习和复习。

（6）制作简便。教师可以利用多种途径和设备进行"微课"制作，以实用为宗旨。需要注意的是，教师在制作微课时，需要注意信息完整和重视教学设计。信息完整指的是微课应该包括片头(课程名称、授课者、单位、学习对象、所属学科等)、中间环节和结尾；重视教学设计指的是目标要明确、重难点突出、课件美观大方、资源准备充分、录制方式可行、媒体运用得当、信息表征新颖有效等。

8.4.2 微课的类型

微课的类型按照不同的划分方法，可以分为多种类型，以课堂教学方法进行划分，可将微课分为讲授型、讨论型、启发型、演示型、练习型、实验型、自主学习型、合作学习型、探究学习型等，这些类型的微课的分类依据及适用范围如表 8-1 所示。

表 8-1 微课的类型及其适用范围

微课的类型	适用范围	分类依据
讲授型	教师用口头语言向学生传授知识(如描绘情境，叙述事实，解释概念，论证原理和阐明规律)，这是中小学常见的一种微课类型	以语言传递信息为主的方法
讨论型	通常以整个班级或一个小组为单元，在教师的指导下，对某问题展开讨论，各自发表意见，集思广益地进行学习	
启发型	教师在教学过程中根据教学任务和学习的客观规律，从学生的实际出发，采用多种方式，以启发学生的思维为核心，调动学生的学习主动性和积极性	
演示型	教师在课堂教学时，把实物或直观教具向学生展示，或者做示范性的实验；或通过现代教学手段，让学生通过实际观察获得感性知识以说明和印证所传授的知识	以直接感知为主的方法
练习型	在教师的指导下，学生通过反复训练，依靠自觉的控制和校正，最终得以形成技能、技巧或行为习惯	以实训为主的方法
实验型	在教师的指导下，学生使用一定的设备和材料，通过实验观察和验证某些现象的变化，从中获取新知识或验证知识。这类微课在物理、化学、生物等学科的教学中较常见	
自主学习型	学生通过自己独立的分析、探索、实践、质疑、创造等方法进行自主的学习	以引导探究为主的方法
合作学习型	通过小组或团队的形式，让小组或团队中的学生一起学习，然后通过团队的力量，相互探讨，相互促进	
探究学习型	学生在主动参与的前提下，根据自己的猜想或假设，运用科学的方法对问题进行研究，在研究过程中获得创新实践能力和思维发展，自主构建知识体系的一种学习方式	

8.4.3 微课的开发流程与录制方法

1. 微课的开发流程

微课强调丰富的媒体化，通过对文本、图像、声音和视频的设计和包装来呈现教学内容，微课的开发需要引入工程项目开发的思想。微课的开发包括前期分析、方案设计、素材准备、开发制作和测试评价五个阶段。

1) 前期分析

前期分析包括教学目标分析、学习者分析、教学内容分析、可行性分析。微课的使用价值体现在它的教学性，因此以解决教学问题为导向选取内容，来确定制作微课的类型。

2) 方案设计

方案设计包括教学设计、界面设计和互动设计。教学设计包括信息化教学手段的应用、教学内容的呈现方式、教学过程的组织和教学评价的实现；界面设计包括风格设计、内容呈现方式等；互动设计包括微课中采取的互动方式加入互动的时间点等。最后完成脚本的编写，脚本的编写包括讲稿的编写、互动脚本的编写、界面脚本的编写等。

3) 素材准备

微课内容包括文本、图片、音频、视频等，在微课设计中，教师需要根据教学内容的需要以及合理设计的原则进行素材准备，有关各种素材的收集与处理在第 5 章中有具体的讲解。

4) 开发制作

开发制作阶段，主要通过使用文本、图片、音频、视频等软件处理工具对前期准备的素材进行处理，并依据方案设计的内容制作成完整的微课。在微课制作过程中，对于微课视频的录制，教师可以不上镜，重点呈现教学内容，声音亲切自然，授课形式呈现出个性化辅导学生的模式，而不是呈现公开课的讲课形式。此外，微课制作必须满足"有用"和"有趣"两个原则："有用"即体现内容能达到较好的学习目的，能满足学生的需求；"有趣"即表现为讲课形象生动、循循善诱、枯燥知识趣味化，能让学生沉浸于学习中。

5) 测试评价

在完成微课制作后，教师将微课投入到教学实践中，学生开始通过微课进行学习，然后通过学习可以检验测试微课的效果，教师通过学生的反馈结果可以再对微课进行必要的优化调整。

2. 微课的录制方法

微课的录制较常用的方法包括以下三种。

1) 使用摄像机拍摄在电子白板上的教学过程

这种方法主要是在电子白板上进行教学讲课，类似于传统课堂中教师在黑板上进行讲课的情景，然后通过摄像机对教学过程同步摄像。具体步骤如下。

(1) 针对微课的主题，进行详细的教学设计，形成教案。

(2) 将摄像机放置在恰当的位置(主要对准电子白板，拍摄要清晰)，做好相应的录制准备工作后，教师在电子白板上开始教学过程并通过摄像机将整个教学过程拍摄下来。

(3) 录制好视频后，教师便可以对视频进行一些必要的后期处理，如剪辑美化等。

教师采用这种方法录制微课，呈现出来的效果与日常讲课一样，学生在学习过程中，有些类似于平时的课堂听讲。

使用这种微课录制方法最好在专门的演播环境中，需要有相关的协助人员帮助录制，录制出来的视频质量较高，视频的后期处理需要专业人士完成。

2) 使用手机或相机录制在白纸上的书写教学过程

这种方法主要是在白纸上进行边书写边教学的过程，通过手机或相机的摄像功能对教学过程同步摄像，这种方法录制的微课视频的音质和画面效果相对较差，同时只能呈现手写的内容，无法呈现出其他效果。其具体步骤如下。

(1) 针对微课的主题，进行详细的教学设计，形成教案。

(2) 在白纸上通过各种颜色的笔进行画图、书写或标记等展示整个教学过程，同时用手机或相机将这个教学过程录制下来。在拍摄过程中，要求讲授简洁明了、逻辑分明、语音清晰、画面稳定。

(3) 录制好视频后，教师可以对视频进行一些必要的后期处理，如剪辑美化等。

3) 使用录屏软件录制计算机屏幕上的教学过程

这种方法主要使用计算机(连接耳麦)边操作边讲课，一般在计算机上通过 PPT 课件进行展示教学，然后使用 Camtasia Studio、EV 录屏等录屏软件将整个教学过程录制下来。通过这种方法录制微课视频方便快捷，具体步骤如下。

(1) 针对微课的主题，进行详细的教学设计，做好最终要讲课的具有丰富多媒体素材的 PPT 课件。

(2) 在计算机上同时打开 Camtasia Studio 或 EV 录屏软件、制作好的 PPT 课件，教师戴好耳麦并调试好设备，调整好 PPT 界面和录屏界面的位置后，单击"录制"按钮，教师开始讲课进行录制。在录制过程中，教师可以配合标记工具或其他多媒体软件或素材，尽量使教学过程生动有趣。

(3) 录制好视频后，教师可以对视频进行一些必要的后期处理，如剪辑美化等。

小　　结

本章主要讲解信息技术与教育教学融合的有关概念与内涵，信息技术与教育融合的内容(包括教育信息环境的改善、教育资源的建设与使用、人才的培养等)及其影响(主要有对教师、学生与教学设施的影响)。此外，本章还介绍了信息技术能够促进教学模式的创新，人工智能在混合式教学中面向教学、教师和学生的应用。最后，以信息化课程建设——微课为例，讲解了有关微课的特点、开发流程与录制指导方法。通过对本章的学习，读者能够整体了解信息技术对教育教学带来的重要影响，以及了解信息技术将对教育进一步影响的趋势。

参 考 文 献

[1] 何克抗，李文光. 教育技术学[M]. 北京：北京师范大学出版社，2009.

[2] 李克东. 新编现代教育技术基础[M]. 上海：华东师范大学出版社，2002.

[3] 祝智庭. 现代教育技术：走向信息化教育[M]. 北京：教育科学出版社，2002.

[4] 南国农. 信息化教育概论[M]. 北京：高等教育出版社，2004.

[5] 顾明远. 教育技术[M]. 北京：高等教育出版社，1999.

[6] 李运林，徐福荫. 教学媒体的理论与实践[M]. 北京：北京师范大学出版社，2003.

[7] 李兆君. 现代教育技术[M]. 北京：高等教育出版社，2004.

[8] 韩志坚，封昌权，徐建祥. 现代教育技术教程[M]. 北京：人民邮电出版社，2000.

[9] 白凤翔. 现代教育技术技能教程[M]. 北京：中国铁道出版社，2007.

[10] 张剑平. Internet 与网络教育应用[M]. 北京：科学出版社，2002.

[11] 黄河明. 现代教育技术[M]. 北京：高等教育出版社，2004.

[12] 乌美娜. 现代教育技术[M]. 沈阳：辽宁大学出版社，1999.

[13] 胡礼和. 现代教育技术学[M]. 武汉：湖北科学技术出版社，2003.

[14] 杨改学，张筱兰，郭绍青. 现代教育技术教程[M]. 兰州：甘肃教育出版社，2001.

[15] 容世彦，和仲池. 现代教育技术基础[M]. 北京：宇航出版社，1999.

[16] 高玉德. 多媒体技术与应用[M]. 北京：清华大学出版社，2009.

[17] 杨青，郑世珏. 多媒体技术与应用教程[M]. 北京：清华大学出版社，2008.

[18] 吕同富. 现代教育技术课件设计与制作[M]. 哈尔滨：哈尔滨工业大学出版社，2001.

[19] 方刚，于晓宝. 计算机机房管理[M]. 北京：清华大学出版社，2001.

[20] 何昭青. 流媒体技术在网络教学中的应用与探讨[J]. 长沙大学学报. 2008，22(2).

[21] 李志河. 现代教育技术[M]. 3 版. 北京：清华大学出版社，2019.

[22] 杨刘庆，等. 现代教育技术[M]. 北京：清华大学出版社，2021.

[23] 李世荣，等. 现代教育技术[M]. 2 版. 北京：清华大学出版社，2020.

[24] 孟克难，王靖云，等. 多媒体技术与应用[M]. 北京：清华大学出版社，2013.

[25] 焦晶晶，孟克难. 中文版 Photoshop CS6 平面设计教程[M]. 2 版. 北京：清华大学出版社，2017.

[26] 傅钢善，等. 现代教育技术.https://www.icourse163.org/learn/SNNU-1001517001?tid=1461100447#/learn/content?type=detail&id=1237421381&cid=1257369415

[27] 刘长起. 任课教师如何获取数字化教学资源. https://www.xzbu.com/9/view-5783749.htm

[28] 中国教育报. http://edu.people.com.cn/n/2015/0630/c1053-27229796.html

[29] 行知部落. https://www.xzbu.com/9/view-9292097.htm

[30] 快资讯．https://www.360kuai.com/pc/9ef062a95d7dca8e5?cota=4&kuai_so=1&tj_url=so_rec&sign=360_57c3bbd1&refer_scene=so_1